いちばん簡単な

バス釣り入門

Contents

バス釣りは身近で楽しめる「釣り」の王者《キング》だ

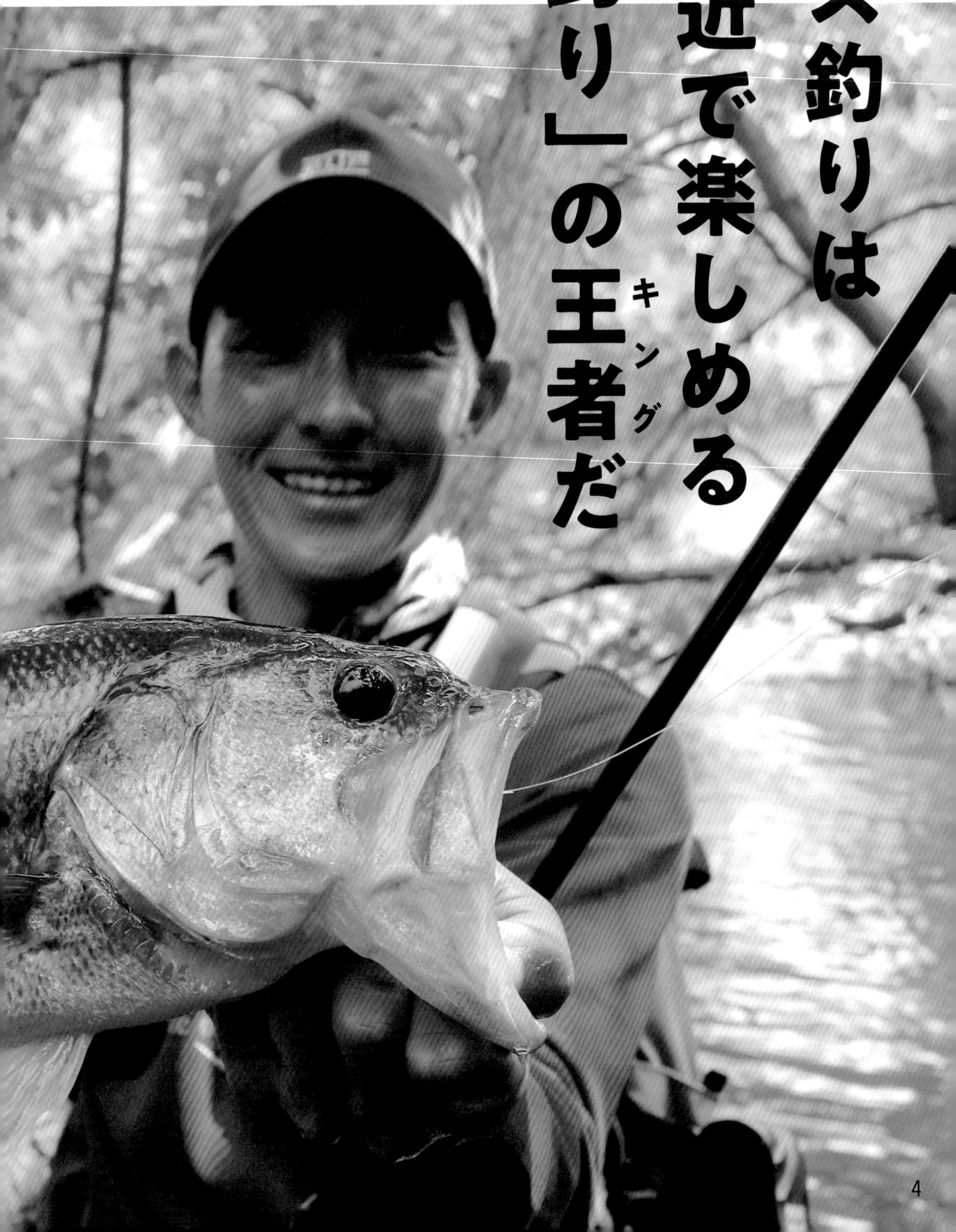

バス釣りとは？

バス釣りのターゲットとなる「ブラックバス」はどんな魚なのだろうか？
その特徴を知ったとき、バス釣りがなぜこんなにも
広がりのある釣りなのかがわかるはずだ。

よっ
ほっ
あ 誰か釣りしてんなぁ
でもここで釣れてんの見たことねぇんだよなー
っしゃ!
FI〜〜SH!!
LURE SHOP MOTOS
うわっ なんかカッケー!!

おっちゃんスゲーじゃん！
それなんて魚!?
こいつはな
ブラックバス
バスフィッシング《バス釣リ》は
釣りの中の王者《キング》だぜ!!
またまたぁ王者は言い過ぎじゃね？
ホントにそう思うか？

ブラックバスを釣るから「バス釣り」。それならば、相手となる魚のことはたくさん知っておくほうがいいに決まってる！日本にやってきてもうすぐ100年を迎えるブラックバスの基本を知って、釣りに役立てよう！

ブラックバスの生態

ブラックバスってどんな魚？

ラージマウスバス

スズキ目サンフィッシュ科オオクチバス属。和名：オオクチバス。学名：***Micropterus salmoides***。一般的には「ラージマウスバス」と呼ばれる日本で最も一般的なブラックバス。その名前の通り、体の割に大きな口が特徴の魚。1925年にアメリカからやってきた外来種。

スモールマウスバス

スズキ目サンフィッシュ科オオクチバス属。和名:コクチバス。学名：***Micropterus dolomieu***。スモールの名前で知られるブラックバスの一種。ラージに比べて口が小さく、体も大きく成長もしにくい。ラージよりも冷たい水や流れを好む。

アメリカからやってきた最高のターゲット

ブラックバス（ラージマウスバス）は1925年、食用淡水魚として神奈川県の芦ノ湖に放流され、やがて全国各地へと広まった。原産国はバス釣りの本場として知られるアメリカ。バス釣りの専門用語にカタカナが多いのはその影響を受けているからだ。

ほかの魚に比べて口が大きくキャラクター性の強いそのビジュアルや、引きの強さ、釣りの奥深さといった要素で釣り人を楽しませてくれる。また、日本中の川や湖、池などあらゆるフィールドに生息できる高い対応力を誇り、身近で釣れるというのも大きな魅力となる。

春に産卵することで繁殖していき、一般的な寿命は8年ほど。肉食性でほかの魚やエビなどの甲殻類、虫、両生類など、口に入るものは何でも食べる貪欲さを持つ。

四季折々に応じて釣り方や最適なルアーが変わってくる奥深さがバス釣りを面白くするのだ。

成長すると60センチを超える大きさになることもあるブラックバス。『ランカー』とも呼ばれるこういったサイズの魚は賢く、引きも強いため容易に釣ることはできない。

身近にある様々な淡水域で釣れるのがブラックバスの魅力。時には跨げるような水路やイワナやヤマメが生息していそうな綺麗な川で釣れることも。

ブラックバスの1年

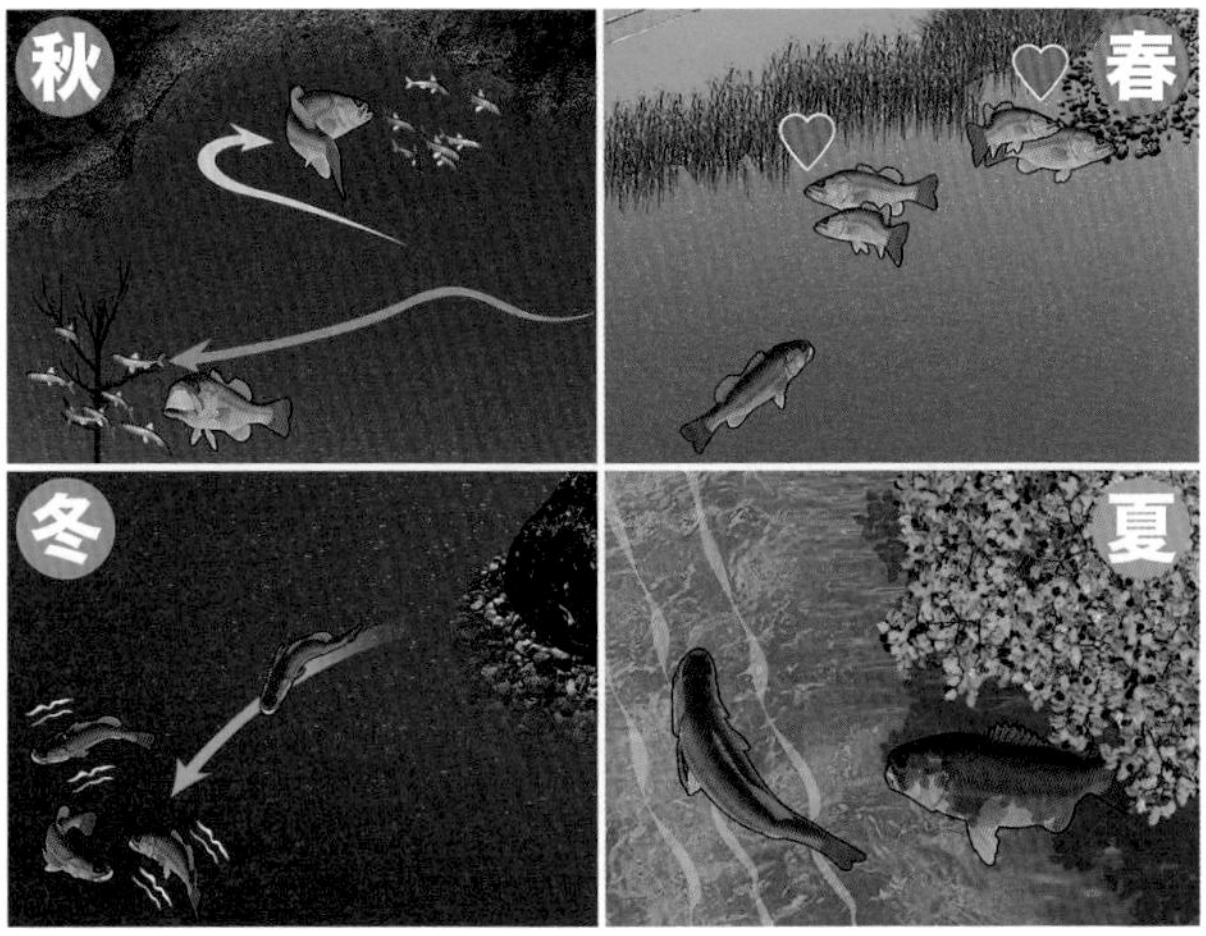

秋

快適な水温であることが多く、バスのコンディションも良好。様々なエサを積極的に食べるので、釣れるポイントも多種多様に。越冬前に栄養を蓄える季節とも言われている。

春

水温があがるにつれて越冬していた深場から徐々に岸近くの浅場へとやってくるようになる。ただし、産卵の前後でコンディションは大きく変わる。

冬

水温の安定した深場であまり動き回らずに生活（越冬）していることが多い。しかしエサを食べないわけではないので、越冬場所さえ絞り込めれば釣れる可能性は高い。

夏

あらゆる生物が活発に動き回る季節なだけあって、バスも元気に。ただし真夏の高すぎる水温はバスも嫌がるため、涼しい日陰や流れのある場所を好む傾向も。

スポーニング（産卵）

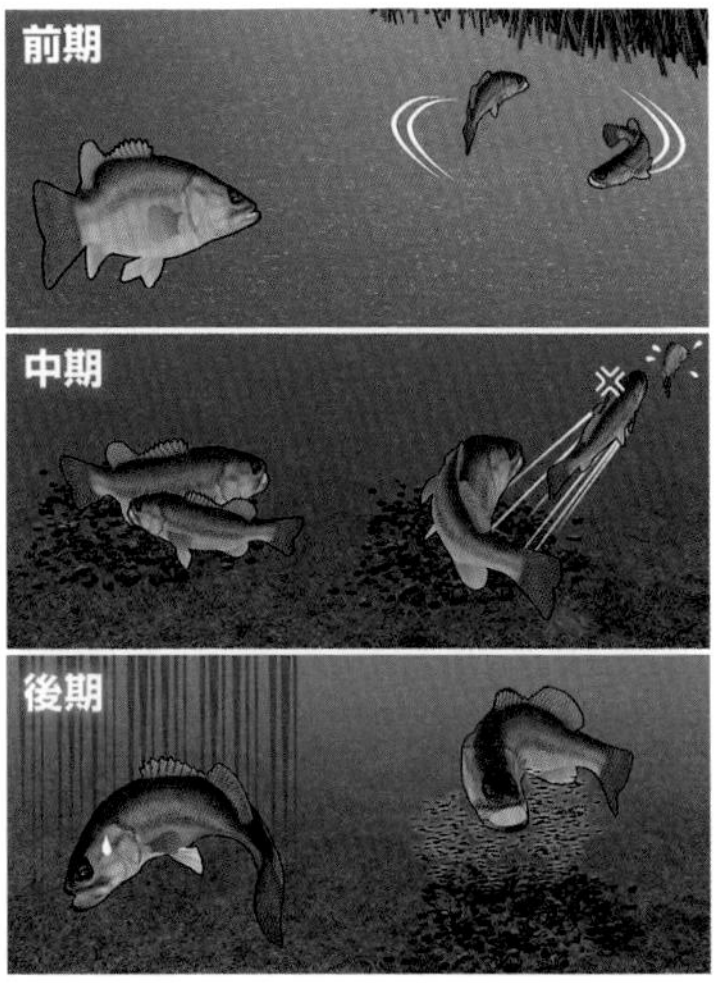

前期（プリスポーン）

越冬を終えたバス達が岸際の浅瀬へとやってきて、産卵場所（ベッド）を作る場所を探す時期。

中期（ミッドスポーン）

オスメスのバスがペアになって、産卵行動をする時期。その後バスは外敵から卵を守るための行動を取る。

後期（アフタースポーン）

引き続き卵や孵化した稚魚を守る行動を取る。また、消耗した体力を回復するために静かに休む時期でもある。

食べ物

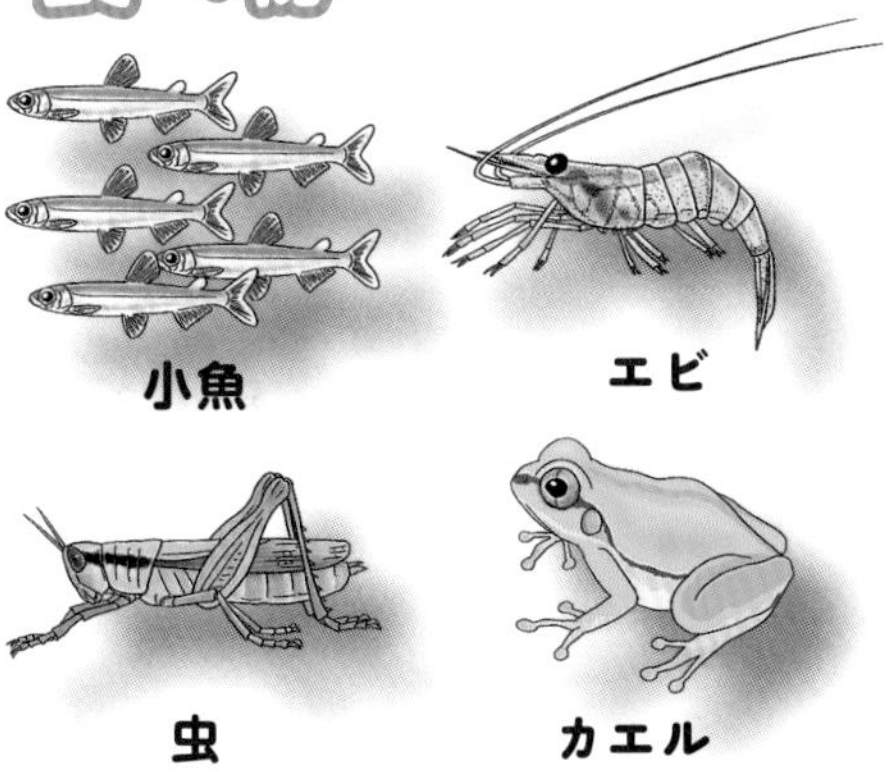

肉食魚であるバスは様々な生き物を捕食している。特にワカサギやヨシノボリといった小魚、エビやザリガニなどの甲殻類など、水中に生息しているものを食べることが多い。それ以外にも、水面に落ちてくるバッタやカエルなど、口に入る生き物であれば何でも食べる傾向にある。

なぜルアーで釣れるのか？

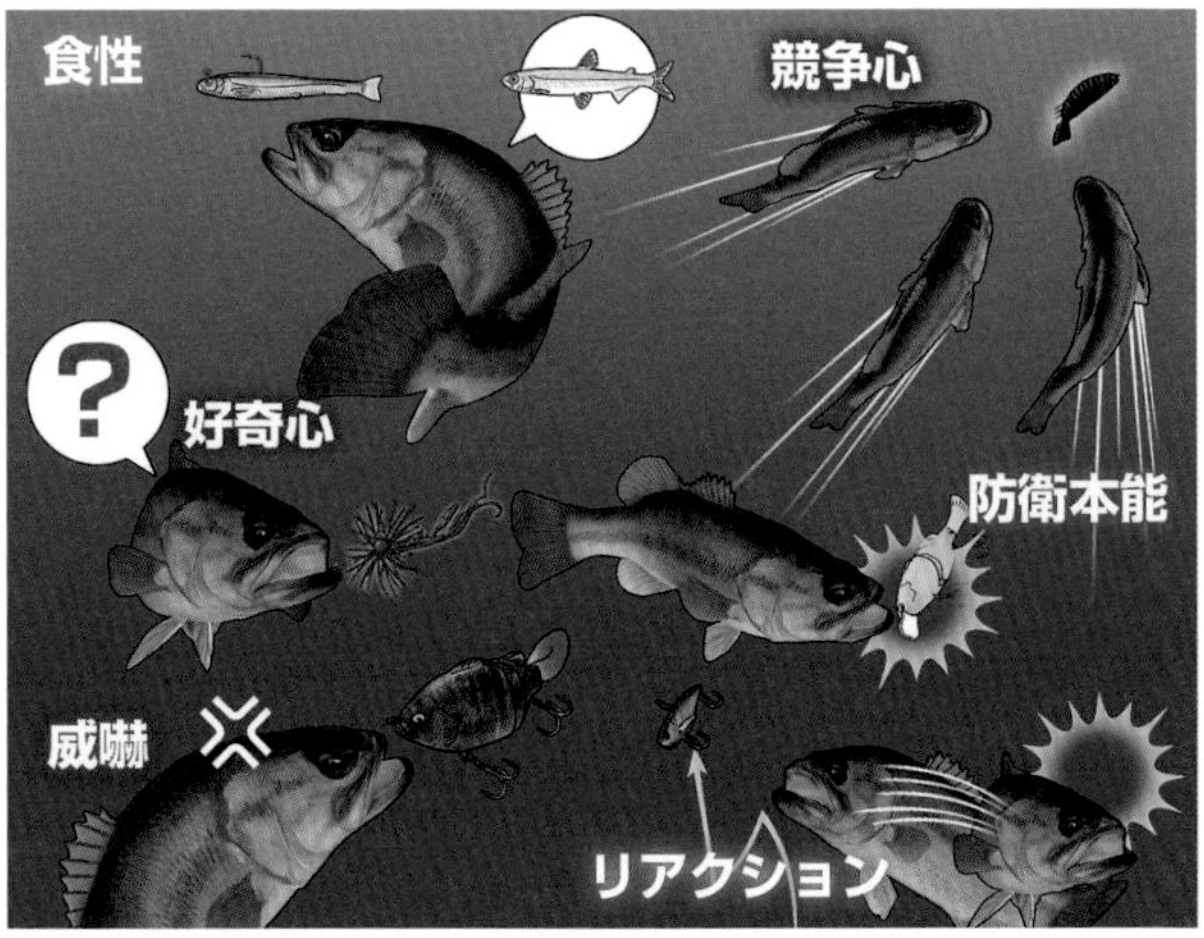

ブラックバスがルアーで釣れる理由は様々。エサとなる小魚と間違える「食性」や、他の魚に取られまいとする「競争心」、不思議なものに興味を持つ「好奇心」、縄張りの主張などによる「威嚇」、卵や稚魚を守るための「防衛本能」、目の前を通過した時などに思わず反応してしまう「リアクション」などがその理由とされている。エサそっくりのものがあれば、なんだかわからないヘンテコリンなものもある。ルアーの種類が多いのはここに起因するのだ。

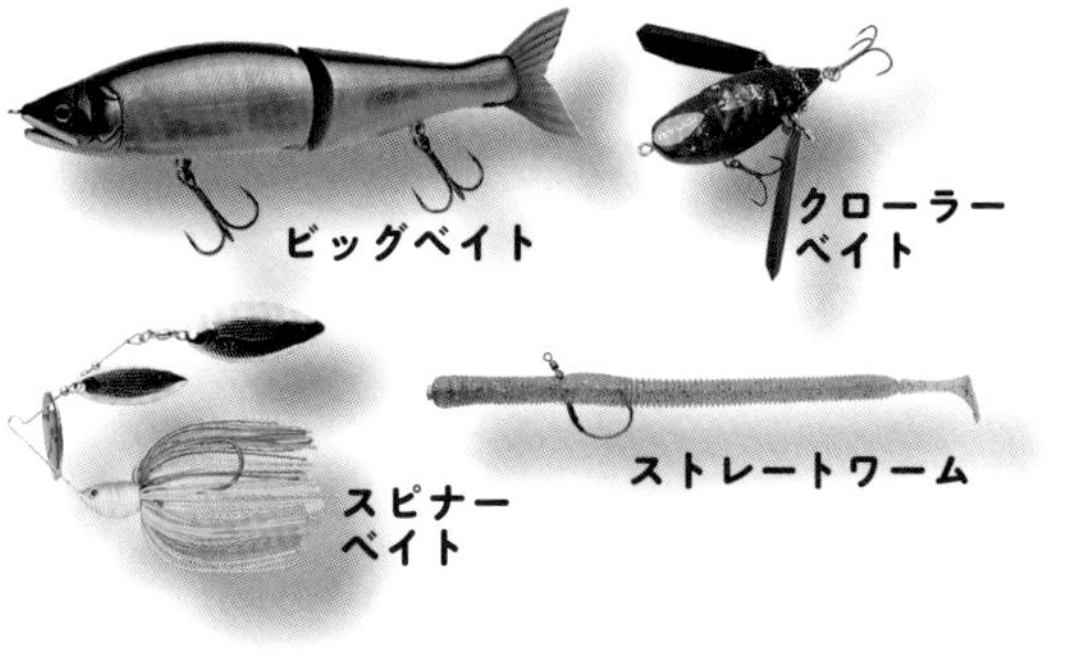

バス釣りの魅力はなんといってもその自由さ!
釣り人の数だけ楽しみ方があるといってしまっても
いいかもしれない。もちろんとてもすべてを紹介すること
はできないが、ここではその一部について解説しよう。

バス釣りのスタイル

好きな釣りを見つけよう

タックル1セットに1つのルアーだけを使って岸辺から行う釣りがある。一方、巨大なバスボートに大量のタックル、無数のルアーを持ち込んで湖中を走り回る釣りもある。使うルアーにしても、わずか数センチ程度の極小ルアーを使う一方で、30センチ、40センチを超えるルアーを使うこともある。

驚くべきことに、そのどれもがブラックバスという同じ魚を狙う『バス釣り』なのである。だがどの釣りが、どのルアーを使うのが偉い、すごいということはまったくもってない。そこにあるのは、バス釣りに対する「スタイルの違い」ただそれだけなのだ。

まずは少ない装備、身近なフィールドで楽しめる「岸釣り」からスタートするのがオススメだ。もちろん、身近に教えてくれる人がいればいきなりボート釣りもOK。フィッシングガイドを利用するのも上達の近道になるだろう。そしてぜひとも好きなスタイルにたどりついて欲しい。

岸釣り

岸釣りのココがオススメ
- 短時間でも楽しめる
- 少ない道具で気軽に楽しめる
- 足場がしっかりしていれば初心者も安心

誰でも気軽に楽しめるオススメスタイル!

最も一般的なスタイルで、岸辺に立って行う。極論をいえば、竿とリール、ルアーがあればどこでも楽しめるほどに遊べるスタイルだ。その一方、たくさんの荷物を持った状態では釣りができないので、制限のかかる中で装備を整えていく楽しみもあるといえるだろう。また、友人知人との距離感も適度に取りやすいので、仲間同士でワイワイと釣りを楽しむこともできるぞ。別名・陸っぱり(オカッパリ)。

安定した足場で安心

岸釣りができる場所の多くは足場が安定しており、他のスタイルよりも安全に楽しみやすいといえるだろう。そのため、準備に手間取ったり、釣りをしている最中のトラブル対応などでも落ち着いた対処がしやすいのだ。初心者にもありがたいだろう。

タックルは2セットが便利

釣具をもって移動して、そこで釣りをして、また移動…。岸釣りはその繰り返しとなるため、持ち物は極力少なく、コンパクトに済ませたい。そこでロッドとリールのセット(タックル)は2セットまでに納めると、移動も釣りもしやすくて便利になる。

移動しにくいので色々試したい

いざフィールドに立ってみると、意外と釣りができる場所は少ないもの。岸釣りでは大きな移動がしにくい。また、一箇所で時間をかけて釣りをすることも多いので、色々な釣りを覚えるほど有利になることを覚えておこう。

ボート釣り

ボート釣りのココがオススメ

・好きな場所で好きな釣りができる
・たくさんのタックルを持ち込める

言い訳が出来ない厳しさが面白い！

岸釣りと並んで人気のバス釣りのスタイルで、花形とも言えるのがボート釣りだ。バス釣りにおけるボート釣りは基本的に釣りをする本人がボートを操船するため、広大なフィールドからその時々に釣れる場所を見つけ出す必要がある。そのため、バスのパターンを理解していないと探すのが難しい。基本的に好きな場所に移動して好きな釣りができることから、釣れない理由を自分以外にしにくい厳しさを持つ。なお、ボート釣りといってもゴムボート、フロートボート、レンタルボート、カヤック、アルミボート、バスボートなど、種類は多い。

荷物を増やせるボート釣り

多くの場合、ボートで釣りをするなら岸釣りでは考えられないほどの荷物を持ち込める。その日にやりたい釣りをたくさんできるだけでなく、状況に応じた最適なタックルを使った釣行が可能になるだろう。ただし、その分準備に手間が掛かる点には注意が必要だ。

レンタルボート

各地のフィールドにあるレンタルボート屋でレンタルしたボートを使用した釣り。オールを漕ぐ手漕ぎでも可能だが、バス釣りでは「フットコンエレキ」と呼ばれる電動の外部動力を持ち込んで使用することがほとんど。岸釣りの次のステップとしても人気が高い。

バスボート

バスフィッシングの花形で、トーナメント（試合）ではこれを用いることが多い。大量のタックルを搭載できる上に抜群の安定感を誇り、岸釣りとほとんど変わらない印象を受けるだろう。フィッシングガイドを利用すると、手軽にバスボートからの釣りを体験できる。

フローター

専用の浮き輪を使用した釣り

バス釣り専用の巨大な浮き輪を使用するスタイルが「フローター」。ウエーダー（胴付き長靴）を履いた状態でフローターに腰掛け、足を使って漕いで移動するスタイルだ。ボートよりも小回りが効き、静かに移動できるため、狭いフィールド・狭いポイントで活躍する。

ルアーを特化するスタイル

バス釣りにはたくさんのルアーが存在しているが、敢えて使用するルアーを制限することより楽しむスタイルのアングラーが多いのも特徴的だ。中でも象徴的なのが『トッパー』と呼ばれるトップウォータープラグのみを使ったスタイルのアングラー。ハイシーズンはもちろん、真冬すらもトップウォーターを投げ続ける硬派なスタイルだ。近年はビッグベイトばかりを投げる「ビッグベイター」も増加している。

「トッパー」も「ビッグベイター」も信念を曲げないスタイルがかっこいい。バス釣りの目的はアングラーそれぞれが自分で定めていいのだ。

\ バス釣りにまつわる仕事 /

「プロアングラー」

バス釣りは釣りというジャンルの中でも多くの人が関わっている。そのため、直接的であれ間接的であれ、「バス釣り」が仕事となることは多く、「プロアングラー」と呼ばれる。ここではいくつかの役割を紹介するが、1人が複数個の役割を担っていることがほとんど。

メディアプロ

釣具メーカーのサポートを受けつつ、製品のプロモーション活動や、バス釣り業界の発展・啓蒙活動を行う。雑誌や動画などに登場する機会も多い。

川村光大郎

かわむら・こうたろう／東日本を代表する岸釣りアングラー。雑誌「ルアーマガジン」の岸釣り対戦企画『陸王』で何度も勝利している。爽やかな熱血漢であり、教え上手。岸釣りの最先端を行くテクニックを度々生み出した岸釣りフロンティア。

金森隆志

かなもり・たかし／西日本を代表する岸釣りアングラー。岸釣りブームの火付け役的存在としても知られる。迫力のある釣り・技巧的な釣りの双方を武器としており、カリスマ的人気を誇る。ファッション面でもファンが多い。

トーナメンター

バス釣りの大会に出場しているアングラー。サポートを受けるメーカーの製品を使用し、試合に臨む。大きな大会で勝利するほど注目が集まる。

藤田京弥

ふじた・きょうや／若干20代にして国内最高峰のバス釣り大会「JBトップ50」にて年間総合優勝を果たしている強者。バス釣りの本場アメリカの大会に出場中。サイトフィッシング（見えバス釣り）における天才的なセンスと地道な努力には目を見張るものがある。

伊藤巧

いとう・たくみ／明るく親しみやすいキャラクターで人気のアングラー。利根川で行われる大会「TBC」やハードルアーオンリーの大会「H-1GPX」といった大会で活躍。現在はアメリカで行われる大会に精力的に出場している。

フィッシングガイド

自らのボートにゲストを招き、バス釣りを教えることで生計を立てるアングラー。1年間のほとんどを湖上で過ごしている。

杉村和哉

すぎむら・かずや／年間250日に及ぶ琵琶湖でのガイドを12年間も続けているベテラン。物腰柔らかな対応と丁寧な指導は女性からの評価も高い。ボートのみならず、岸釣りへの造詣も深い。

永野総一朗

ながの・そういちろう／予約が取れないことで有名な大人気琵琶湖ガイド。前職の自動車販売で培ったホスピタリティで、ゲストを楽しく手厚くもてなす。大胆な釣りから繊細な釣りまで幅広いジャンルを得意とする。

他の趣味やスポーツなどと同様、バス釣りにもルールやマナーが存在する。これを守れないと、バス釣りのイメージが悪くなるだけでなく、釣りそのものができなくなってしまう可能性もあるのでしっかり覚えてしっかり守ろう。

バス釣りのマナー

ゴミを残さない

捨てないのはもちろん拾うくらいのつもりで

釣りに限らない一般常識の範囲ともいえるが、釣り場にゴミを残さないことは非常に大切だ。ルアーのパッケージやライン、食べ物・飲み物の容器はしっかりと持ち帰りたい。釣り場にゴミがあると気持ちよく釣りができないばかりか、「釣り人がゴミを捨てている」という悪い印象を一般の人に与えかねない。ゴミを見かけたら自分のものでなくても拾うくらいの心がけが大切だ。近年は有志アングラーによる釣り場のゴミ拾い活動も行われている。

キャッチ&リリース

釣ったバスを元気に逃す

ブラックバスは比較的大型に成長する肉食魚であり、水中に生息している個体数は決して多くはない。そこで、バス釣り誕生の地・アメリカで提唱されたのが「キャッチ&リリース」という考え方だ。釣った魚を持って帰って食べるのではなく、可能な限り元気な状態で逃してあげる。こうすることで、釣り場のバスがいなくなる要素を極力減らせば、より長い期間、バス釣りが楽しめるというわけだ。バスの扱いに関しては、94ページでも解説しているぞ。

釣り場のルールを守る

本当に釣りをしても大丈夫なのか?

日本の様々な水辺でバスは釣れるかもしれないが、その場所は果たして本当に釣りをしてもよいのだろうか? 例えば、釣り禁止の看板が立っているのであれば当然、そこで釣りをするべきではない。立入禁止と書いてあるのなら釣り以前にそこに入るのも避けるべきだろう。また、フィールドによっては釣りをしていい時間や期間が限られている場合もあるし、釣りをするために遊漁券と呼ばれる許可証を購入する必要があることもある。破ってしまうと最悪の場合、その場所で釣りができなくなってしまうかもしれないので気をつけたい。

根掛かりは手元で切らない

二次被害を生み出さないためにも

釣りをしているとルアーは水中陸上問わず色々な場所に引っかかってしまう。この「根掛かり」と呼ばれる状態に注意したい。大切なルアーを失ってしまうばかりか、釣り場に回収できないゴミを残してしまうからだ。こうしたゴミは新たな根掛かりを生み出し、釣り場に残されたラインが鳥の足や羽に絡みついてしまう事例が社会問題となっている。どうしても外れない根掛かりに遭遇した際は手元でラインを切ることは絶対にせず、ルアーとの結束部分から切れるように、ルアーとラインが一直線になるように引っ張ってラインを切って欲しい。市販の道具で根掛かりを外すのも有効だ。

アングラー同士も仲良く

他の釣り人にもひと声かけて!

バスが釣れるフィールドに行けば、同じくバスフィッシングを楽しむ他の人をみかけることがあるかもしれないが、そういった人に対して、邪魔になるようなことをしてはいけない。近くで釣りをする際には必ずひと声かけて、どのあたりまで近づいたりルアーを投げていいのかを聞くべきだし、そうできないなら別の場所で釣りをしよう。狭いフィールドであれば、反対岸で釣りをしているひとの存在にも気をつけたい。また、バス釣り以外にも、釣り場にはコイの投釣りやヘラブナ釣りなど、他の釣りを楽しんでいるひともいるので、そちらにも注意を払おう。

近隣住民に迷惑をかけない

釣り人=不審者にならないために

釣り人にとってはたまに訪れる場所であっても、周囲には日々の生活を送っている近隣住民がいることを忘れてはいけない。特に釣り人は朝が早いことが多いため、物音や大きな声は出さないように注意。黙ってウロウロしていると不審者と間違えられかねないので、近隣のひとに声をかけられる機会があるのなら、積極的に挨拶をしていこう。その際には偏光グラス(サングラス)を外して笑顔を忘れずに。車で移動する場合は駐車場所にも気を使いたい。違法駐車など厳禁だ。

外来種「ブラックバス」を取り巻く現状

ブラックバス(ラージマウス・スモールマウス共に)はいわゆる外来種と呼ばれる存在であり、元々の日本の環境に影響を与えるため環境省によって「特定外来生物」という指定を受けている。そのため、生きたままの移動、飼育、放流、譲渡・販売は原則禁止されている。また、法的にバス釣りそのものが禁止になっている地域は無いのだが、地域によっては釣ったバスのリリースを禁止している場所もある点に注意したい。116〜7ページの「有名釣り場紹介」で掲載している釣り場であれば普通にバス釣りを楽しめるのでオススメだ。

ブラックバスに関して禁止されていること

- 生きたままの移動
- 飼育
- 新たなフィールドへの放流
- 生体の譲渡や売買

バス釣りの道具を知る

ほかの釣りと比べても、圧倒的にその釣具の種類が多いバス釣り。

そのすべてを知ることは今となっては誰にもできないかもしれない。

ここから先に紹介するのは基本となる道具とそれに関する知識。

そして現代のバス釣りにおいて定番品として多くのアングラーに評価されるものたちだ。

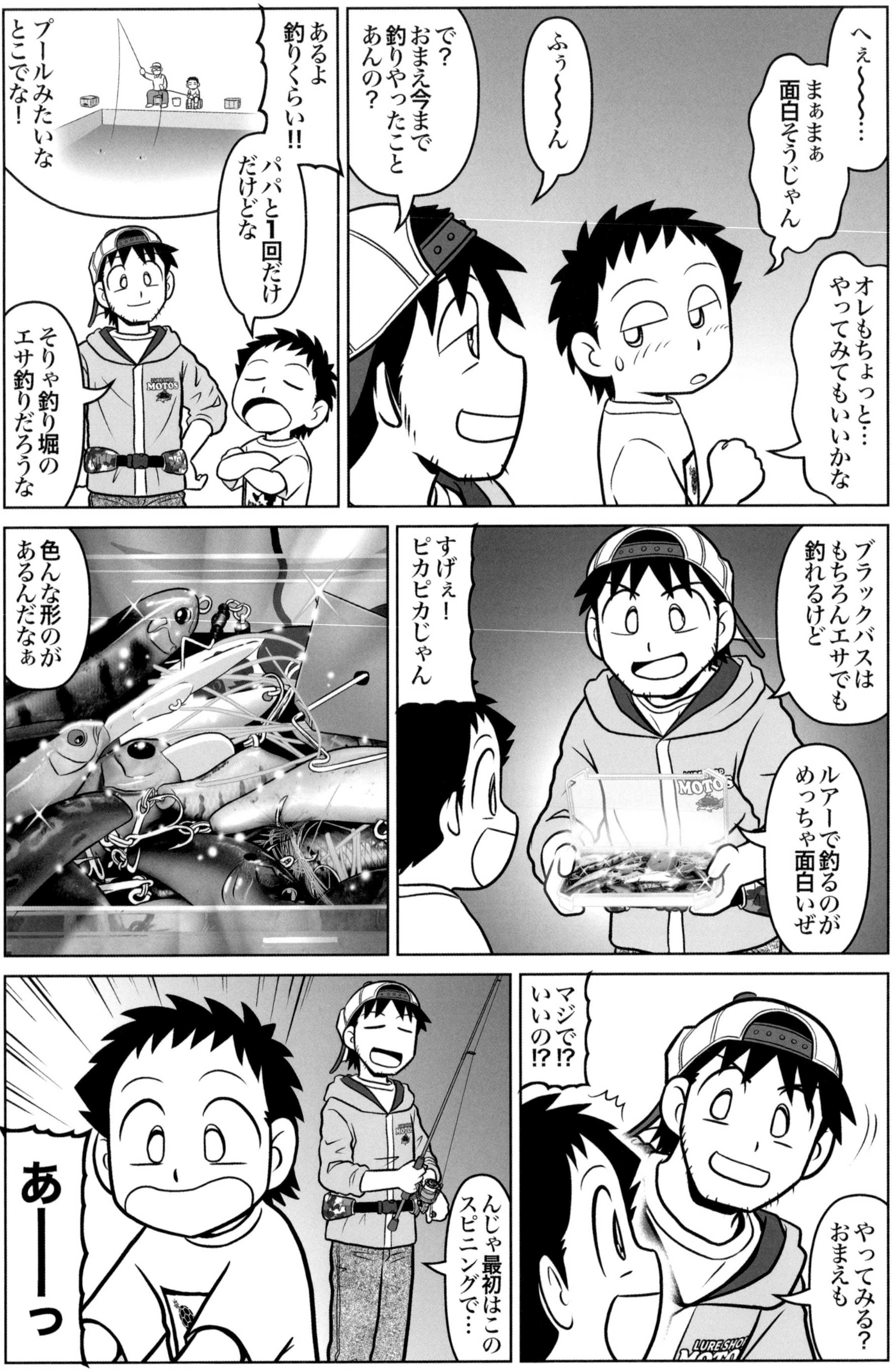
へぇ〜〜〜…
まぁまぁ面白そうじゃん
オレもちょっと…やってみてもいいかな
ふぅ〜〜〜ん
で？おまえ今まで釣りやったことあんの？
あるよ 釣りくらい!!
パパと1回だけだけどな
プールみたいなとこでな！
そりゃ釣り堀のエサ釣りだろうな
ブラックバスはもちろんエサでも釣れるけど
ルアーで釣るのがめっちゃ面白いぜ
すげぇ！ピカピカじゃん
色んな形のがあるんだなぁ
やってみる？おまえも
マジで!?いいの!?
んじゃ最初はこのスピニングで…
あーーっ

おっちゃん
糸がぐちゃぐちゃに
なっちゃった
ぐじゃ〜〜っ
勝手に使うな!!
ルアーだけじゃねぇ
ロッドやリール
釣りにはいろんな道具いろんな種類がある
どれでもいいってわけじゃない
ちゃんと話を聞けよ…
だっておっちゃんが使ってたのがよかったんだもん
たくさんある中から自分に合ったもの
自分が釣れると思うものを見つけることから
バス釣り《フィッシング》は始まってるんだぜ!
んじゃコレ!!
待てぇ!!
ちゃんと人の話を聞けぇ
こわ…

バス釣りに必要な道具たち

ここではバス釣りに必要な道具を大まかに紹介。大きく分けると、釣りをするための服装、ロッド・ライン・リールからなるタックル、そしてルアー全般の3要素が必要となる。これだけ書くと用意するのが大変かのような印象を受けるかもしれないが実は非常にシンプルなのだ。

バス釣り専用からアウトドアグッズまで様々！

バス釣りを楽しむには専用の道具が必要になることも多いが、アウトドアグッズや普段遣いのものも使用できるなど、その自由度は高い。

まず専用の道具が必要となるものはもちろん釣具系。なかでも、「タックル」と呼ばれるロッド、リール（ラインを巻いたもの）、ルアーの3セットは他の魚種用の道具や汎用モデルを利用することもあるが、より専用のものほど扱いやすくなるといえるだろう。収納グッズは釣り用のものでなくても不便はしないものの、やはり専用設計の利便性は捨てがたい。

一方、衣服、靴といったウエア類は普段遣いのものでもOK。アウトドア向けの製品であれば、防水性や通気性など、屋外での活動を快適にしてくれる機能を持っていることが多いので、うまく活用しよう。

バス釣りは他の釣りに比べて装備や服装の自由度が非常に高い。お気に入りの道具、お気に入りのファッションでフィールドに立てば、楽しさ倍増間違いなし！

岸釣りの装備例 ①

岸釣りの装備例 2

バス釣りを始める際の予算

合計3万円でのスタートがオススメ

ウエア類は普段遣いのものを使用するとして、タックル類はどうしても新しく入手する必要がある。友人知人から譲ってもらえるならいざしらず、購入する必要があるとなると、気になるのは道具一式を揃えるのに必要な値段だろう。

極端な例を出すと、性能や使いやすさを気にしないのであれば、1万円もあればバス釣りは十分スタートすることができる。しかし、本格的な趣味にしたいと考えているのであれば、その価格で揃うロッドやリールのもつ性能の限界にすぐに気がつくはず。

そこでオススメなのが、1万円前後で購入できる低価格ながらも優れた製品を揃えることだろう。

ロッドに1万円、リールに1万円かけられれば、その性能に不満を感じることはそうそうないはずだ。ここにラインやルアーなど、その他必要な釣具を追加して、合計金額3万円程度の予算が用意できれば、満足行くバス釣りライフがスタートできるだろう。釣具店では定期的にセールも行われているので、そちらも有効活用したい。

オススメ予算案

リール ……1万円前後
ロッド ……1万円前後
ルアー・ライン・その他 ……1万円前後

合計3万円

タックル解説

ベイトタックル

これだけあればバスは釣れる!
基本となる道具(アイテム)たち。
まずはバス釣り専用タックルの花形とも
いえるベイトタックルだ。
でもちょっと難しそう? なんて
尻込みせずに使ってみよう!
バス釣りの面白さをきっと味わえるはず!

パワフルで手返しの良さが魅力

ベイトロッドとベイトリールを組み合わせて使う、正式名称は『ベイトキャスティングタックル』。略してベイトタックル、あるいは単にベイトと呼ばれている。

その特徴はパワー。リールの構造上、重いルアーを巻き上げることができるので、対応したロッドとのセットで強い釣りもできる。

また、ハンドルを回すだけでラインの巻き上げ、クラッチを切る(押す)だけで投げる(キャスト)ことができる。これにより素早くキャストを繰り返せることから、テンポよく釣れる手返しの良さも魅力となっている。

他魚種の釣りに比べてベイトタックル用のルアーや、使う場面が多く、バス釣りらしいタックルとも言われている。

ベイトタックルは パワー

パワーの釣りが得意なので、ベイトタックルで釣ることが男らしいというイメージにも繋がっている。

ベイトリール

タイプ

丸型

ロープロ

強度は高いがやや握りにくい丸型と、握りやすいがやや強度が落ちるロープロファイルの2タイプ。いずれもデメリットは気にするほどでもない。

各部の名称

クラッチ
スプールを固定(解除)するスイッチ

スプール
ラインを巻き取る

メカニカルブレーキ
スプールのブレーキ(常時)

レベルワインド
ハンドルと連動して左右に動く

リールフット
ロッドにセットする

ハンドル
回すとラインが巻ける

ドラグ
スプールの逆回転を調整できる

ハンドルノブ
つまんで回す

ブレーキシステム

キャスト時のトラブルを防ぐため、スプールが回転した時に働くブレーキシステムはマグネット、遠心、デジタルの3タイプ。

ギア比

ハンドル1回転でのスプールの回転数。ハイギア(HG、XG)ほど速く巻くことができる。逆に遅く巻けるギアはローギアと呼ばれる。

左巻きか右巻きか

左巻き

右巻き

利き手でリールを巻くか、利き手でロッドを操作するか。利き手の方が力も入り違和感なく扱える。付け替えることはできないので慎重に選ぼう。

ベイトリールとは?

スプールが回転してラインを巻き上げ、放出する構造を持つ。レベルワインドが左右に動いてスプールに均一に巻くので、ラインの通し忘れには要注意。1台で多くのルアーに対応するが、ベイトフィネス用、ビッグベイト用などの専用機種も存在する。

ベイトロッド

ベイトタックルの特徴

・力（パワー）がある　・手返しがよい　・狙いやすい　・バス釣りらしい

各部の名称

ティップ
先端

ベリー
中間

バット
根元

グリップ
握る

ガイドは小さい

ラインをスムーズに巻く（放出する）ためにブランクに数カ所固定されていて、上に向けて使う。ロッドにより個数と位置は異なる。先端はトップガイドと呼ぶ。

トリガーを軸に

ベイトロッドだけにあるリールを握った時に指をかけるパーツ。指1本をかけるとワンフィンガー、2本をツーフィンガーと呼ぶ。

最適なライン

ベイトタックルで使いやすいラインの太さはフロロ（ナイロン）で10〜20ポンド。リールの説明書（ホームページ等）には太さと巻ける量も書いてあるので参考にしよう。

ココに注目！

グリップエンド
最後部

リールシート
リールをセットする

リアグリップ
後方

フロント（フォア）グリップ
リールとともに握る

トリガー
指をかける

適合表示を読む

バット部分にはロッドのパワーや快適に使えるラインの太さやルアーの重さなどが印字されている。ラインやルアーを選ぶ時の参考にしよう。

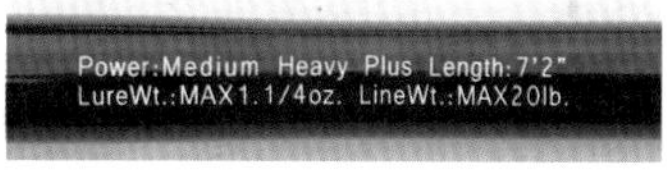

ベイトフィネスってナンだ？

従来は不可能だった軽いルアーを扱えるベイトリールが登場したことで、強さを生かした繊細な釣り＝ベイトフィネスが定着。専用ロッドとの組み合わせでベイトタックルのルアーセレクトの幅が広がった。

最適なルアー

大型ルアー

ビッグベイト

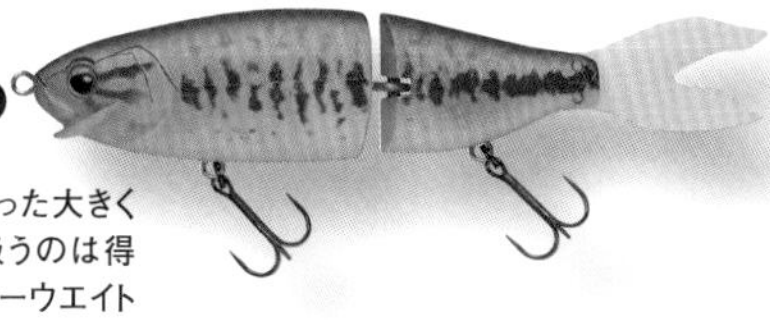

1オンス2オンスといった大きくて重たいルアーを扱うのは得意。ただし、適合ルアーウエイトと相談して使おう。

巻き抵抗の大きいルアー

ディープクランク

巻くパワーが強いので、リップが大きく水の抵抗を強く受けるディープクランクやロングビルミノーのようなルアーも扱える。

カバーを攻めるルアー

ラバージグ

沈んだ枝やウィードなど、軽め（薄め）の障害物なら気にせず使えるのもパワーのおかげ。ラバージグはベイトタックルの十八番だ。

セット方法

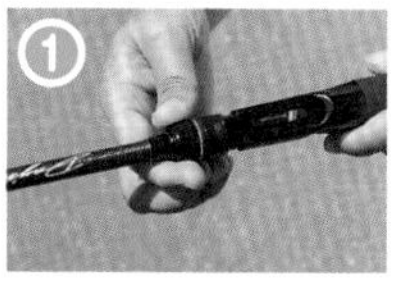

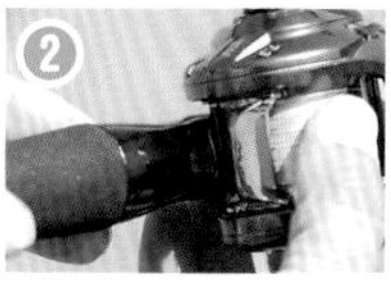

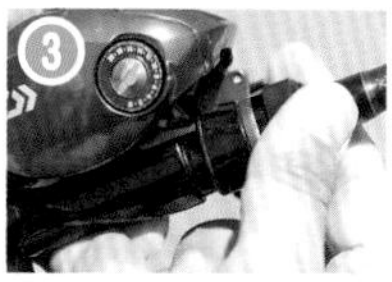

①リールシートのスクリューを回して緩める。②リールフットの後ろ側をシートの溝に入れる。③スクリューを回して締め込む。

スピニングタックル

ベイトタックルの次はスピニング。とにかく「釣り」の言葉からイメージできるタックルで、老若男女、誰もが簡単に操作でき、初めの1本にも最適だ。スピニングタックルでしか釣れないバスもいるので、早めにマスターしておこう!

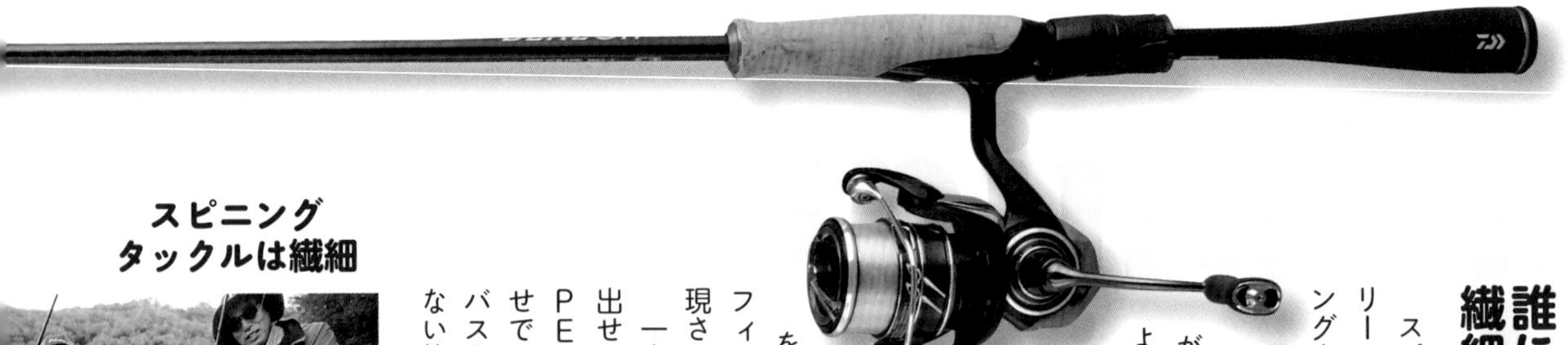

誰にでも扱いやすく繊細さが魅力

スピニングロッドとスピニングリールを組み合わせて使うスピニングタックルは、ベイトタックルのようなキャスト時のライントラブル（バックラッシュ）が起こらないリールの構造により、誰にでも扱いやすいのが特徴だ。

軽いルアーの操作もできて、実際のエサのようになまめかしく動かすことも可能。大型のルアーや釣り人の存在を嫌がる臆病なバス（＝スレバス）を釣ることも得意なことから、フィネス（＝繊細）タックルと表現されることもある。

一方で、ベイトよりも飛距離が出せるので、強くて飛ばしやすいPEライン（後述）との組み合わせで、遠方の障害物に隠れているバスを狙うなど、繊細さだけではない使い方も生み出されている。

スピニングタックルは繊細

バスが口にしやすいサイズのルアーを扱えて、エサのような細やかに動かせる。釣るための最終手段としている人も。

スピニングリール

タイプ

多くの魚種に対応するスピニングリールでは、専用ではなくサイズで魚種を選ぶ。バス釣りにマッチする大きさは2000～2500。機種名にある番手（ばんて）と呼ばれる数値が目印だ。

各部の名称

スピニングリールとは?

ローターが回転し、ラインローラーを通してラインをスプールに巻く構造を持つ。スプール自体は回転しないので、キャスト時のトラブルは少ない。1台でプラグからワームまで多くのルアーに対応している。

ドラグ

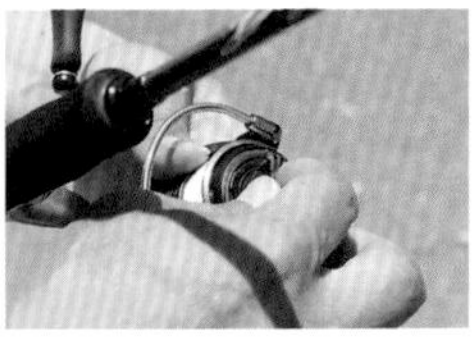

基本ブレーキはないが、ドラグを調整しないとファイト中にラインが巻けないことがある。目安はベイルを寝かせた状態でラインを引っ張り、ジジジとゆっくり出る程度になる。

左巻きか右巻きか

ベイトリール同様、利き手でどちらを操作するかになるが、スピニングリールは1台でハンドルの付け替えが可能。ライトリグではロッド操作を利き手でするほうが有利なことが多い。

スピニングロッド

スピニングタックルの特徴

・軽いルアーが使える　・繊細に操作できる　・飛ばしやすい　・トラブルが少ない

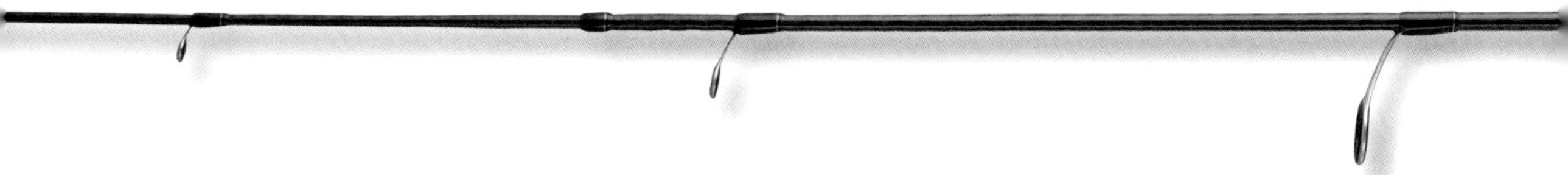

各部の名称

ガイドは大きい

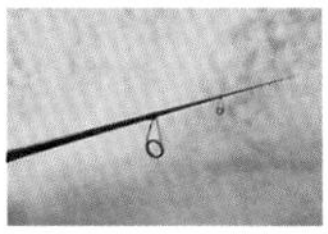

ベイトと同じく、ラインをやり取りするために固定されているが、下に向けて使う。位置と個数はロッドによって異なる。トップガイドからバットにかけて第2、第3ガイドと呼ぶ。

最適なライン

スピニングタックルで扱いやすいラインは3～6ポンド（フロロ、ナイロンとも）。PEでは0.8～1.5号がそれに相当する。号数-ポンド換算表があると便利だ。

ソリッドティップとは?

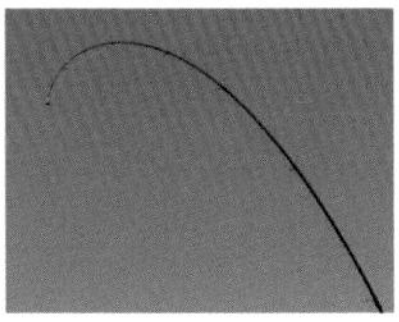

ティップだけがソリッド（密）で、他はチューブラー（中空）のロッドのこと。チューブラーよりも細径化でき曲がりもソフトなため、バスがルアーと気付かずに長い時間ルアーを口にしやすい。ティップのカラーが異なることが多い。

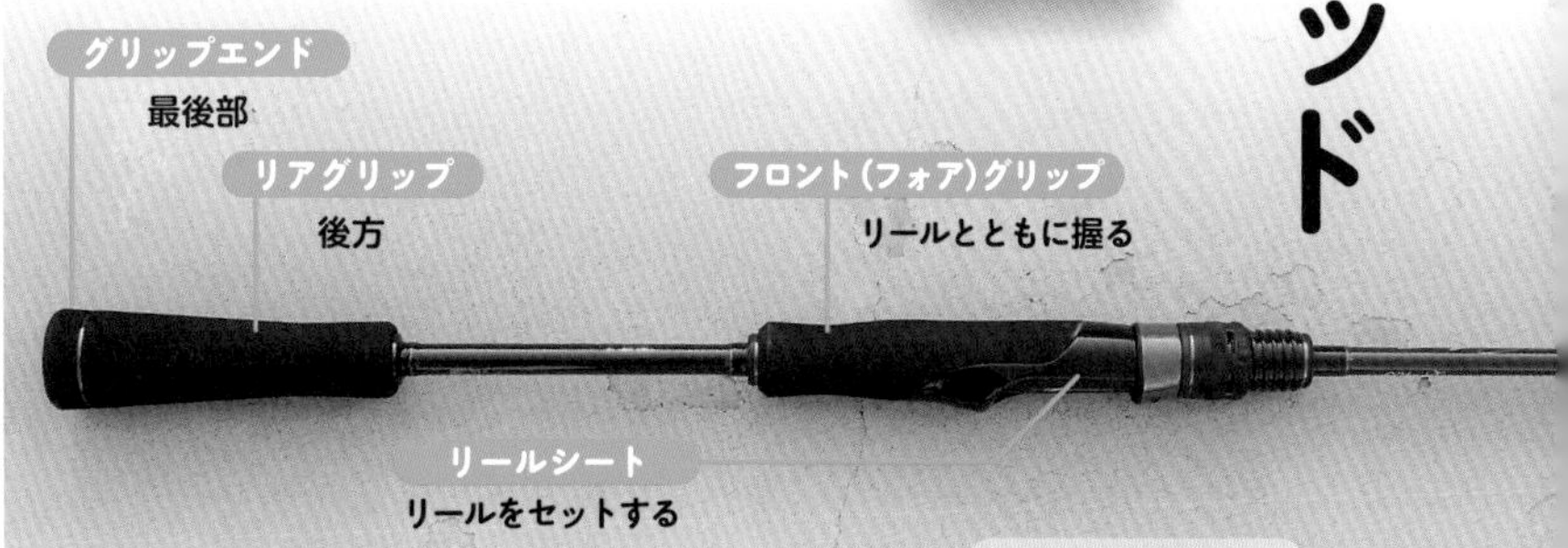

適合表示を読む

バット部分にはロッドのパワーや快適に使えるラインの太さやルアーの重さなどが印字されている。ラインやルアーを選ぶ時の参考にしよう。

セット方法

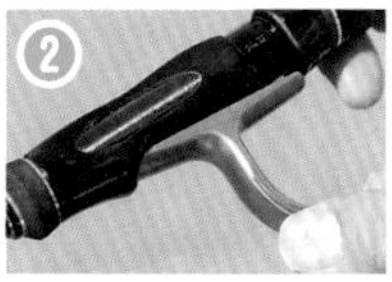

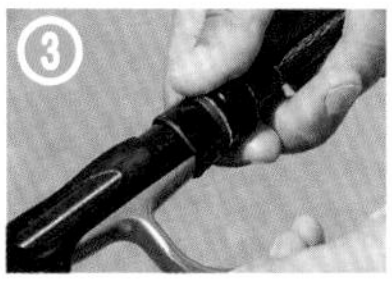

①スクリュー（写真は後方タイプ。前の場合もある）を緩める。②スクリューとは逆側のシートの溝にリールフットを入れる。③締め込む。

最適なルアー

スモールプラグ　シャッド

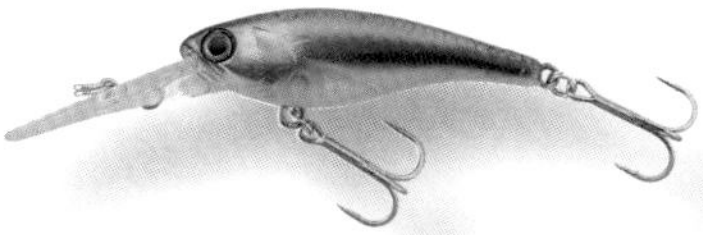

ライトリグ同様、ひと口サイズと呼ばれる軽いプラグ（目安は7グラム以下）も得意とする。シャッド早巻きは冬の大定番。

ライトリグ　ネコリグ

ノーシンカーを含む、軽いウエイト（目安は7グラム以下）のリグ（＝ライトリグ）を生命感たっぷりに動かせる。まさに専門分野だ。

トップウォーター　虫ルアー

ロッドを震わせて（シェイク）毛のような突起を動かせる虫ルアーにもスピニングタックルは最適。ため池の木の下で使ってみよう。

パワーフィネス　スモラバ

PEラインとのタックルセットでは、込み入った障害物の中にスモラバなどを入れて誘う、パワーフィネスも有効になる。

タックル解説

ライン

ロッドとリールがあっても、これがなければ
釣りにならない大事な存在が釣り糸とも呼ばれるライン。
釣り人と魚との仲介役だ。
釣り用ラインにも多くの種類があるが、
バス釣りで必要な3つのタイプをここでは紹介しよう。

適材適所を知って1匹に近づく

現在、バス釣りに使われるラインは素材の異なるフロロカーボン(以下フロロ)、ナイロン、PE(ピーイー)の3タイプ。

それぞれに特徴があり、それに伴うルアーごとに最適な種類、太さを使いこなせると有利に釣りを展開できることは間違いない。

そんなラインの最大の役割は水中と釣り人を繋ぐこと。

ルアーを意のままに操ることはもちろん、フッキングやファイトなど、バスとのやり取りを直感的かつスムーズに、切れたり(ブレイク)することなく行うためにも重要なタックルといえるだろう。

また、ラインには寿命があるので、定期的な交換も必要になる

ラインは隠れた名脇役!?

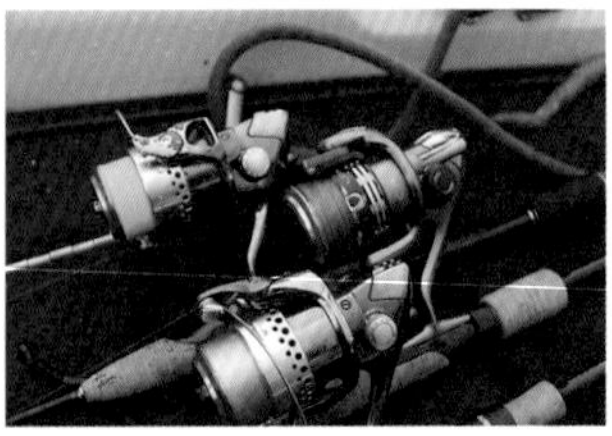

目立たない存在でもラインがなければ釣りにはならない。適切なラインを選べば心強い味方になるはずだ。

ラインの種類と特徴

PE

極細繊維の集合体で、ほぼ伸びがない。表面をコーティングしているので硬さは色々だが水は吸いにくい。色付きで完全に水に浮く。カバーの釣り、トップウォーターで用いられる。擦れと瞬間的な衝撃に弱くリーダーが必要。細いほど風に弱く扱いにくい。

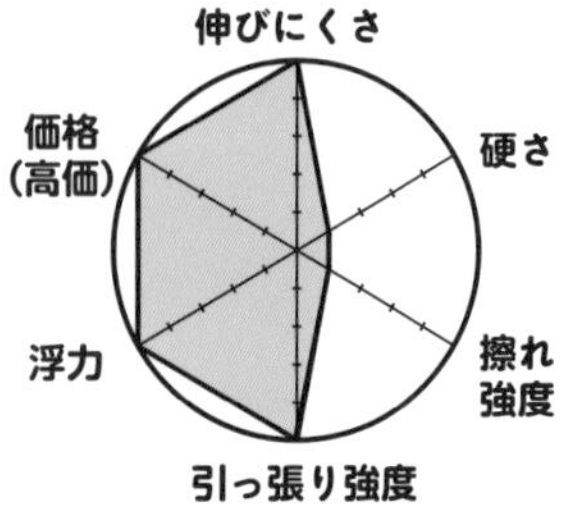

強くて伸びにくい

ナイロン

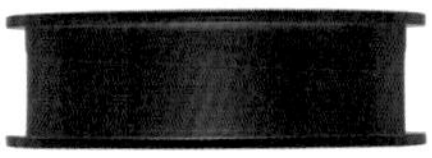

柔らかく伸びやすく、水も吸いやすく、擦れ強度はほどほど。水とほぼ同じ比重をもつ。柔らかいのでトラブルは少ないが、フロロやPEに比べて、多少感度が劣る。バランスがよいので初心者向きではある。

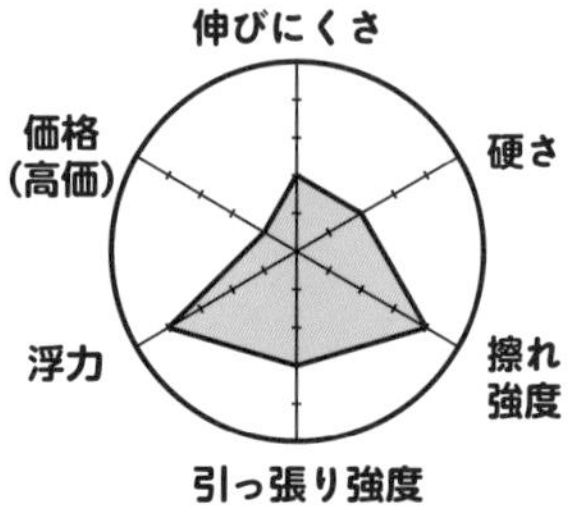

柔らかくて安価

フロロカーボン

硬くて伸びにくく水を吸いにくく、そして擦れに強い。水より重いので沈む。水中で動かすルアー全般に使われていて、バス釣りではメインとなっている。単にフロロとも呼ぶ。硬い素材が故に巻きグセがつきやすいので、適度な交換が必要。

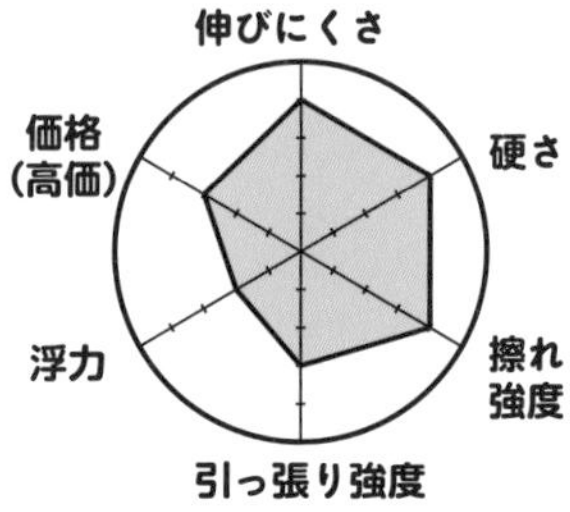

硬くてスレに強い

ライン選び 6つの要素

引っ張り強度

太さに繋がる

パッケージなどで『～ lb（ポンド）』と表記され、数が小さいほど細い。同じ数値なら強度は同じ（ 1ポンド＝約450グラムを上げられる）だが、素材が強ければ同じポンド数でもより細くなるのが重要だ。

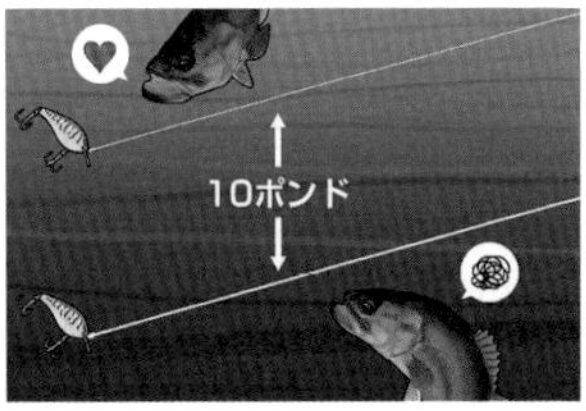

伸びにくさ

感度の目安

ラインの伸びはクッションの役割に近く、伸びると衝撃には強いが振動の伝達力は弱くなる。水中の変化を手元に伝えるには伸びない方が良く、伸びないラインは感度が良いとされている。

浮力

ルアーへの適合性

ラインの場合、水と比べて軽いか重いかで、軽ければ『比重が軽い』、重ければ『比重が重い』となる。軽いと浮き、重いと沈み、トップウォーターのように浮かせるルアーは比重が軽い方がマッチする。

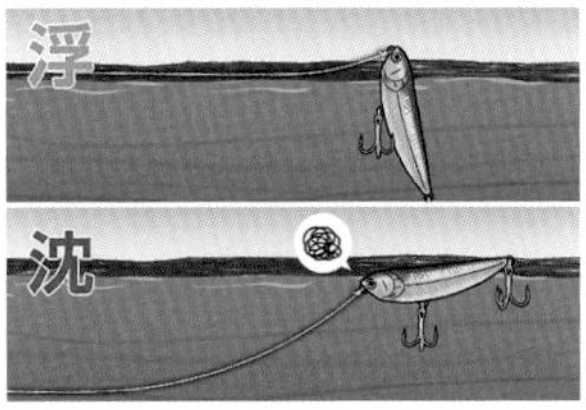

硬さ

扱いやすさの目安

柔らかいほどスプールになじんでトラブルは少ない。逆に硬いとごわついたりするので、扱いには注意が必要だ。PEはコーティングで硬さが調整されているが、劣化すると剥がれて柔らかくなる。

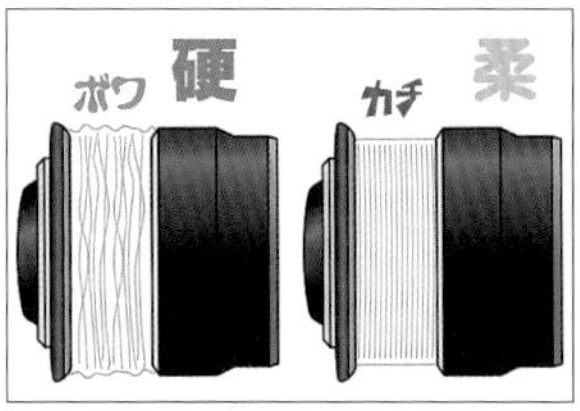

価格

手軽さとコスパ

同じ長さで換算すると圧倒的に高いのはPEだが、劣化しにくいので替える頻度は少なくても問題ない。逆にナイロンは単価は安いが、紫外線などで劣化しやすいのでマメに交換する必要がある

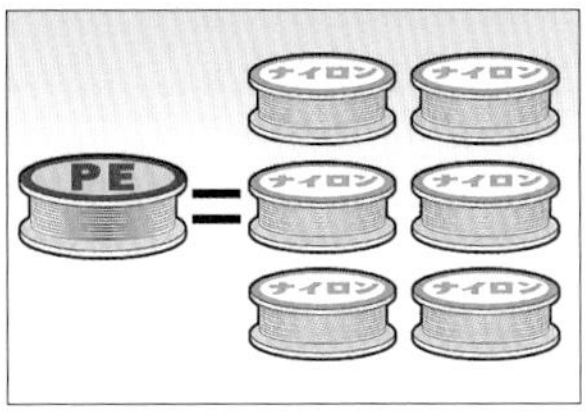

スレ強度

キワどく攻められるか

耐摩耗性と表現され、障害物などに擦れた時に弱いとラインブレイクは起こりやすい。フロロのようにスレに強いラインでも裂け目が入るとそこから切れやすくなるので必ずチェックしよう。

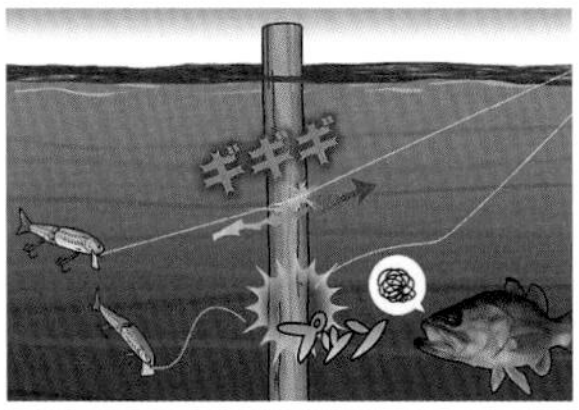

最適なルアー

PE

スモラバ

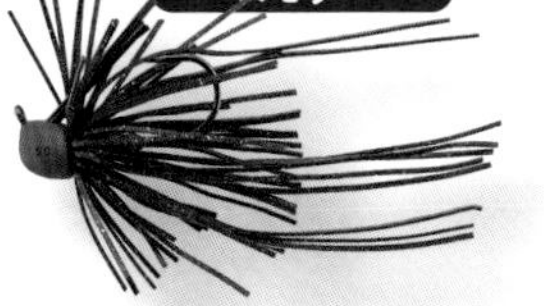

フロッグ

強さを生かそう

浮力と強さからカバーを絡める釣り、特にフロッグでは独壇場だが、結び方が特殊で覚えるまでが難しい。フィネスではフロロと結ぶリーダー（『ノット』参照）が必須になる。

ナイロン

トップウォーター

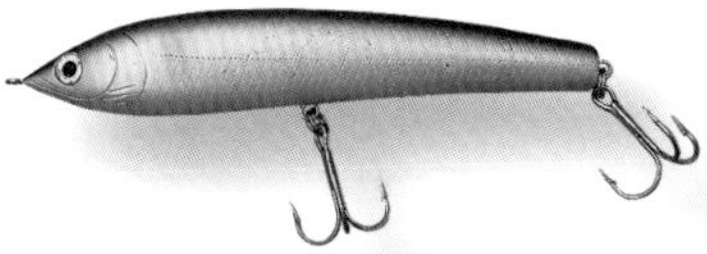

巻きモノ

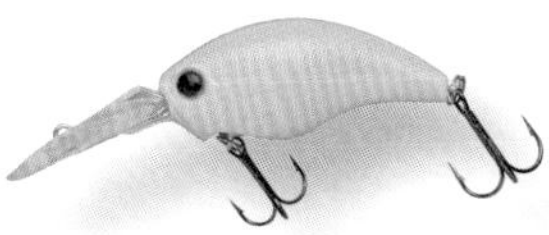

浮くルアーに

水に沈みにくいのでトップウォーター、伸びることからフッキングしやすい巻きモノにも向いているが、とにかくトラブルが少なく、慣れない間はあらゆるルアーに使ってみるのもありだ。

フロロカーボン

ライトリグ

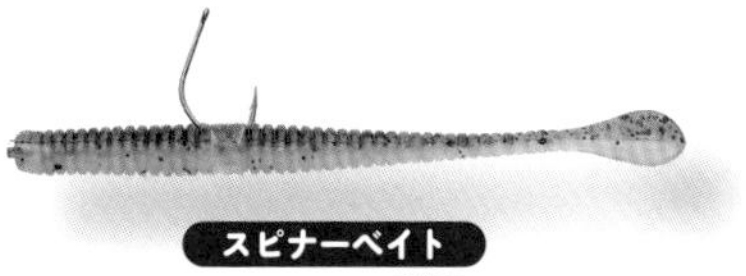

スピナーベイト

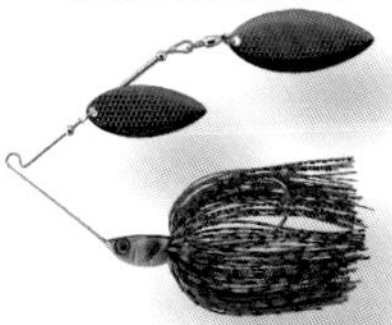

オールマイティ

ほとんどのルアーを扱えるが、細いラインを使ったライトリグは水の抵抗を受けずナチュラルに動かすことが可能。擦れに強いので障害物を絡めるスピナーベイトにも有効だ。

ラインのあれこれ

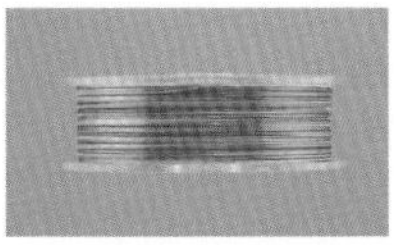

ハイブリッドPEって？

浮力や風、スレに弱いといったPEの使いにくさを他の素材と融合させることで改良、水中での使用を目的としたPEラインも登場している。

太さの選び方は？

ルアーによる太さの基準は、ロッドの適合ライン表記を参考にすると分かりやすい。ロッド選びは適合ルアーウエイトを参考にしよう。

バスアングラーは他の釣りを楽しむ釣り人に比べて、
ファッショナブルなことが多い。比較的若い
アングラーが多いこと、そしてその装備の自由度の
高さが生み出した、独自の文化ともいえるだろう。

ウエア＆ギア

安全さと快適さをもたせつつ自分の色をだそう

　バス釣りは安定した足場で楽しめるということもあり、他の釣りほど本格的な装備は必要にならない場合が多い。そのため、動きやすい服装であれば特別な装備は不要。もし選べるのであれば、アウトドア系のメーカーが出している製品ならばUVカットや速乾性、冬であれば本性能といった点で優れている。釣り針による怪我や虫刺されを避けるために、長袖長ズボンの着用もオススメだ。

　足元は普通のスニーカーでもバス釣りは楽しめる。靴底が滑りにくいものを選ぶと安心だろう。足元がぬかるんでいる場所では長靴に履き替えよう。安全な場所ならサンダルでもOKだ。

　続いて帽子。こちらも釣り専用のものは少ないため、これといった決まりはない。ただし、水面を見る際にはしっかりとしたつばのある帽子を選ぶと、太陽光の眩しさを防ぐことが可能。アウトドア製品だと夏でも蒸れにくいものや防水素材を使用したものなどがある。

　万が一に備えて持っておきたいのがレインウエア。雨の日は釣りやすいことも多いが、その中でも釣りを楽しむ上で欠かせないアイテムだ。

　ほぼ釣り専用のギアとして、ぜひとも用意してほしいのが『偏光グラス』と『ライフジャケット』。『偏光グラス』は特殊なフィルムが入ったサングラスで、驚くほど水の中が見えるようになる魔法のようなアイテムだが、目の保護のためにもぜひとも用意したい。

　一方『ライフジャケット』は万が一の落水に備える装備で、水中で体を浮かせてくれる役割を持つ。ボート釣りでは着用義務があるので必ず用意するべきだが、岸釣りにおいても準備し、常に着用することを心がけよう!!

　安全性や快適さといった条件さえ満たせれば、バス釣りの服装は自由。好きな服装でバス釣りを楽しもう！

トップス

夏でも長袖がオススメ

夏はTシャツのようなシンプルなものでも楽しめるが、怪我の防止や日焼け対策として、長袖のものを選ぶと安心だろう。冬にはアウトドア系の防寒対策ウエアを使用するのがオススメ。キャスティング等を妨げない体を動かしやすいものを選びたい。

ボトムス

ストレッチ製の高いものを選びたい

岸釣りでは草むらを歩くことも多いため、長ズボンが基本だが、夏の暑さ対策に、短パン+レギンスというスタイルもバス釣りでは一般的だ。冬にはパンツの下に冬用のタイツを履くことも多い。釣りは歩く走るだけでなく、屈伸運動も多いので、ストレッチ性の高いものが快適といえるだろう。

シューズ

アウトドア向けなら水にも強い

活発に歩く、様々な場所に立つことを想定すると、歩きやすくグリップ力の高い靴を選びたい。アウトドア用品ならこれらの点を容易にクリアできるうえに、防水や撥水機構を持ち合わせていることも多い。雨天時なら歩きやすい長靴も活用しよう。

帽子

つば付きが役立つ

バス釣りではつば付きのベースボールキャップを使われることが多い。眩しさを軽減させやすく、水面を見やすくしてくれるからだ。スポーツメーカーやアウトドアブランドから販売されているほか、バス釣りメーカーからも手頃な価格で発売されている。もちろんその他の帽子でもOKだ。冬ならニット帽などで寒さ対策も忘れずに！

収納

両手を自由にしたい

交換用のルアーなどはコンパクトにまとめられる収納具を用いて管理。バックパックやワンショルダーなど、両手が自由になるものを選ぶ。釣具メーカーから販売されているものは釣りに特化した機能がついていてオススメだ。

バックパック

あらゆる状況に対応できるよう、たくさんの道具を持っていきたいシチュエーションに最適な大容量が武器。披露を軽減してくれるウエストハーネスも搭載。

ワンショルダー

例えばこの製品なら、255×190×28ミリのルアーケースが2つ入るほか、小物収納用のポケット、ペットボトルホルダーなどが搭載されている。

ライフジャケット

通常時は非常にコンパクトだが、万が一落下した際には自動あるいは手動で内蔵されたボンベから炭酸ガスが吹き出し、あっという間に浮力体が膨らむ仕組みになっている。

義務ではないがぜひ着用を!

一般的にはライフジャケットと呼ばれる救命胴衣が有名だが、釣りでは膨張式の腰巻きタイプや肩掛けタイプを使用することが多く、本書ではこれらの安全具をライジャケと総称。船釣りのように法的な着用義務は無いものの、岸釣りでもぜひとも着用してほしい。

偏光グラス

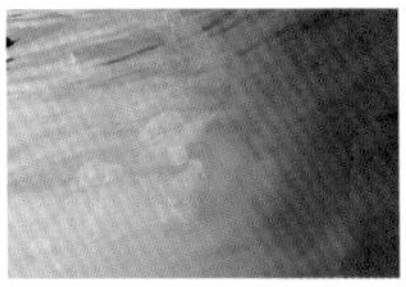

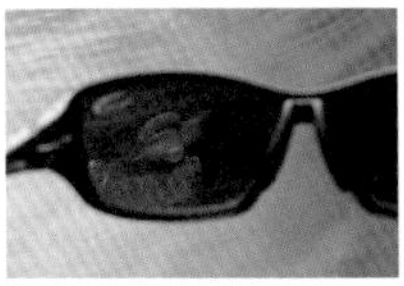

写真上が肉眼で水中をみたイメージで、下が偏光グラス越しに同様の水面を見ているイメージ。得られる情報が段違いなのがわかるだろう。

水中の様子がよくわかる

釣りに用いられるサングラスは「偏光グラス」と呼ばれる特殊なフィルムを搭載したものを使う。水面から反射する光のうち、余計なものをカットする機能がついているため、肉眼で水面を見るよりもはるかに水中の様子がわかりやすい。バスがついていそうな水中の障害物を探すのに役立つだろう。また、ルアーなどが顔に飛んできたときに目を守ってくれることも期待できる。ロッドとリールの次に買うべきタックルと言う人もいるほど大切な装備だ。

安全に釣りを楽しめるベースさえ作ってしまえばバス釣りの服装は自由。そのため、バス釣りのプロアングラーにはおしゃれな人も多い。

レインウエア

雨の日の釣行が楽しくなるかも

バス釣りは雨の日のほうが釣れやすいことも多々あるが、そもそも釣りに行ける日が必ずしも晴れているとは限らないもの。そんな雨が降っている状況でも、しっかりとした性能のレインウエア（雨具）を着ていけば想像以上に快適な釣りが楽しめるだろう。釣り用のものは中が蒸れにくく、動きやすいデザインになっていることが多い。

バス釣りに役立つ 小物たち

ロッドとリール、ライン、そしてルアーが揃えば釣りができるのだが、実際に釣り場に立った時に役立つアイテムをいくつか揃えるのがオススメ。とくにここで紹介するものは、絶対に持っていて後悔しないものだ。

なくてもいいけど有ったほうが便利なアイテムたち!!

バス釣りの現場で活躍するアイテムたち

バス釣りには1日の釣りをもっともっと楽しく快適にしてくれるプラスアルファの道具がたくさんある。ここではその中から特に役立つアイテム、実質必携ともいえるものを紹介しよう。

まずは「タックルボックス」。お店で購入したルアーを現地で開封してはいけないこともないが、万が一落とせばフィールドにゴミを残すことになってしまう。そこで役立つのが、タックルボックスやルアーケースと呼ばれるアイテム。その名の通り、ルアーを収納することを主に目的としたケースだ。家や車で開封したルアーをこの中にまとめてフィールドに持ち込めば、余計なゴミを落とす心配もないし、ルアーのフックがあちらこちらに引っかかる心配も無用。ルアー交換もスムーズに行えるだろう。

続いて紹介するのは「プライヤー」。いわゆるラジオペンチだが、釣り場では様々な場面で役立つ。例えば、釣れた魚の口からフックを外すとき。無理に素手で外そうとすると、魚が暴れた勢いでフックが指に刺さってしまった、といった事故になりかねない。そこでプライヤーを使うことでより安全に取り外すことが可能なのだ。また、強い力で挟めるため、曲がったフックを修正したり、ルアーのアイチューンにも活用できる。さらに、根本部分はラインを切ることも可能だ。

そして岸釣りの幅を大きく広げてくれるのが「ランディングネット」。かかった魚を安全に取り込むために使用する網で、岸釣りでは伸縮機能を搭載したネットが重宝されている。通常時の柄の長さは40センチ程度だが、伸ばすことで2メートル以上の長さに変形。足場の高い場所で釣りをすると、魚をかけても取り込む方法が問題になるが、ランディングネットがあれば解決するわけだ。水面までそこまで高くなかったとしても、水際がぬかるんでいる、植物が生い茂っていて陸と水面の境界がよくわからない、などの危険を回避するためにも積極的に利用したい。

プライヤー

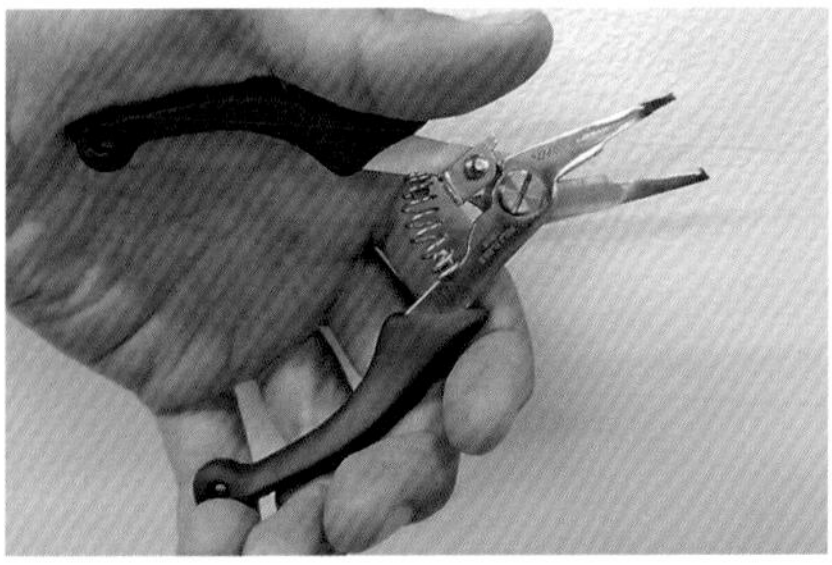

ひとつで様々な役に立つ

テコの原理で細いながらも先端の挟む力は非常に強い。そのため、フックのワイヤーでもガッチリと掴むことが可能。釣れたバスの口元からルアーを安全に外す、曲がったアイやフックを直すといった芸当は朝飯前なのだ。繊細さはいらず、もっと挟むパワーがほしいときは少し手前で挟むといい。ただし、根元部分は鋭い刃のようになっているためうまく挟めない設計になっている。こちらの部分はラインを切る際に重宝するだろう。

釣り専用のアイテムも多く展開されている。最大の特徴は先端の鍵上の部分。これを利用すると、フックとルアーを介しているスプリットリングを簡単にはずすことができるのだ。

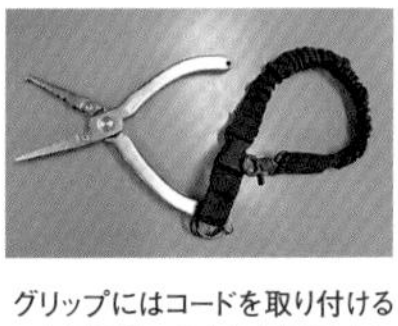

グリップにはコードを取り付けることが可能。こちらを活用すれば、パンツのベルトループやバッグのD管に取り付けることが可能。岸釣りの最中に落として紛失してしまう心配も無用!

タックルボックス

ルアーを持ち運ぶための必需品

プラスチックなどの硬い素材で作られた収納用ケースをタックルボックスやルアーケースと呼ぶ。ルアーにはたくさんの針がついていることもあり、持ち運ぶためにはそのままバッグに入れることはできない。しかしボックスを利用すれば、針がどこかに刺さる心配が無いばかりか、いくつものルアーを同時に持ち運ぶこともできるのだ。

釣り用に販売されているケースなら、ワームを入れてもOK。ほかにもサイズの小さいケースにはシンカーやフックをいれるなど、工夫次第で色々な使い方ができる。いくつ持っていて損は無いはずだ。

バス釣りで使われるボックスの内側は、完全なフリースペースになっているか、間仕切りで2~3区画にかれているのが一般的。持っていけるルアーの数や大きさは、このボックス次第であるともいえるのだ。

ランディングネット

シャフト（柄）を伸ばせば足場の高い場所や不安定な場所など、水際に近づけなくても安全に魚をすくうことができる。また、リリースする際にも優しく水面に下ろすことができる。

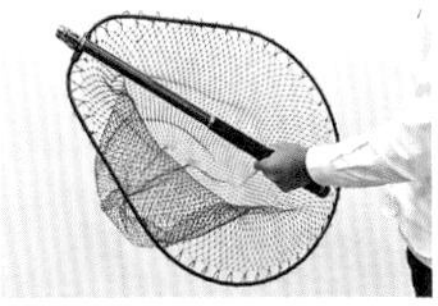

ランディングネットのシャフト（柄）の部分とネット部分のジョイントが可動するものもあり、よりコンパクトに携帯することが可能。バッグにぶら下げて持ち運べるサイズ感になるのだ。

安全かつ確実にバスをキャッチ

釣れた魚をすくう網。バス釣りでは強いタックルを使っていればそのまま抜き上げてしまう方法や、直接手でバスの下顎を掴むハンドランディングが多い。しかしより確実にとりこみたいときや、細いラインを使っている際にはランディングネットが重宝される。なお、網に魚を入れる際はバスの進行方向を塞ぐ形ですくうこと。つまり頭側からすくうのだ。

その他のアイテム

ハサミ（シザース）

ラインカッターと同様、主にラインを切るために使用する。こちらは小さいだけで普通のハサミなので、汎用性は高い。バッグに忍ばせておくと役立つだろう。

ラインカッター

シンプルな仕組みのラインを切るための専用道具。汎用性は低いものの、ラインを切るという動作が素早く行える。ピンオンリールとセットになっていることも多い。

根掛かり回収器

水中でルアーが引っかかってしまった際に使用する回収器。近ければ近いほど回収率はアップする。写真は岸釣りでも便利なコンパクトタイプ。

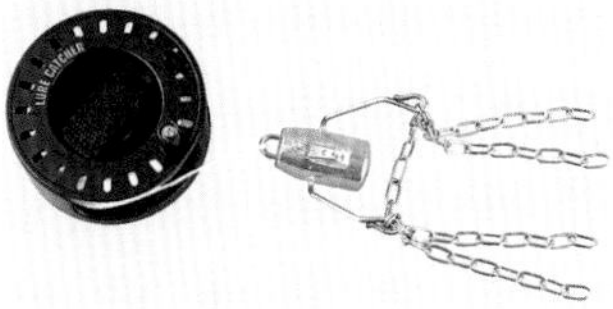

水温計

釣り場の水温をはかることで、その日の状況を考える際の参考にする。写真は水面に向けてボタンを押すだけで瞬時に図れるデジタルタイプ。

ダストポーチのススメ

このモデルは入れ口と別に捨て口の設けられた優れもの。素材には海洋プラスチックの再生素材を使用している。

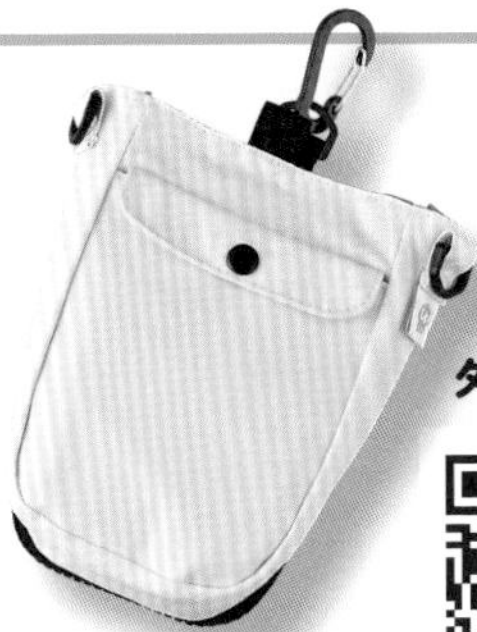

クイック
ダストポーチ

釣り場専用のゴミ入れを持とう！

ラインの切れ端や使えなくなったワームなど、釣りの最中には意外にもゴミが多く発生するが、その処理にちょっと困る…。そんなときにオススメなのが「ダストポーチ」。ライジャケやバッグにとりつけて使う現場用のゴミ入れで、素速く確実に不要になったものを収納できる設計になっている。釣り場の環境を守るためにもゴミは確実に持ち帰ろう！

ハードルアー 概要

ルアーは大きく分けて2種類にわけられる。そのうちのひとつがハードルアーと呼ばれるタイプ。いかにもルアーフィッシングらしいアイテムが揃うジャンルだ。なお、本書ではスイムベイトもハードルアーの1ジャンルとして掲載する。

選んで楽しい！使って楽しい！バス釣りの魅力が満載！

積極的に動かして使うルアーたち

ハードルアーと呼ばれるジャンルは主に「プラグ」と呼ばれる硬い素材からできたルアーと、「ワイヤーベイト」と呼ばれる針金やフックの組み合わさったルアーを総称して呼ばれる区分わけとなる。本書ではここにブレードジグやメタル系、スイムベイトを加え、アングラーが能動的に動かすことではじめてその威力を発揮するタイプのルアーたちを「ハードルアー」として掲載する。

豊富な種類が存在しており、それぞれが異なる個性を持っている。選ぶのが難しいかもしれないが、この豊富な選択肢もまたバス釣りの大きな魅力となるし、なくさない限りは長く使えるため、愛着も湧きやすい。

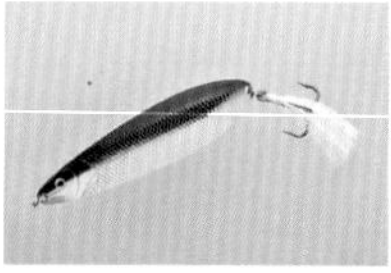

湖に落ちたスプーンにマスが食いついたことが起源とされてるルアーフィッシングだが、実は似た伝承は世界各地に存在しており、日本では水面に落ちたかがり火の木片にイカが抱きついた話などが知られている。

基本構造

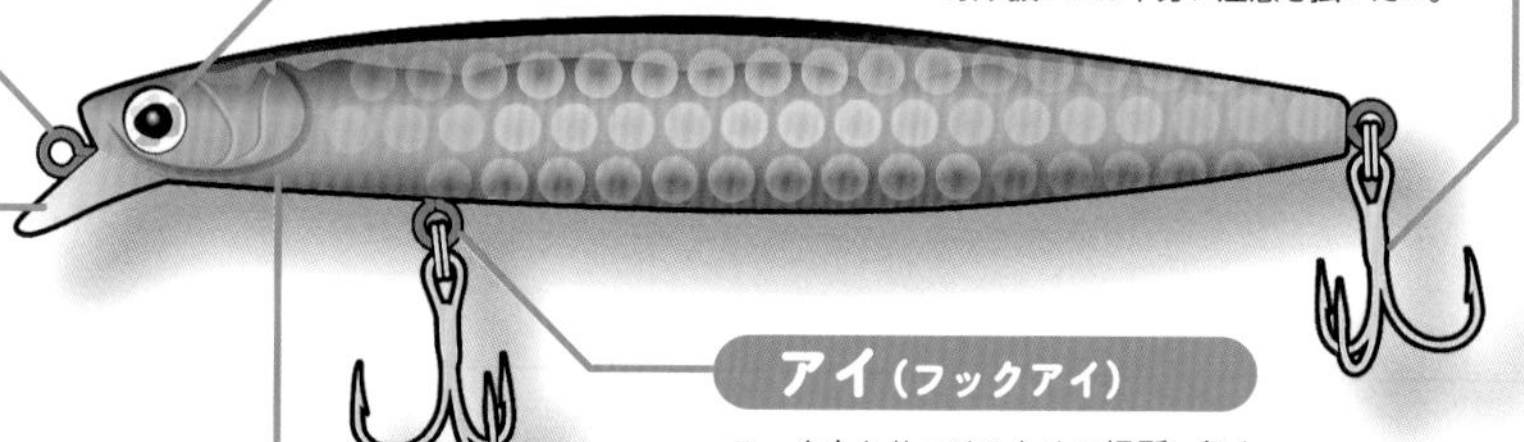

アイ（タイイングアイ、ラインアイ）

ラインを結ぶ場所。ルアーを魚とみたてたとき、鼻先から背中側あたりに配置されていることが多い。ルアーの動きに大きな影響を与えるため、後述する「アイチューン」をほどこすことがある。

アイ（ルアーアイ）

ルアーの目にあたる場所。ブラックバスは動体視力に優れており、泳いでいるルアーのアイも「目」として認識するとされている。なお、ボディ後部に黒丸が描かれているものはストライクドットと呼ばれる。

フック

魚を掛ける針のこと。プラグでは、トレブルフックと呼ばれる三叉に分かれたフックを使用することが多い。針先の少し下にはカエシと呼ばれる逆向きの出っ張りがあり、掛けた魚が逃げにくい構造をとっている。当然、フックの先端は鋭いので、取り扱いには十分に注意を払いたい。

リップ

ルアーの前方に配置された薄い板。この部分が水を受けることで、ルアーアクションを発生したり、水中に潜ったりする。リップが長いほど深く潜り、大きいほどアクションも大きくなる傾向にある。また、リップの角度や形状によってもアクションや潜行深度が異なってくる。

アイ（フックアイ）

フックをとりつけるための場所。多くの場合、ここにスプリットリングと呼ばれる金属製のリングを介してフックをとりつける。ルアーのおなか側に1～2箇所、最後部付近に0～1箇所もうけられている。

ボディ

現在のバス釣りに使われているハードルアーのほとんどがABSなどのプラスチック樹脂を使って作られている。基本的には魚のような形をとるが、形状が違えば動きも違うし、バスにとっての印象も変わってくる。

内部構造

ABS製プラグの内部構造の一例。なお、素材に木材や発泡ウレタンを使用しているルアーもあり、その場合は内部構造が異なっている。

重心移動

内蔵ウエイトの一部をキャスティング時に後方へと移動させることで、より遠くまで飛ばせたり、安定した姿勢で投げられるようにするための機構。近年多くのルアーに採用されているが、非搭載のものもある。

エアールーム

ABS樹脂は水よりも比重が重いため、ルアーの内部は空洞（エアールーム）になっており、これにより浮力を確保している。水中での姿勢を制御するため、ルアーの上側がエアールームになっている。

ラトル

ボディ内部の空間を自由に動き回る小さな玉で、転がったり内壁にぶつかることでサウンドを発生させる。真鍮やガラス、プラスチックなど様々な素材が使われており、それぞれによって音質が異なる。

ウエイト

ルアーの姿勢や動き、投げやすさを決定づけるオモリ。鉛やスチール、タングステンなどの素材が使用されている。狙いとする動きや姿勢に応じて、大きさや数、配置位置は様々。ラトルを兼ねて遊動する場合もある。

ハードルアーのタイプ

本書で詳しく紹介する18種類のハードルアーの一覧がこちら。それぞれの中にもさらに派生するタイプが存在するため、決してこれらが全てではない、一度にすべて覚えなくても、好きなもの、気になるものから知っていこう。

ポッパー

ピンスポットで存在を主張!

水面に浮かび、移動距離を抑えてバスを誘うルアー。口を大きく開けたような見た目が特徴で、この部分で水しぶきを起こす。

ペンシルベイト

動かしてなんぼのテクニカルルアー

水面を滑るように、あるいは逃げ惑う小魚のように泳がせて使うルアー。アングラーの技量次第でアクションが変わってくる。

スイッシャー

プロペラの回転が音と水しぶきを立てる!

ルアーの両端、あるいは片側にプロペラがとりつけられた水面系ルアー。このペラの回転による水しぶきや音でバスを魅了する。

ビッグクローラーベイト

近年誕生した人気ジャンル

大きなボディに羽根のようなパーツついた水面系ルアー。そのサイズ感とはうらはらに、繊細な動きでゆっくりと泳がして使うことが多い。

ノイジー

水面で騒ぎ立ててバスを怒らせろ!

「騒がしい」といった名前をつけられた表層系ルアーのジャンル。その名の通り、水面を騒がしく動くことで、バスを誘い出す。

バズベイト

水面の直線番長

ワイヤーベイトと呼ばれるジャンルにも含まれる表層系ルアー。大きなプロペラが回転することによる、強いアピール力を有する。

i字系

動かない動きが強い!

ただの棒のような存在感ながらも、バスにとってはたまらない魅力を持つルアー。他と違い、極力動かさないように動かすのがキモとなる。

虫系

落下昆虫を演出

主にセミなどの水面に落下した虫をモチーフにしたルアー。サイズ感から見た目まで、本物の虫に似せているものが多い。

フロッグ

根掛かり知らずの水面ルアー

カエルをモチーフにしたルアー。使い方はペンシルベイトに似ているが、根掛かりに圧倒的に強いという唯一無二の特性を持つ。

ミノー

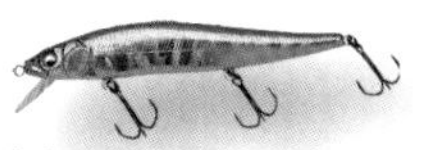

小魚ソックリの見た目を持つ

細長い、小魚そっくりの見た目を持ったルアー。ただ巻きからトゥイッチ、ジャークによるダートまで多彩な演出が得意。

シャッド

冬にも釣れる食わせルアー

ミノーとクランクベイトの中間のような見た目を持つルアー。比較的小型で繊細な泳ぎを得意としている。また、冬にも釣れるルアーとして知られる。

クランクベイト

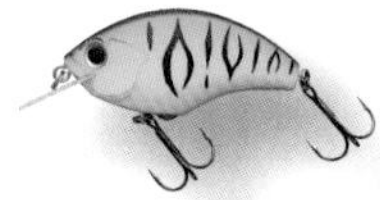

ブリブリ泳いで主張!

球体に近い、丸っこい形をしたルアー。高い浮力を持っており、強く大きな動きが特徴的。バス釣りならではのルアーのひとつ。

バイブレーション

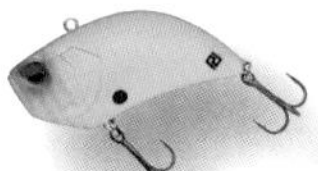

ハイスピード&ハイサウンド

フナのような、体高の高いベイトフィッシュに似たシルエットを持つルアー。速いスピードで使いやすいほか、大きなラトルサウンドも特徴的。

ビッグベイト

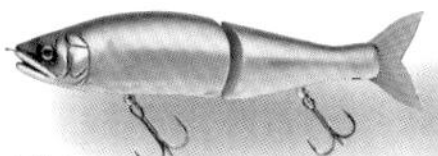

デカい魚を釣るならこれ!

その名の通り、巨大なボディをもつルアー。小さなバスは怖がってしまうほどの存在感で、大きい魚を狙いたい時に活躍する。

スピナーベイト

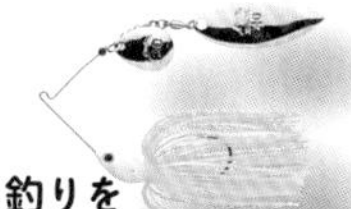

バス釣りを象徴する王道ルアー

ワイヤーベイトと呼ばれるタイプのルアーで、バス釣りを象徴する王道的ルアー。高いアピール力を持ち、根掛かりにも強い。

ブレーデッドジグ

激しい動きで泳ぐニュージャンル

比較的歴史の浅いルアーで、ブレードがとりつけられたラバージグといった風貌を持つ。ただ巻くだけで激しいサウンドと動きを発生する。

メタル系

深場を狙いたいときに活躍!

ボディに金属素材を多く使用しているものを総称したタイプ。沈むスピードが早いので、深い場所を狙いたいときに特に活躍してくれる。

スイムベイト

巨大で柔らかなルアー

ビッグベイトに並ぶ巨体を有するルアー。ボディにソフト素材を使用していて、プラグにはない水押しでバスを魅了する。

ルアーアクション

ロール+ウォブル=ウォブンロール

ルアーのアクションは大きく分けて2つ。ルアーの進行方向に対して横倒れするような動きをロール(ローリング)、ルアーが頭や尻尾を左右にふる方向の動きをウォブル(ウォブリング)と呼ぶ。これらは複合することが一般的で、合わさった動きは「ウォブンロール」と呼ばれる。

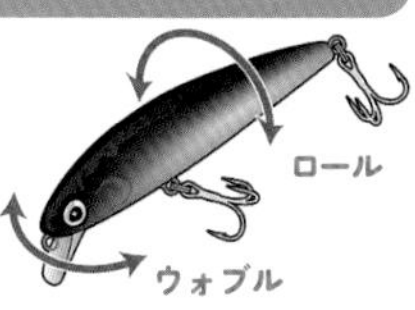

アイチューン

真っ直ぐ泳がせるための調整

ルアーは非常に繊細なバランスのもとで作られている。そのため、アイが曲がるだけで泳ぎがおかしくなってしまうため、「アイチューン」と呼ばれる調整が必要になってくる。方法は簡単で、「ルアーを泳がせたとき、曲がってしまう方向とは反対方向にアイを少し曲げてあげる」だけ。専用の道具も発売されているが、プライヤーでも十分調整が可能。コツは少しずつ調整してあげることだろう。特にミノーやシャッドで必要になることが多い。

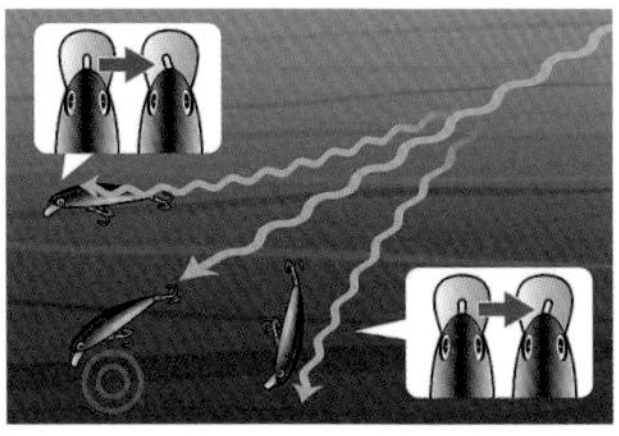

アピール力

水押し・フラッシング・サウンド

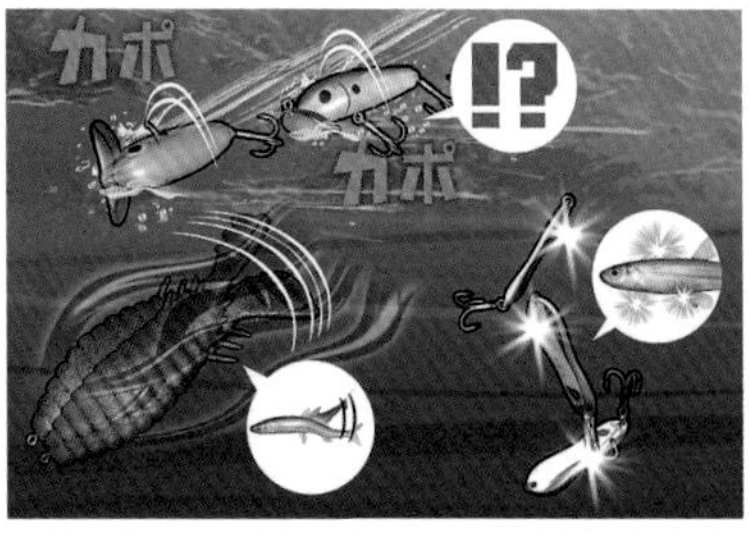

ルアーがバスを引き付ける主な要因は「水押し」、「フラッシング」、「サウンド」の3つ。水押しはルアーが動くことで水が撹拌されて発生するアピール。フラッシングは、ルアーに当たった反射光によるアピール。サウンドは主にラトルによって発生する音によるアピール要素となる。ルアーによってこれらの特性が少しずつ異なることで、使いこなす意味が生まれている。

シンプルで飾り気のないデザインにしてバスルアーの原点と呼ばれているペンシルベイト。ルアー解説のトップバッターに相応しいこのルアーがなぜ偉大なのか！　なんて難しいことは書いてないので、気軽に読んでマスターだ！

ペンシルベイト

Pencil Bait

HARD

魚に強く主張してガンガン使える！

ジェームス・ヘドン氏が投げ込んだ水面に浮く木片に、バスが食らいついたことから着想を得たバスルアーの流れを引く、史上初のプラスチックルアー。それがペンシルベイトと呼ばれるヘドン社のザラスプーク。以来80年以上ほぼ変わらない形状と魚を誘う能力は、トップウォーターのみならず、バスルアーの代表として釣り人に認知されている。

　ロッドを動かすことで水面を滑るように左右に行き来するスライドアクション(スケーティング、ドッグウォークとも)は、ルアーを操作するバス釣りの原点ともいえるアプローチで、逃げ惑う小魚をイミテート。そこにバスが水しぶきを上げてアタックする大迫力のシーンを目の当たりにすれば、バス釣りにハマることは間違いない。

When? いつ？	初夏〜秋
Where? どこで？	水面が静かな場所
How? どうやって？	ロッドワーク
Power 水押し	普通

細長いボディ形状

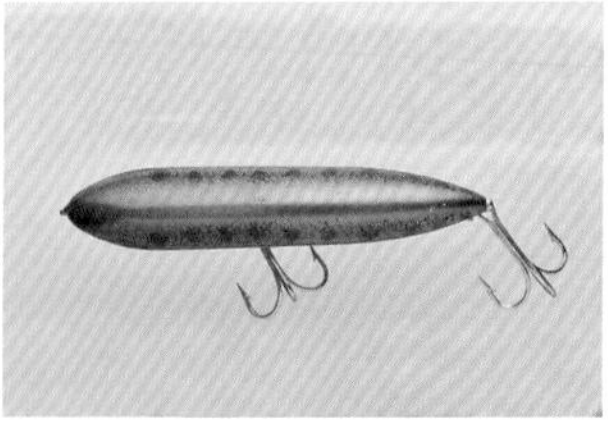

ペンシルベイトの名前の通り、鉛筆のように細長いが、ヘッドからテールまで均一な太さの物から頭が太い物、逆に頭が細い物などがある。

浮き姿勢

水面に対して水平、斜め、垂直の3タイプで、水平はスライド幅が広いスケーティング系、垂直は移動距離が少ないネチネチダイビング系。斜めはその中間的な動きとなる。

2フックor3フック

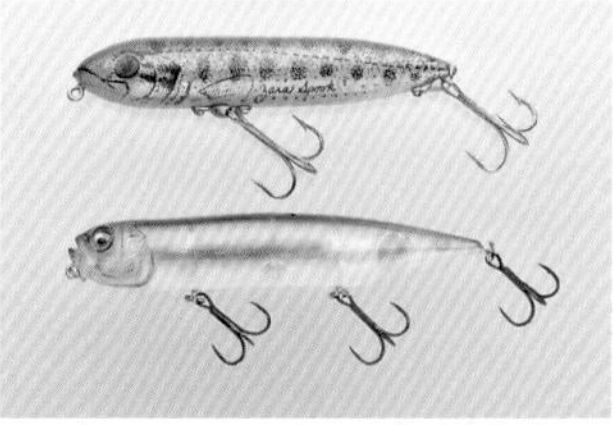

長さは5センチ未満から15センチ以上と様々だが、扱いやすいのは9センチ前後。大きいとフックの数が増えて掛かりやすくなるが警戒もされやすい。

ハイブリッド

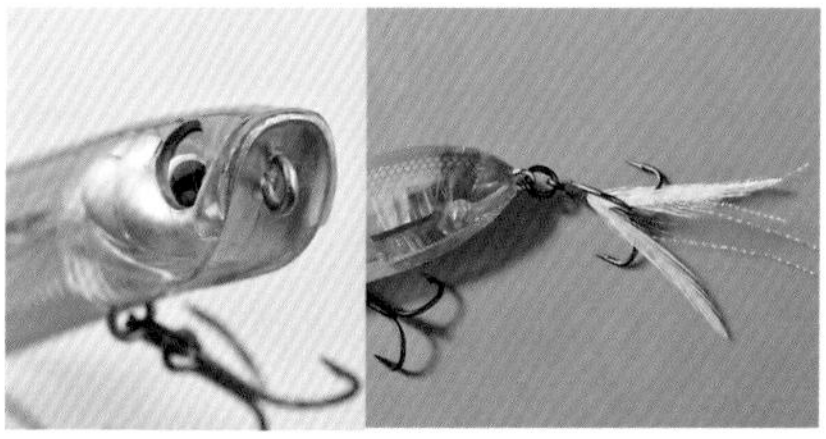

ボディは細長く動きもスライド系だが、ラインアイ周辺がポッパーのようにえぐれていたりと他のトップウォーターの要素が追加されている物もある。

ペンシルベイト オススメ10選

アッパーカッター（ノリーズ）

ボディ下部の張り出しがバランサーとなり、スライディングアクションをサポート。また、鋭く動いて水をえぐることでカービング波動と呼ばれる独自の引き波を立てる。ラトルは重低音系で、より深い水深からバイトを誘発する。

●全長：95ミリ、128ミリ●重さ：10.8グラム、22.7グラム●浮き姿勢：水平

サミー（ラッキークラフト）

軽いロッドワーク（トゥイッチ）で首を振り、幅広のスライディングアクションから短距離の高速ドッグウォークもこなす。量産型国産ペンシルベイトのレジェンド的存在でありながら、いまなお釣果を上げ続けている。

●全長：55ミリ、65ミリ、85ミリ、100ミリ、105ミリ、115ミリ、128ミリ●重さ：3.7グラム、5.8グラム、11.2グラム、12.6グラム、13.6グラム、18.5グラム、28.0グラム●浮き姿勢：垂直

シャワーブローズ（エバーグリーン/モード）

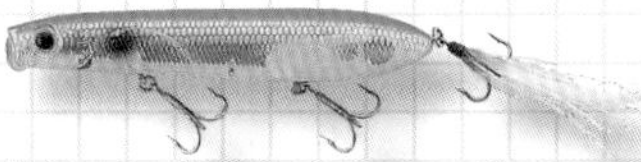

独自のビルデザイン、テールのフェザーフックと、ペンシルベイトの枠を超えるべく生み出された意欲作。圧倒的な飛距離と連続クイックターンが容易に繰り出せる。125ミリのオリジナルのほか、サイズ違いの3タイプ（77.7、105、150ミリ）。

●全長：125ミリ●重さ：グ26.0ラム●浮き姿勢：ほぼ水平

スラムドッグモンスター（イマカツ）

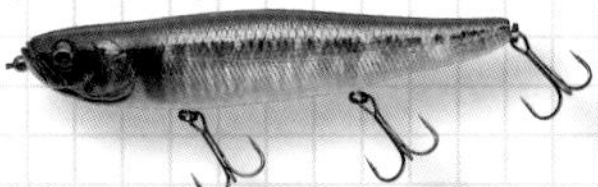

伝説のアマゾンペンシルをサイズダウンしてリチューン。金属製のクラッカーラトルは健在で、でかバス対策は万全。大型サイズながらスプリットリングに直結することでフロロカーボンラインでも使用を可能にしているのは嬉しい。

●全長：145ミリ●重さ：40グラム●浮き姿勢：水平

ブラキオスティック（デプス）

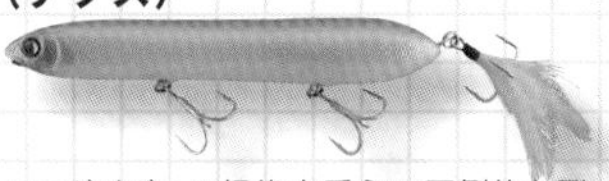

ロングボディ＆超後方重心で圧倒的な飛距離を生み、レスポンスの良いアクションで遠投先でのバスの捕獲を容易にする。また、内蔵するスプリングウエイトがポーズ時に微細な波紋を発生。未知の刺激ででかバスを追い詰める。

●全長：147ミリ●重さ：31.0グラム●浮き姿勢：ほぼ水平

オリジナルザラスプーク（ヘドン）

史上初のプラスチックルアー、通称オリザラ。ファーストザラ、ソリザラなどのコレクターズアイテムとしての価値はもちろん、多くの魚種を魅了するドッグウォークは、すべてのペンシルベイトが目指すべき手本となっている。

●全長：11.4ミリ●重さ：13グラム●浮き姿勢：ほぼ水平

ジャイアントドッグX（メガバス）

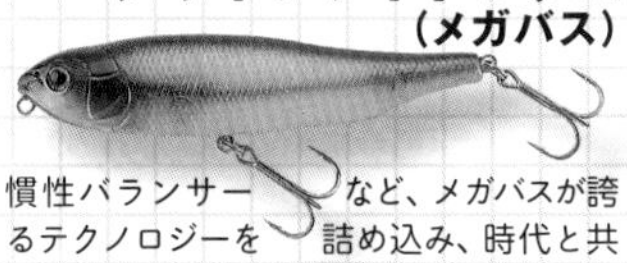

慣性バランサーなど、メガバスが誇るテクノロジーを詰め込み、時代と共にブラッシュアップを続けるロングセラー。ドッグXのサイズアップ版ではなく、スレた大型（ジャイアント）バスを獲るためのドッグXを意味している。

●全長：98ミリ●重さ：1/2オンス●浮き姿勢：斜め

スティーズペンシル60F（DAIWA）

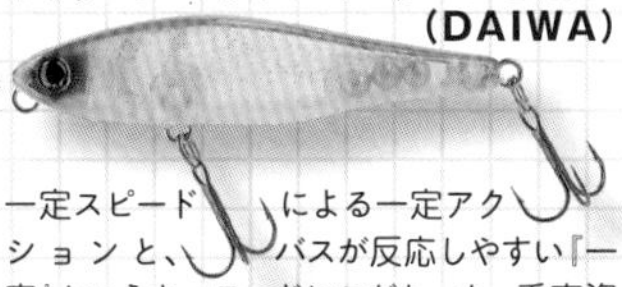

一定スピードによる一定アクションと、バスが反応しやすい『一定』というキーワードにこだわった。垂直姿勢からのクイックな倒れ込みは、繰り返すことでリズミカルな一定のテンポとなり、使い手に疲れを感じさせない効果ももたらす。

●全長：60ミリ●重さ：4.2グラム●浮き姿勢：垂直

レッドペッパー（ティムコ）

先の尖った鉛筆（ペンシル）のようなシェイプが印象的な垂直浮きペンシルの元祖的存在。左右への小気味よいスライドダートに紛れ込むイレギュラーな挙動がバスの捕食本能を刺激する『小魚逃走アクション』はあまりに有名。

●全長：110ミリ●重さ：14グラム●浮き姿勢：垂直

ヤマト（O.S.P）

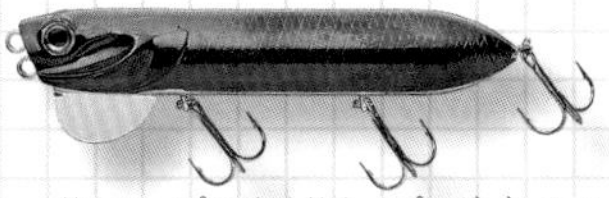

ヘッドのカップとサイドカップ、ダブルのラインアイ、フロント下部のセンターボードと、ボディ形状はペンシルベイトだが、多彩なギミックを持つマルチトップウォーター。短距離でのドッグウォークとスプラッシュで強くアピールする。

●全長：118.0ミリ●重さ：28.0グラム●浮き姿勢：水平

動きのイメージ

水面を滑る動き＝水押しがすべてのルアーの原点

ロッドを軽くあおってラインを張り、動かした分のたるんだラインを巻く。この『張って巻く』をリズミカルに繰り返すことで、ルアーが左、右とスライドするのが『水押し』と呼ばれる基本のアクションで、テンポを速くすればスライド幅は短く、逆に遅くすれば広くなる。水押しにはスライドの他、スケーティング、ドッグウォーク、テーブルターン、首振りなど、様々なバリエーションと呼び名が存在している。

得意なシチュエーション

オープンウォーター

バスにとってはまさに水面に追い詰めたエサ（＝ベイト）に映る。後は食べるだけとなっていればスイッチが入るのは自然のことだ。

ボイル撃ち

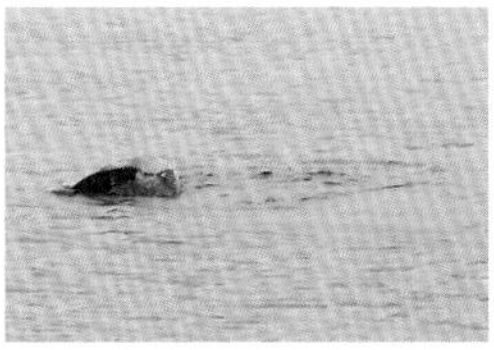

小魚を水面に追い込んでエサを捕食するバスの一連の行動をボイルと呼ぶ。その状況に投げ入れて動かしてバイトさせる。瞬間の勝負になるので見つけたら即投げよう。

最適なタックル

動かしやすさを優先したタックル

きちんと動かせないとバスを誘えないので、ティップは柔らかめでも全体的には張りのあるライトクラスのロッドがおすすめ。7センチ以下ならスピニングもありだ。

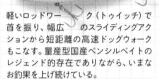

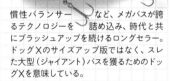

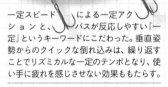

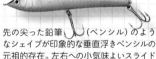

魚が大きく口を開けたような姿が非常に可愛らしいルアー。
水面ではその口が水の抵抗を受けることで、音や泡を発生。
ロッドワークよるアクションにも対応するなど、
非常に芸達者なルアーだ。

ポッパー

Popper

HARD

魚を水面まで呼び寄せよう！

水面に浮かび、バスがルアーを襲う瞬間を目のあたりにできるトップウォーターという大きなジャンルの中のルアー『ポッパー』。

その最大の特徴は、カップと呼ばれる大きく口が開いたデザインだろう。この部分が水を受けることで、様々なタイプのアピール力を発揮し、バスを引き付けることができるのだ。

その他のトップウォータープラグに比べてアピール力は高く、また移動距離も短いため、より遠く、より深くからでもバスを引き付けることができるのもポッパーの大きな魅力だろう。

活躍する季節としては、バスが水面を意識始める春の中旬から夏頃までが一般的。広範囲を探る釣りはあまり得意ではないため、秋はこれらの季節ほどは使われない。

カップ

魚で言えば口に当たる部分が大きく開いているのも特徴。この部分が水の抵抗となり、飛沫や捕食音など様々な効果を生み出す。

When? いつ？	春〜夏
Where? どこで？	水面が静かな場所／シェード
How? どうやって？	ロッドワーク
Power 水押し	やや強い

フェザーフック

フェザー（鳥の羽）などが取り付けられたフックを標準搭載しているものも多い。アピール力や操作感、食わせ能力の向上が主な狙いだ。

サイズ感

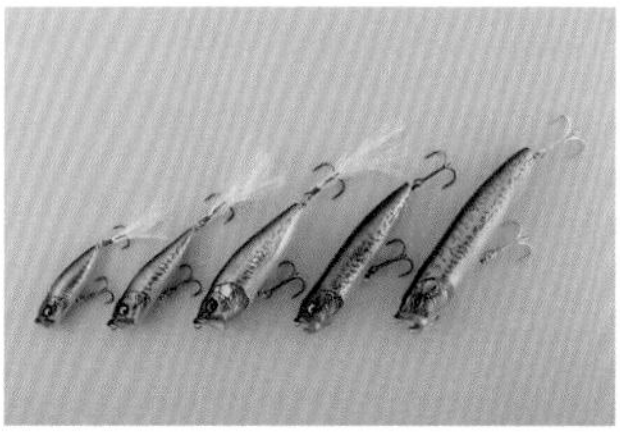

他のトップウォータープラグに比べて寸詰まりした印象のあるポッパーは、比較的コンパクトなサイズ感が多い。細長いタイプはペンシルポッパーとも呼ばれる。

カップやその周辺の形状

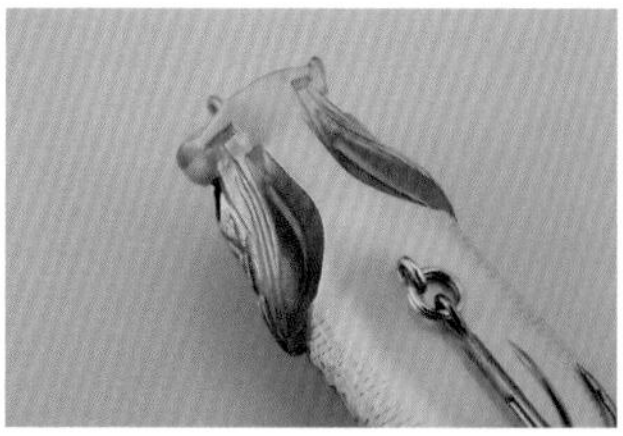

ポッパーのカップ形状は、三日月状にえぐれているもの、大きくぼんでいるものなど様々。ダクトなどの技巧がこらされているものもある。

ポッパー オススメ10選

ジレンマポッパー（イマカツ）

わずか6センチの小型ポッパー。カップも非常に小さく、発生するスプラッシュは逃げ惑う小魚そのもの！後方に配置されたタングステンウエイトによりキャスタビリティも抜群！2023年にはサイズアップした70ミリモデルも登場。

●全長：6センチ●重さ：4グラム

タフバグ（ノリーズ）

その名の通り、タフなコンディションで活躍してくれるポッパー。ダイブしつつのナチュラルサウンドとスプラッシュがスレバスを誘惑する。ベイト〜スピニングで使える「65」と強いタックルで使える「ビッグ80」をラインナップ。

●全長：65ミリ、80ミリ●自重：8.8グラム、15.7グラム

ボイルトリガー（ジャッカル）

ジョイントボディの変わり種ポッパー。ベイトフィッシュが水面を漂う姿をリアルにイミテートしつつ、捕食者に襲われるシチュエーションや逃げ惑うときの音やスプラッシュを再現することができるのだ！

●全長：77ミリ●重さ：5グラム

ポップX（メガバス）

ポッパーの代名詞とも言える超有名ルアー。カップに設けられたウォーターダクトにより、生き物らしい音と泡を発生する。ポッパーとしてはアピール力は控えめで、ハイプレッシャー時にも活躍してくれる。

●全長：64ミリ●重さ：1/4オンス

ヤバイチュッパミニ（ゲーリーインターナショナル）

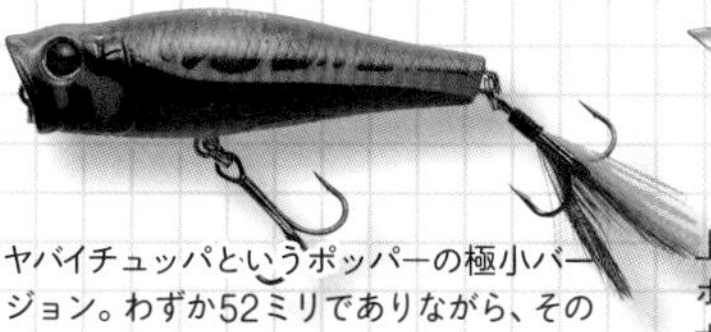

ヤバイチュッパというポッパーの極小バージョン。わずか52ミリでありながら、そのアピール力は強烈！力強く水をつかむカップが、ウィードの奥に潜むでかバスにもしっかりと存在を主張し、バイトを誘う。

●全長：52ミリ●重さ：約4グラム

スティーズポッパー（DAIWA）

オーソドックスなエグレたカップを持つポッパー。魅力的な着水音から首振り、スプラッシュ、捕食音の発生とあらゆる要素が高次元でまとめ上げられている。50ミリ、60ミリ、70ミリと3サイズを展開。

●全長：50ミリ、60ミリ、70ミリ●自重：4.2グラム、7.6グラム、12.4グラム

パルスコッド（デプス）

垂直気味のわずかにえぐれたカップを持つポッパー。最大の特徴は、スプリングで固定された内部ウエイト。アクション後にこのスプリングウエイトが振動することで、ポーズ中でも細かい波動を発生する。

●全長：80ミリ●重さ：16グラム

ポップR（レーベル）

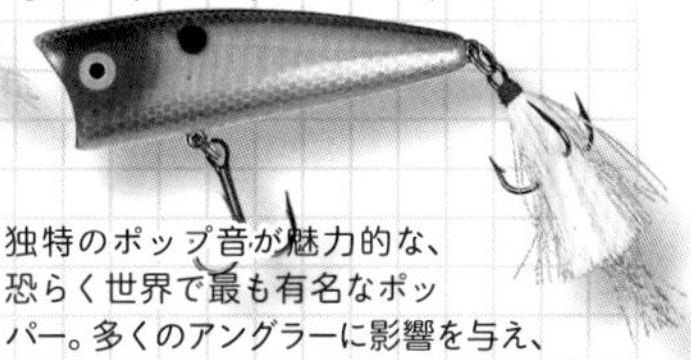

独特のポップ音が魅力的な、恐らく世界で最も有名なポッパー。多くのアングラーに影響を与え、「ゼル・ポップ（ブーヤー）」や「K-0ポッパー（HMKL）」と言った多くのフォロワーを生み出すきっかけとなった。

●長さ：6.35センチ●重さ：1/4オンス

ポップMAX（メガバス）

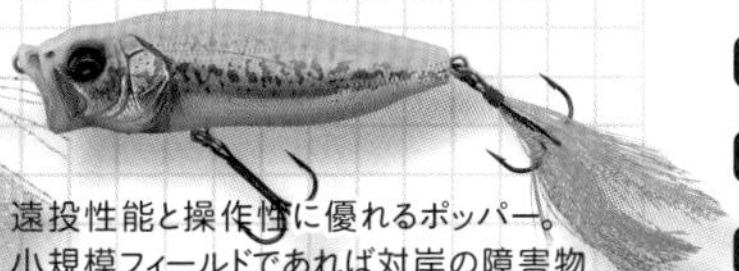

遠投性能と操作性に優れるポッパー。小規模フィールドであれば対岸の障害物周りすら狙える遠投性能を誇る。また、遠距離においても優れた操作感でしっかりとアクションさせることが可能。ただ巻きで泳ぐのも面白い。

●全長：78ミリ●重さ：1/2オンス

ラウダー（O.S.P）

上唇が前に突き出した容姿が印象的なポッパー。このカップが大量の水をつかみ、大きな音を立てるのを得意としている。大型ウエイトによりキャスタビリティが優れるほか、大きなラトルサウンドも発生する。

●全長：70ミリ、60ミリ、50ミリ●重さ：12グラム、8.4グラム、4.7グラム

動きのイメージ

主に3種類の使い方

ロッドで操作するポッパーの使い方は主に、左右に首を振らせて泳がせる『ドッグウォーク』アクション、弱めのジャークで水面に飛沫（スプラッシュ）を上げる、強めのジャークで大きな音（捕食音）とともにダイブさせるの3種類。これらを使い分け、ときには織り交ぜてバスを引き付けるのだ。また、バスがルアーに近づいてくる時間を与えるためにルアーを動かさない（ポーズ）ことも重要だ。

得意なシチュエーション

シェード（日陰）

バスが水面近くで休んでいることの多いシェード（日陰）。移動距離の短いポッパーなら、ちょっとしたシェードでも十分アピールできる。

立木や杭などの縦ストラクチャー

バスを深い場所から引き付けやすいので、立ち木や杭などの縦ストラクチャー攻略も得意。しっかりとポーズをとるのがポイントだ。

最適なタックル

精度の高いキャストを決められるタックル

狭いシェードや立ち木など、狙った場所に正確にルアーを落とせるタックルがおすすめ。そういったものであれば、アクションもつけやすい。

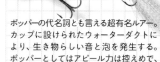

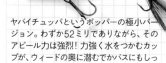

**スイッシャーは、ルアーの前後またはどちらかに
プロペラが取り付けられた一風変わったルアー。
このパーツが回転することによって生み出されるアピールが
不思議とバスを引き付ける！**

スイッシャー

Swisher

HARD

プロペラが象徴的なトップウォーター

ボディにプロップやペラとも呼ばれるプロペラが取り付けられたタイプのトップウォータープラグ。リップのついたものはボディを動かすが、そうでないものはほとんどボディが動かず、プロペラの回転だけでバスにアピールする一風変わったルアーとなっている。

一言でスイッシャーといってもいくつかバリエーションがあり、ボディ前後にプロペラのついたダブルスイッシャー、ボディの前後どちらかにプロペラのついたシングルスイッシャーのほか、ミノーのテールにプロペラが取り付けられたモデルも多い。

そのバリエーションに加え、動かし方も様々にあり、その守備範囲は驚くほど広い。ただ巻きはもちろん、多彩なアクションを秘めたルアーも数多い。アングラー次第で楽しみ方の幅が広いルアーなのだ。

When? いつ？	初夏～秋
Where? どこで？	岸際や縦ストラクチャーの近く
How? どうやって？	ただ巻き、ロッドワーク
Power 水押し	やや強い

プロペラ

ペラ、プロップとも呼ばれる。多くの場合は金属製で、ペラの形状や穴の内側の形状に工夫をこらしてアピール力を高めてあることが多い。

プロペラの配置

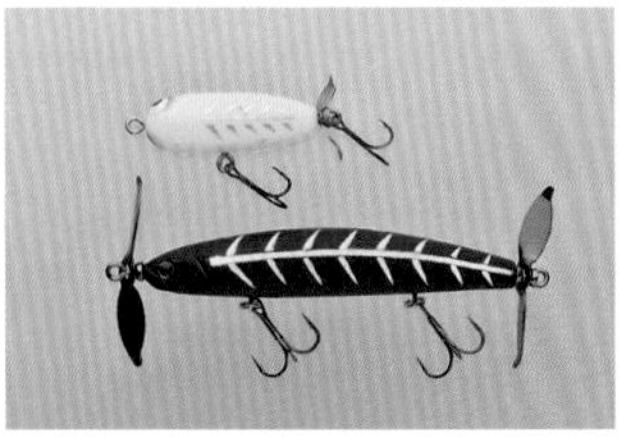

前後にあるものはダブルスイッシャーと呼ばれるただ巻きが得意なタイプ。前後どちらかにあるものはシングルスイッシャーでロッドワークで動かすことも多い。

サイズ感

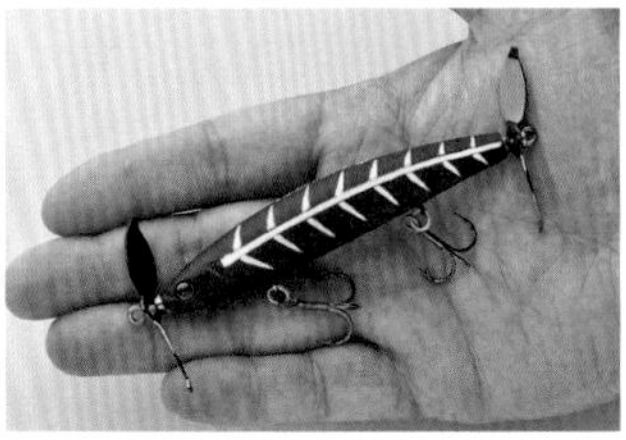

ルアーの大きさは様々だが、ダブルスイッシャーは大きめ（100ミリ以上）のものに人気が集まる一方で、シングルスイッシャーはそれよりも小さいことが多い。

ボディ形状

水流を受けて回転するプロペラを妨げないためにもシンプルな形状が多い。リップ付きタイプはミノーそのままの形状にプロペラが取り付けられる。

スイッシャー オススメ10選

アビノー 110F (ニシネルアーワークス)

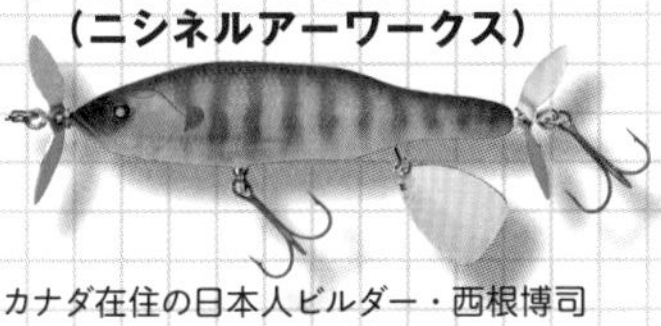

カナダ在住の日本人ビルダー・西根博司さんの手掛けるフルサイズダブルスイッシャー。美しい造形に、逆向きに取り付けられたペラやボディ下部のブレードが特徴。アングラーの好みに応じてパーツをカスタムできる遊びがいのあるルアーなのだ。

●全長:110ミリ●重さ:25.5グラム

ウェイクマジック (エバーグリーン インターナショナル)

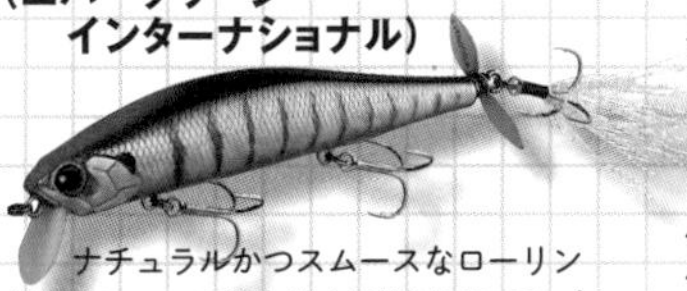

ナチュラルかつスムースなローリングアクションで魅力的な引波を立てるプロップベイト。ブラス＆グラスラトルを搭載しているため、ラトル音でのアピールにも期待が持てる。マグネット式重心移動を搭載しているため遠投性能も高い。

●全長:10.5センチ●重さ:15グラム

チョップカット (ジャッカル)

オリジナルデザインの「チョップカット・プロップ」が独自サウンドとボディバイブレーションを発生。横扁平ボディを採用し、力尽きたフナやブルーギルなどが横たわったようなシルエットを持っている点にも注目だ。

●全長:82ミリ●重さ:24グラム

デッドスクリュー (イマカツ)

オリジナル設計の4枚羽のプロペラが採用されたダブルスイッシャー。しっかりと水を受けるプロペラの形状は、従来のスイッシャーでは出せなかったデッドスローリトリーブを実現。3フックでフッキング性能も抜群だ。

●全長:14センチ●重さ:28グラム

プロップダーター 80 (メガバス)

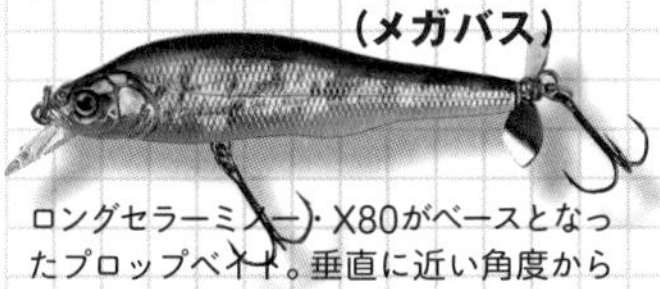

ロングセラーミノー・X80がベースとなったプロップベイト。垂直に近い角度から披露する移動距離の短いダイブ＆スプラッシュがボイルを見事に再現。左右非対称のプロペラが、常に安定したスプラッシュに貢献している。

●全長:80.5ミリ●重さ:1/4オンス

イヴォークゼロ120 (デプス)

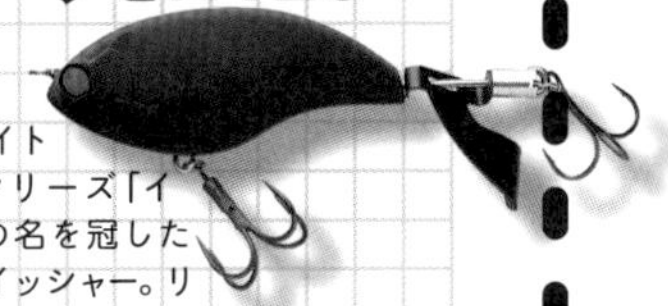

クランクベイトで人気のシリーズ「イヴォーク」の名を冠したシングルスイッシャー。リアに装着したシングルプロップが偏芯運動を発生。ボディを激しくバイブレーションさせつつ、水しぶきとスクイーク音を発生させるハイアピールタイプだ。

●全長:120ミリ●自重:29.5グラム

タイニートーピード (ヘドン)

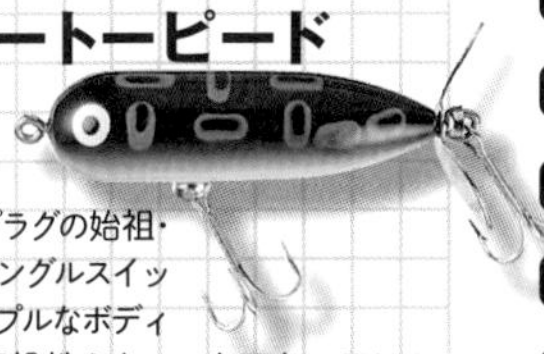

バス釣り用プラグの始祖・ヘドン製のシングルスイッシャー。シンプルなボディデザインは遠投性やキャストアキュラシーに直結する究極系。ただ巻きもジャーキングも高次元でこなす。コンパクトなので釣り場を選ばないのもありがたい。

●全長:49ミリ●重さ:7グラム

でっカブメスJr (痴虫)

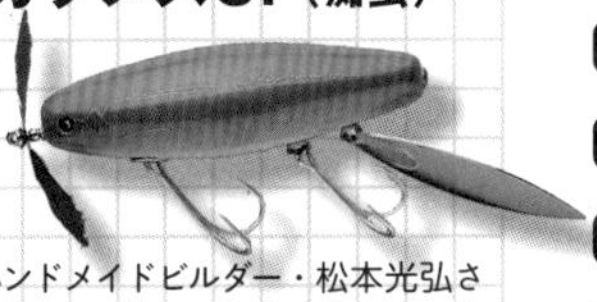

天才的ハンドメイドビルダー・松本光弘さんの手掛けるハンドメイドプラグ。フロントに巨大なプロップを、ボディ後部には直付のウィローリーフブレードを搭載。唯一無二の存在感でアピールするそのパワーは、トーナメンターでも愛用者が多いとか。

●全長:100ミリ●重さ:約1オンス

ビハドウ (ノリーズ)

ノリーズのダブルスイッシャーはその名の通り「微波動」が武器。ボディサイズの割に小さめのプロペラは抜群の回りだしとハイピッチ回転により、短い距離でもしっかりとアピールすることが可能。ベイトフィッシュさながらの引波を立ててバスを誘う。

●全長:110ミリ●重さ:14グラム

プロップペッパー (ティムコ)

近代ダブルスイッシャーの代表作とも言える人気を誇るのがこの「プロップペッパー」。プロペラが回転するギリギリのスローリトリーブで使用し、バスに記憶されにくいランダムな水流と波動を発生させるのがこのルアーのキモ。

●全長:100ミリ●重さ:16グラムクラス

動きのイメージ

プロペラの回転がポイント

ダブルスイッシャーであれば、プロペラが回転する最も遅いスピードでのただ巻きやジャーキングで音と飛沫を立てる使い方が一般的。シングルスイッシャーも同様の使い方が可能だが、こちらはドッグウォークさせる使い方も有効だ。リップ付きタイプもダブルスイッシャーと同様の使い方が可能だが、潜って浮かんでを繰り返すことが強みとなるため、ポーズをしっかり取ることが重要となる。

得意なシチュエーション

障害物周りや沈み物の上

ただ巻き、ロッドワークともに対応する汎用性の高いルアーなので、バスがいそうなココぞという様々な場所で活躍。シチュエーションに応じたアクションの使い分けがポイントだ。

エビボイルに強い!?

岸際でときおり見かける、バスがエビを狙って発生するボイル狙いにも最適。特にリップ付きタイプをショートジャークさせる釣りが強力だ。

最適なタックル

バイトを弾かない レギュラーアクションロッド

貴重なバイトをしっかりと絡め取るレギュラーアクションロッドがオススメ。6フィート6インチ程度の短めの竿を使用することで、ここぞというピンスポットを正確に狙うことができるはずだ。

かつてはノイジーの1ジャンルとして数えられていたクローラーベイトだが、大型ボディの製品は別ジャンルとして扱われるようになっている。「羽根モノ」とも呼ばれるこのルアーの魅力とは!?

ビッグクローラーベイト

Big Crawler Bait

HARD

ゆっくり焦らしてバコン!!

トップウォーターのくくりの中でもノイジーにまとめられていたルアー「クレイジークローラー」。金属製のハネが付いたそのルアーの進化系として、近年独立したジャンルとして浸透しているのがビッグクローラーベイト、別名「羽根モノ」だ。

多くの場合、重さでは1オンス以上の物を指すヘビー級ルアーで、ボディに羽根の様なパーツが設けられていることが特徴だ。水面ではこのハネが抵抗を受けることでボディがロールアクションを発生。そのハネの動きは水泳のクロールそのもの! 一般的にはゆっくりと巻きながらこのアクションを発生させて、近くにいるバスをイライラさせてバイトに持ち込むことが多い。

いかにもバスがいそうな場所の近くを通すのがポイントだ。

When? いつ?	春〜夏
Where? どこで?	障害物周り/沈んでいるものの上
How? どうやって?	ロッドワーク
Power 水押し	やや強い

羽根

最大の特徴とも言えるパーツで、開閉できることがほとんど。キャストした際には閉じ、アクションするときに開く。金属性のものが多い。

ボディ形状

船のような形状をしたボディが多いのも、このルアーの特徴。これはルアーがひっくり返りにくく、なおかつロールアクションが出しやすい黄金比なのだ。

サイズ感

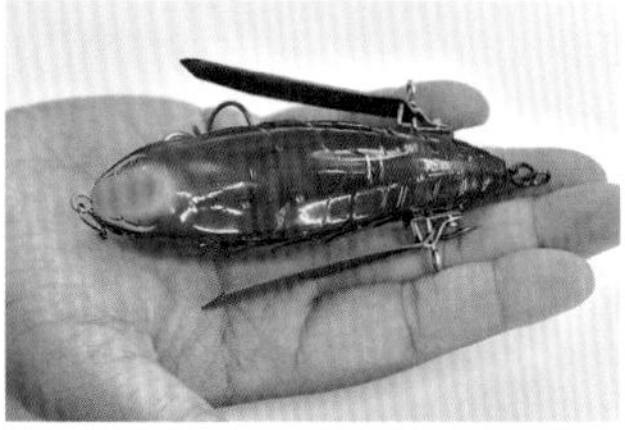

重さで言えば1オンスクラス以上のものが多い。必然的にルアーサイズも大きくなるため、大型魚をターゲットに狙いを定めることもできるのだ。

台座

金属製のハネの多くは同じく金属製の台座を介してボディとつながっていることが多い。この部分が擦れ合うことで発生する金属音も魅力的だ。

ビッグクローラーベイト オススメ10選

RVクローラー
（ジャッカル）

デッドスロー（超低速）リトリーブでの使用を念頭に置いて開発。ボディの長さほどもあるステンレス製ウイングにより、驚くほどのスロースピードでもアクションを発生。ボディ左右に設けられたスクリューにより泳ぎ出しにも優れる。

●全長:102ミリ●重さ:31グラム

アベンタクローラー
（イマカツ）

絶妙な曲線美が美しいビッグクローラーベイト。尻下がりのボディデザインによりフッキング性能も高い。ウイングを取り付ける台座にも工夫が凝らされていて、空洞ボディに反響する金属サウンドを発生させることが可能。

●全長:11.5センチ●重さ:1.3オンス

ウォッシャクローラー
（ノリーズ）

トップウォーターメーカー・アカシブランドとコラボした「ベジテーションシリーズ」のクローラーベイト。リトリーブでの使用はもちろん、ロッドワークを駆使した使い方でも活躍。浮かせて食わせる能力に長けているのだ。

●全長:83ミリ●重さ:30グラムクラス

ジョイクローラー 178
（ガンクラフト）

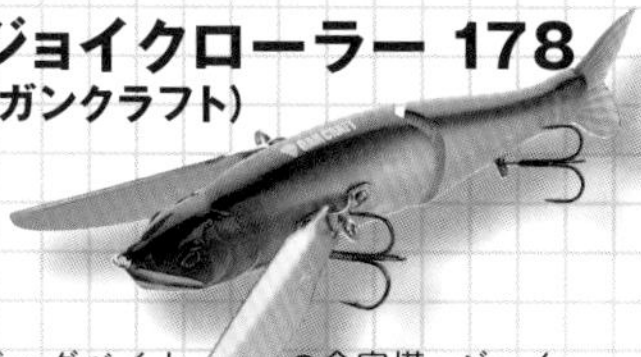

ビッグベイトの金字塔・ジョインテッドクローがそのままビッグクローラーベイトになった様なデザインのルアー。しかしその実態はあらゆるリトリーブスピードに対応する実力派。リアルなアユシルエットも魅力的だ。

●全長:178ミリ●重さ:2オンスクラス

バンクフラッター
（DAIWA）

佐々木勝也さんが監修。岸釣りで使いやすいよう設計されていて、開いた口からエラへと水が抜ける「ウォータースルーギル構造」により足場の高い釣り場でもしっかりと扱えるのが特徴だ。

●全長:115ミリ●重さ:44.5グラム

アイウイング135
（メガバス）

ウエイト付きの左右へ動く板『ラダーバランサー』が内蔵されたメガバスらしい羽根モノ。ハネだけでなくラダーバランサーによる慣性でもアクションが発生する感覚は未体験ゾーン。ボディ後部はジョイント式になっている。

●全長:135ミリ●自重:1.5/8オンス

アベンタクローラー RS
（イマカツ）

アベンタクローラーの基本コンセプトを踏襲しつつ、特殊ウッド素材を採用したデッドスローアクションに特化させたモデル。ボディ後部にウイングが取り付けられた珍しい設計が、さらなる遠投性能とデッドスロー性能を確立した。

●全長:80ミリ●重さ:25グラム

NZクローラー
（デプス）

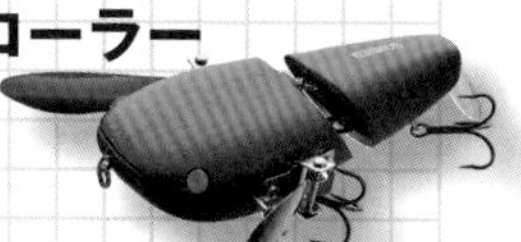

ナマズがモチーフの可愛らしいビッグクローラーベイト。そのサイズ感からは想像もつかないほどにアクションは軽快で、スロースピードリトリーブにも対応。非常に水押しが強く、ハイアピールなことでも知られる。

●全長:134ミリ●重さ:3オンスクラス

ダッジ
（レイドジャパン）

ビッグクローラーベイトを1ジャンルに昇格させた立役者にして超定番。円筒形ボディによって超スローなリトリーブ速度にも対応。専用タックルを用意しなくても使いやすい1オンスというウエイトも人気の秘密だ。

●全長:114ミリ●重さ:1オンスクラス

レゼルブビッグ
（ディスタイル）

スモールサイズの羽根モノ・レゼルブの巨大版。ビッグクローラーベイトには珍しいポリカーボネイト製のウイングを搭載しているほか、横倒れしたデザインにジョイントボディと、非常に個性的。アクションも唯一無二！

●全長:130ミリ●重さ:32グラム

動きのイメージ

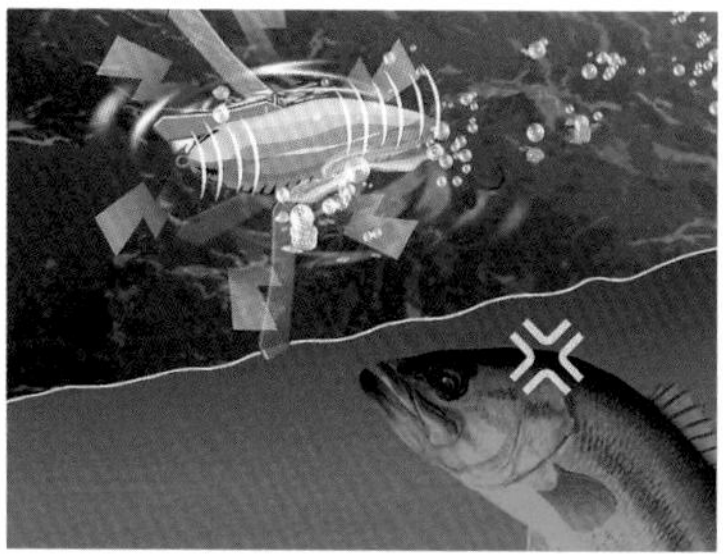

スローリトリーブが基本

その大きなボディの迫力とは裏腹に、使い方は非常に繊細。理想を言えば、ラインが水面につかないようにロッドを立てて、ゆっくりとリトリーブ。その時のルアーは大きな移動も派手な動きをせず、やじろべえのように左右に揺れるように動き続けるだろう。バスからすればすぐ近くをいつまでもゆらゆら揺れる鬱陶しい物体。しびれを切らして襲いかかってくるはずだ。

得意なシチュエーション

障害物の近く

フィールドで目につくバスがいかにも潜んでいそうなストラクチャーはすべて狙い目。ただし1投に時間がかかるので、ココぞという場所を選ぼう。

オープンウォーター

目に見えない水中にも変化は存在しているため、そういったインビジブルストラクチャーの上を通すのも効果的だ。また、岸際など、バスがベイトを追い込む様な場所も効果的となる。

最適なタックル

重いルアーをしっかりと投げられるタックル

ルアーが重いため、しっかりと投げられるベイトタックルが望ましい。また、遠投した先でも確実にフッキングできる強めの竿を選びたい。

バスにとっては厄介者でも、水の抵抗を受けながらも不器用に一生懸命
泳ぐ様子がユーモラスでなぜか愛くるしく感じるノイジー。
「出す音」を「奏でるサウンド」と表現されることに
違和感がなくなったらバス釣り上級者!?

ノイジー

Noisy

HARD

でかバスを惑わせる魅惑の音色

ノイズ（雑音）をまき散らすトップウォーター。その音が、エサであるベイトが他のバスに食べられる捕食音であれば納得だが、『騒々しい』の意味を持つノイジー。食性以外の好奇心や不快感といったスイッチを押してバスに口を使わせているとすれば、バスという魚の不思議さ、魅力を端的に引き出すルアーであるともいえる。

　ボディにはノイズを発生させるためのパーツが付き、形状は水を大きく動かすファットなタイプがほとんど。音の種類もパーツによって様々だが、慣れてくれば、コポコポ、パチャパチャ、ジュボなど、擬音だけでもタイプが分かるようになるくらいに個性的なのも面白い。

　特別な操作を必要とせず、ただ巻きだけで誘えるのも魅力だ。

When? いつ？	夏～秋
Where? どこで？	岸沿い／シャロー
How? どうやって？	ただ巻き
Power 水押し	強い

カップ

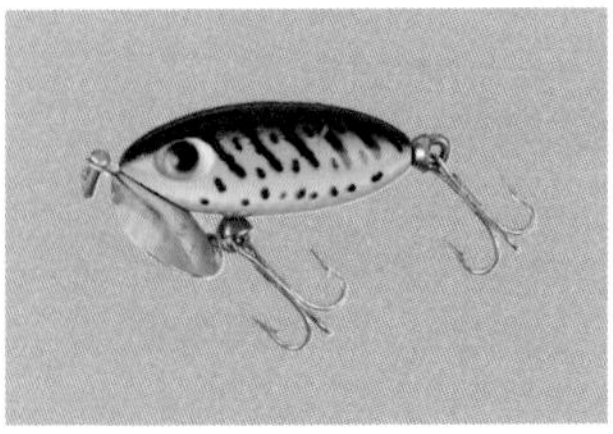

ルアーの先端にボディの幅よりも広い湾曲したカップがセットされ、右、左と交互に水を押しながら直進する。素材は金属やプラスチックが主だ。

ハネ

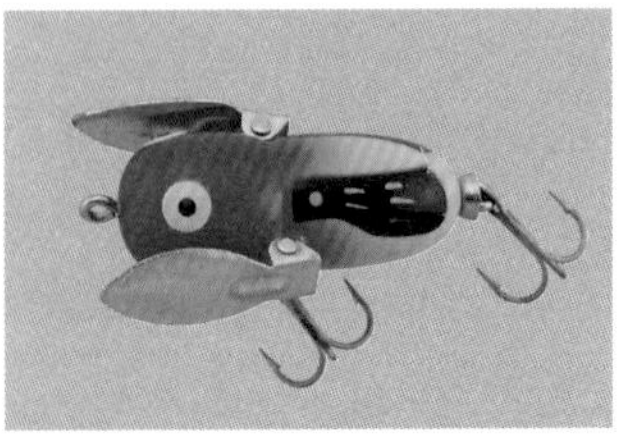

ボディに対し90度前後で開く左右対のハネが水をつかみクロールのように泳ぐ。大型の物はハネモノ（ビッグクローラーベイト）としてここでは別に扱う。

ブレード

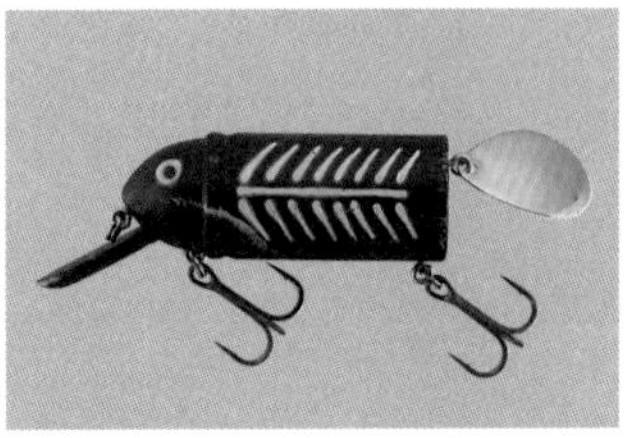

金属製のブレードで水をかきまわす。金属による光の反射（フラッシング）とボディにブレードが当たる音もバスにスイッチを入れる重要な要素だ。

ウエイク

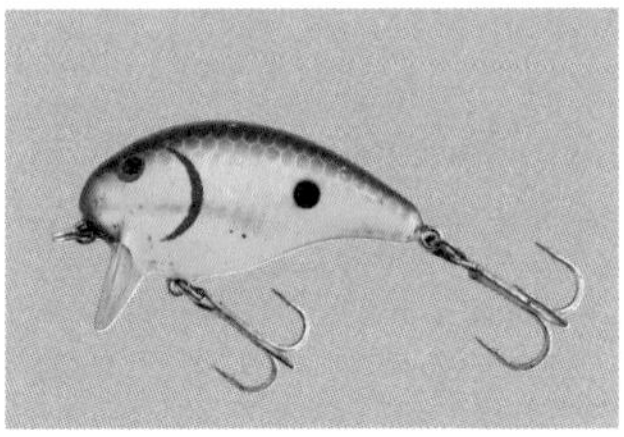

潜りたくても潜れない強い浮力でボディ全体が大きな引き波を立てる。シルエットはやや細めが多く、ブレードやペラがセットされていることもある。

ノイジー オススメ10選

ギルトップ（ノリーズ）

下アゴが突き出たようなヘッド形状が特徴的なダーターと呼ばれるジャンルのノイジープラグ。体高のあるフラットボディが大きくヒラを撃って水中にダイブし、ウッドボディの浮力でもがくように浮くメリハリのある動きを見せる。

●全長:80ミリ●重さ:30グラム●タイプ:ダーター

ジッターバグ（アーボガスト）

ナマズルアーとしても有名だがもちろんバスにも効く。ただ巻きでカップから生まれるサウンドは『甘い音』と表現されるほど独特で魅力的。ザラスプークやポップRと同じく歴史的なアメリカンルアーにしてジャンルを代表する名作だ。

●全長:63.5ミリ●重さ:9.7グラム●タイプ:カップ

バジンクランク（O.S.P）

クランクベイトでそれまであったピンスポットで音を振らせるトップ的な使い方ではなく、ただ巻きで水面を割らせることを意図した画期的存在。どんなスピードで巻いても潜行深度はMAX5センチという驚異のレンジコントロール力を誇る。

●全長:50.0ミリ●重さ:10.0グラム●タイプ:ウエイク

ビッグバド（ヘドン）

潜ろうとするリップと潜れない高浮力ボディのせめぎ合う動きにブレードが絡んで生まれた奇跡のノイジー。いまやバド系というジャンルになっている。もともとはバドワイザー社のノベルティグッズであったのは有名すぎるエピソードだ。

●全長:69.9ミリ●重さ:5/8オンスクラス●タイプ:ブレード

ポンパドール（ジャッカル）

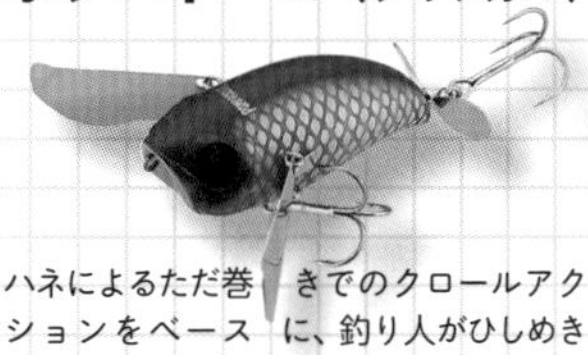

ハネによるただ巻きでのクロールアクションをベースに、釣り人がひしめき合うタフなフィールドでもバスに水面を割らせるための仕掛けをプラス。ストップ&ゴー、ピンスポットでのテーブルターンなど多彩な操作に対応する。

●全長:79ミリ●重さ:22.0グラム●タイプ:ハネ

クレイジークローラー（ヘドン）

ただ巻きすると2枚のハネが水を受けてクロールのように泳ぐクローラーの元祖。また、以前はセミルアーといえばこのルアーのことで、水面に落ちたセミが羽をバタつかせてもがく姿をイメージし、シェイクして使うことも多かった。

●全長:60.9ミリ●重さ:17.5グラム●タイプ:ハネ

スクラッチ（レイドジャパン）

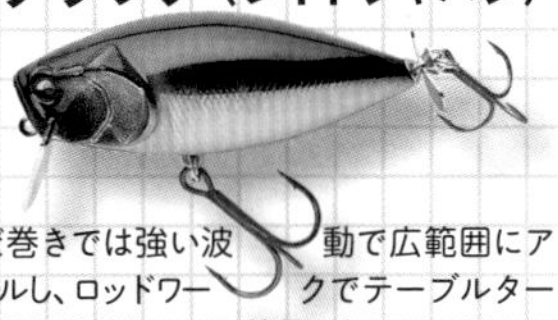

ただ巻きでは強い波動で広範囲にアピールし、ロッドワークでテーブルターン（超短距離の水面首振り）、ヘッドのエラが飛沫とポップ音を生み、プロップが微細に水を動かす。あらゆる要素を詰め込んだキマイラ的ノイジーだ。

●全長:79.8ミリ●重さ:3/4オンスクラス●タイプ:ウエイク

バズジェット（デプス）

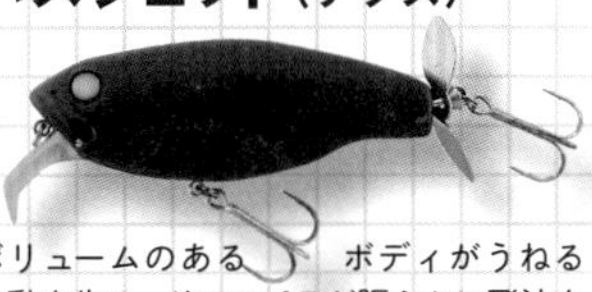

ボリュームのあるボディがうねる波動を生み、リアのペラが賑やかに飛沫を上げてフラッシング効果をもたらす、複合的ノイジーの先駆け的存在。ブランドイメージそのままのでかバスを捕獲するための仕掛けが集結している。

●全長:96ミリ●重さ:30.0グラム●タイプ:ウエイク

プロップダーターアイラウド（メガバス/ITOエンジニアリング）

高い浮力のジョイントボディが水面でもがきつつ、リアのプロップが飛沫を上げる。独自のサウンドを発生させるR.A.B（ラダーアクションバランサー）システムと、バスのスイッチを入れるあらゆるエッセンスを詰め込んでいる。

●全長:103ミリ●重さ:1オンスクラス●タイプ:ウエイク

ワドルバギー（イマカツ）

トーナメント中にチューンしたビッグバドの釣れるエッセンスを再構成して量産化。リアとリアフックの独自のブレードシステム、バイト率を上げるためにリアフックがフロントフックよりも下にあるなど、シビアに作り込まれている。

●全長:70ミリ●重さ:18グラム●タイプ:ブレード

動きのイメージ

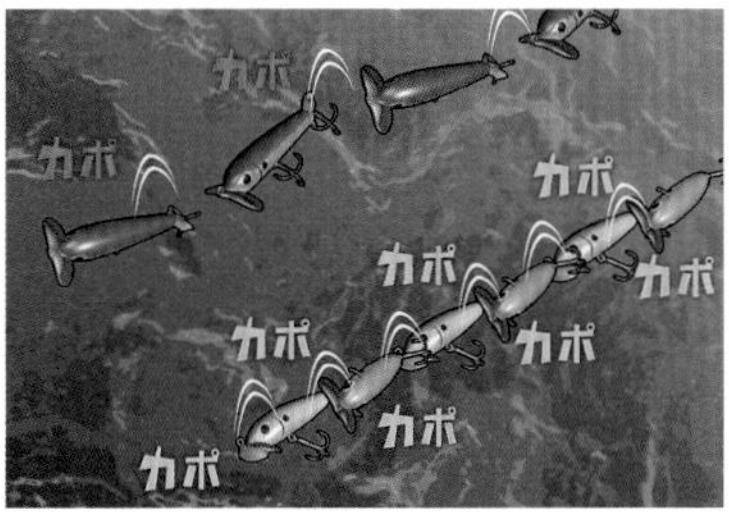

ただ巻きで賑やかにバスを刺激する

一定スピードのただ巻きで巻き続けるだけ。ルアーとしての動きが成立するギリギリの高速から低速まで、反応するスピードは季節やフィールド、その日の状況によって異なるが、可変ではなく一定を心がけること。ただし、ピンスポットを狙う時にはそのスポットを少し過ぎてからポーズさせるのはありだ。また、名前通りに騒がしく使うのが基本だが虫ルアーのようにあえて微かに水を震えさせる使い方が効果的なこともある。

得意なシチュエーション

岸沿い

縦護岸や斜め護岸など、バスがベイトを追い詰められるスポットを引く。塊になっているウィードや水生植物、ブイなど線になっているキワを攻めてみよう。

流れ

河川や堰の下、リザーバーのバックウォーター、流れ込みなど強い流れがあるスポットでは流れに逆らうように一点に留まらせて誘い続けるのも有効だ。

最適なタックル

柔軟でパワーのあるベイトタックル

大型のルアーが多くベイトタックルが適当だが、硬すぎるとせっかくのバイトも弾かれやすいので、レギュラーアクションのミディアムパワーが使いやすい。

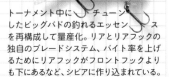

ノイジー同様騒がしいタイプだが、ただひたすらにやかましく
一直線に水面を進み続ける姿は、愛くるしいというよりも勇ましい。
そしてどうやっても釣れない状況も打破する能力には感動すらすることも。
中毒性の高いルアーだ。

バズベイト

Buzz Bait

HARD

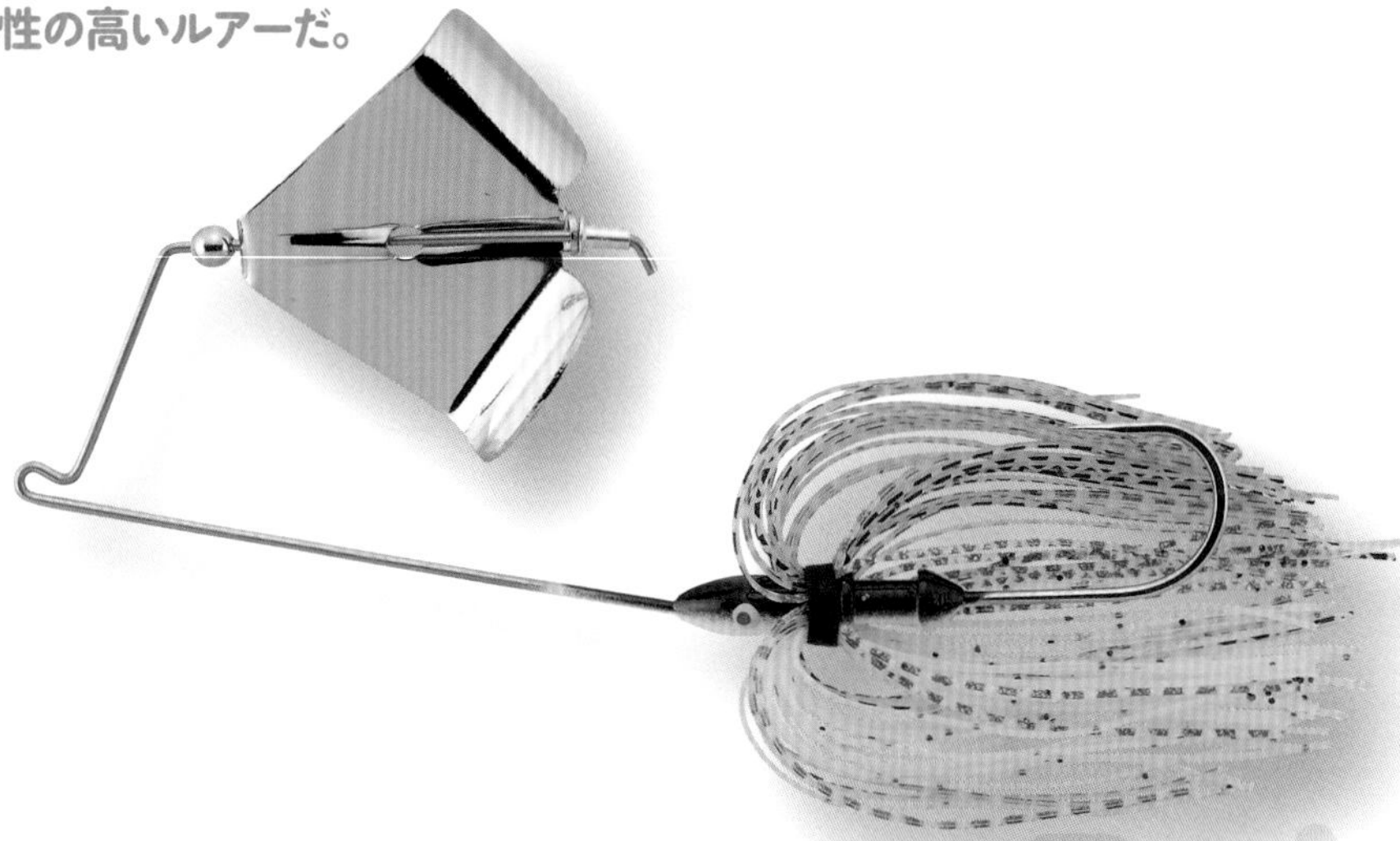

でかバスを寄せる音と波動と速さ

金属のワイヤー、ヘッド、プロップ（プロペラ、ペラとも）、スカートなどが複合したルアーで、スピナーベイトと似たパーツ構成と外見から、そのふたつをワイヤーベイトとジャンル分けすることもある。スピナーベイトと異なるのはその使いどころ。水面で水を大きく掻き回すトップウォータールアーなのだ。

その基軸となるのがプロップで、素材や形状によって発生する音の質が異なり、その差異が釣果の差になるとこだわる釣り人も多い。

また、他のトップウォーターでは反応しないような水面に生命感がない状況からでもバイトを誘うことができ、バスの反応も激しくサイズも大型が多いことから、1日中投げ続けるような熱狂的なファンも少なくない。

When? いつ？	初夏～秋
Where? どこで？	障害物回り／岸沿い
How? どうやって？	ただ巻き
Power 水押し	強い

プロップ

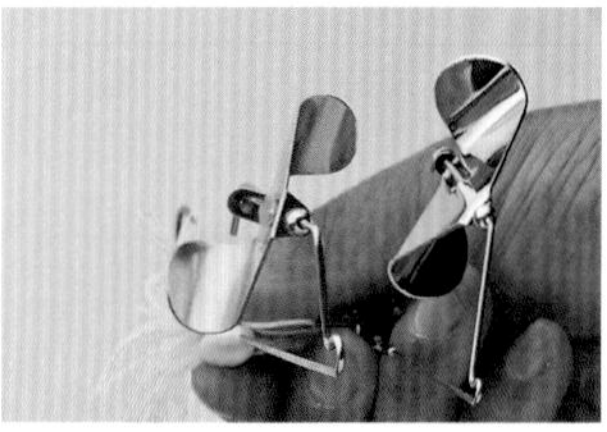

ワイヤーを軸に縦方向に回転して水を掻き回す。素材はほとんどが金属（アルミか真鍮）だがプラスチック製、ワイヤーに対して上下非対称の形状の物もある。

プロップの数

1枚のシングルプロップが大半だが、ダブルプロップもあり、ひとつのワイヤーに2連結しているタイプと2本のワイヤーで2枚の珍しいタイプも存在する。

クラッカー

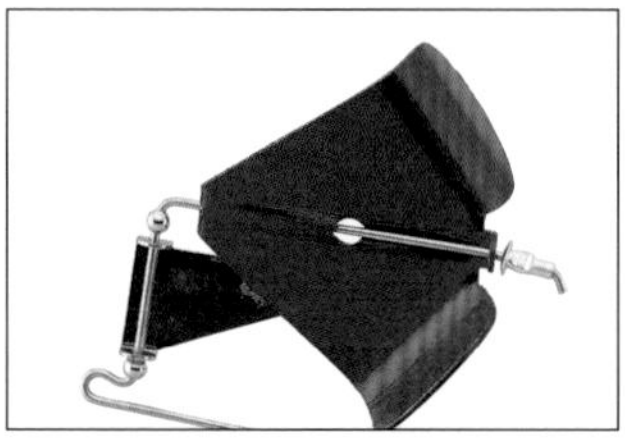

プロップにわざと当たるようにセットされている金属片で発生させる音に変化を与える。音にこだわる使い手が多いバズベイトらしいパーツだ。

トレーラー

スピナーベイトと同じく、フッキング性能を高めるトレーラーフックや、飛距離が伸び、浮き上がりやすくなるトレーラーワームをセットすることもある。

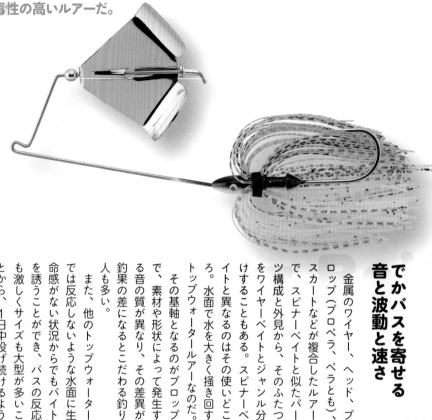

バズベイト オススメ10選

ガーグル 3/8オンス（ジャッカル）

第三のワイヤーベイトと掲げるように、独自形状のガーグルブレード、アッパーアームが前後に動くフリーズイングアーム、ヘッドのセット位置など、バズベイトではなく、とはいえスピナーベイトでもない不思議な存在感を放っている。

●重さ:3/8オンス

ジャマイカボア（メガバス）

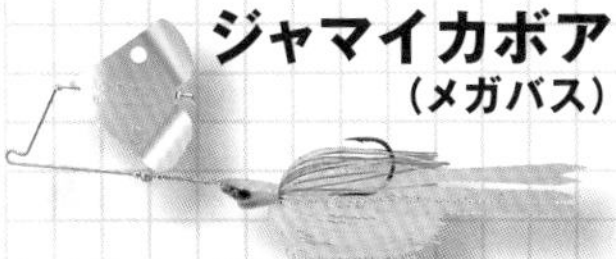

オロチバズをベースにチューンした競技志向のバズベイト。目を引くデザインのヘッドにも良く飛び良く泳ぐための仕掛けが盛り込まれ、穴の開いたマンタプロップによる甲高いサウンドと複雑な水流がスレたバスのスイッチを入れる。

●重さ:1/2オンス

ダイナモバズ（ハンクル）

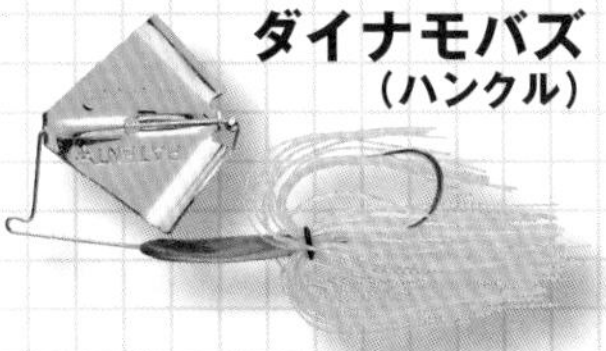

レジェンドトーナメンターにしてビルダー第一世代の泉和摩氏の代表作。ヘッドに埋め込まれたビーズとプロップのヒット音、右巻き（右曲がり）、左巻き（左曲がり）のバージョンが明確なことなど、妥協のなさがうかがい知れる。

●重さ:3/8オンス

ボルケーノグリッパー（ノリーズ）

王道バズベイト『ボルケーノⅡ』の基本性能をビッグサイズと4枚フィンが目を引くオリジナルデザインのプロップで精鋭化。強い水押しが生む引き波と、高い浮き上がり性能で水面を鷲掴みし、かつてないスローリトリーブにも対応する。

●重さ:3/8オンス、1/2オンス

マツバズ（デプス）

非対称プロップに後方重心ヘッド、不規則な長さのスカート、さらに重心を変えるためにプロップに貼るウエイトシールが付属するなど、激しい振動と音を発生させるためのギミックが満載。右曲がりと左曲がりが区別されている。

●重さ:1/2オンス

ゲーリーヤマモトバズベイト（ゲーリーヤマモト）

通称ゲーリーバズ。一見シンプルな構造だが、考え抜かれた無駄のない設計であり、バズベイトのお手本的存在。同じウエイトでペラのサイズが大きいジャンボバズベイトも同じく超定番アイテムだ。

●重さ:1/4オンス

O.S.Pバズベイト02ビート（O.S.P）

釣れるバズベイトに不可欠な要素を『音』とし、音質にこだわった『O.S.Pバズベイト01（ゼロワン）』の次の段階として、音量にこだわり誕生した。真鍮製の特注クラッカーによる、唯一無二の音の質と量ですべてのバスを刺激する。

●重さ:3/8オンス

バスティンツイスター（ティムコ／PDL）

ツインの超ジェラルミン製カスタムカウンターブレードとビレットブラスパーツによるメタルサウンドとナチュラルスプラッシュを複合させたバリアブルサウンド、素速い浮き上がりと安定した直進性能など、抜け目のない完成度を誇る。

●重さ:10.5グラム

マスタブラスタ（レイドジャパン）

ブームメーカーによるバズベイトのキモは、サウンド、水押し、強靭さの三つ。1.4ミリ径の極太ワイヤで強い骨格を形成。ブレードの軸となるアーム部分にセットされたアルミパイプによる独自のサウンドと水押しの複合刺激でバスを誘う。

●重さ:12グラム

ラウドバズ（エバーグリーンインターナショナル）

複雑かつ柔らかい良く響く低音と大量の泡を発生させつつも絞り込まれた基本パーツだけで構成し、あえてシンプルな構造にすることでトラブルを減少。浮き上がりを良くし飛距離を伸ばすなど、使い勝手を向上させている。

●重さ:3/8オンス

動きのイメージ

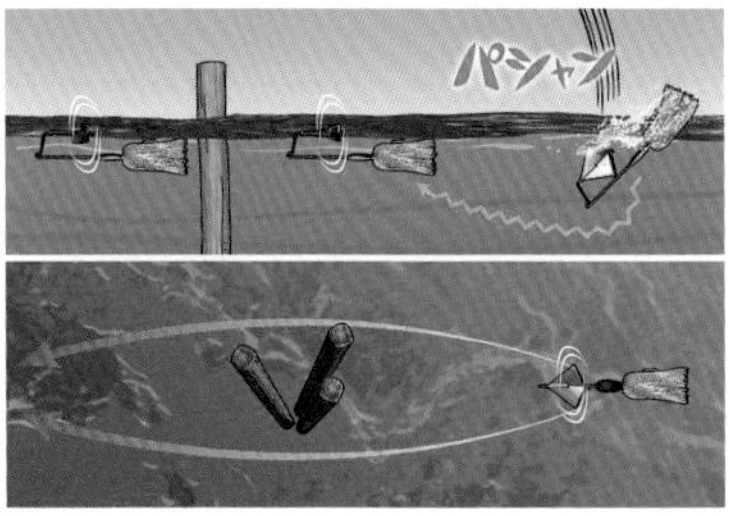

ただ巻きオンリーだが奥深い!

シンプルにただ巻きオンリーだが、一定速度で巻くこと。ストラクチャーを絡める場合は少し奥に投げてしっかりと水面に浮かせてから通そう。また、基本バズベイトは一直線ではなく左右どちらかに膨らんで進むので、膨らむことを前提にコース取りをする、浮き上がりを速くするために着水後はロッドを上に構えてすぐに巻き始めるなど、ちょっとしたクセを理解して操作ができれば、より多くより大きなバスに近づけるはずだ。

得意なシチュエーション

マズメ

ただ巻きで広域を探ることができ、バスのスイッチを入れやすいことから、短時間の釣行でも力を発揮しやすい。朝夕のマズメなら一発でかバスがあるかも。

岸沿い

護岸や矢板などのキワは長距離を引けるチャンスゾーン。立木や杭などのピン狙いでもギリギリを引こう。根掛かりしにくいので当ててもOKだ。

最適なタックル

テンポよくキャストできて引けるタックルがベスト

バズベイトの利点はテンポの良さと、カバーできる範囲の広さ。手返し良くガンガン投げて巻こう。トレースコースがバイトの命運を分けるので、メンディングしやすいロングロッドなどがおすすめ。

バスが反応するあらゆる刺激が研究しつくされ、
一周して行き着いたと思ったその先にあったのがi字系。
動かさずに動かして生まれるとんちのような刺激。
バス釣りが永遠に完成されない遊びだと理解できるルアーだ。

i字系

i-Shaped Swim

HARD

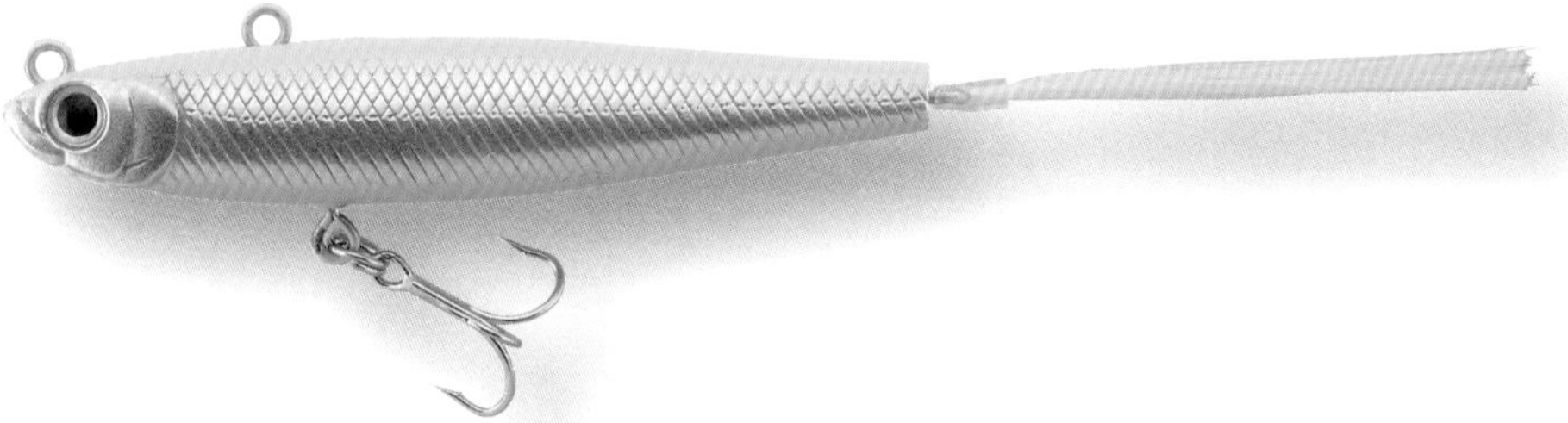

動かさないように動かすリアル

動くことでバスを誘うルアーの前提の逆をいく動かないルアー。ワームでの釣り方をトップウォーターのハードルアーにも転用、i字系とは当時流行していたS字系ビッグベイトに呼応する名称で、近年確立されたジャンルだ。

メインの使い方は以前からあったあえて動かさない「ほっとけ」や「デッドスティッキング」ではなくただ巻きだが、水を切ることによる微かな波紋でアピールするので、動かないように静かに動かす「棒引き」や「i字引き」と呼ばれる特殊な巻き方になる。

アピール力はかなり弱く、クリアウォーターのフィールド向きで、バスからの視線と水を切る動きから細長い小魚のフォルムをしていることが多い。

細長い形状

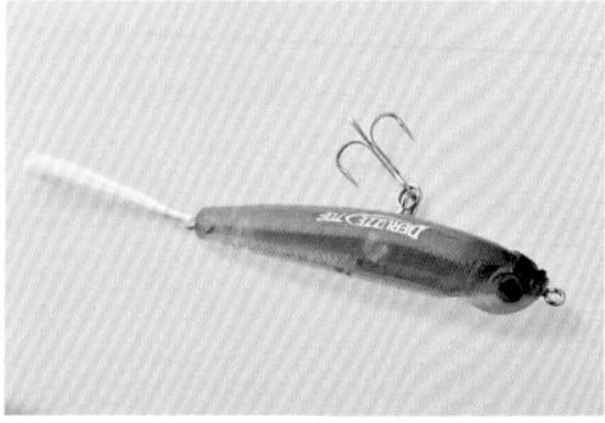

ルアー自体が動かず水を切るためにパーツや極端な凹凸はなく細長いシンプルなボディ。7〜9センチのサイズ感も含め、小魚っぽいデザインが多い。

When? いつ？	春〜秋
Where? どこで？	クリアな水質／静かな水面
How? どうやって？	棒引き、ほっとけなど
Power 水押し	すごく弱い

ティンセル

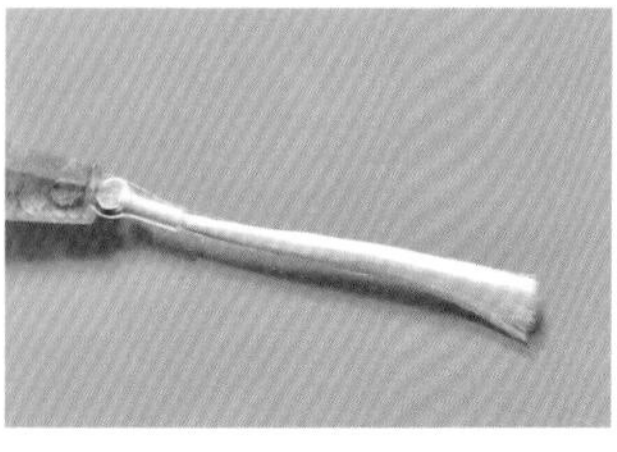

直進動作の安定とバスにアピールする視覚効果としてテールには浮力の高いティンセル（キラキラした繊維素材）がセットされていることが多い。

ジョイント

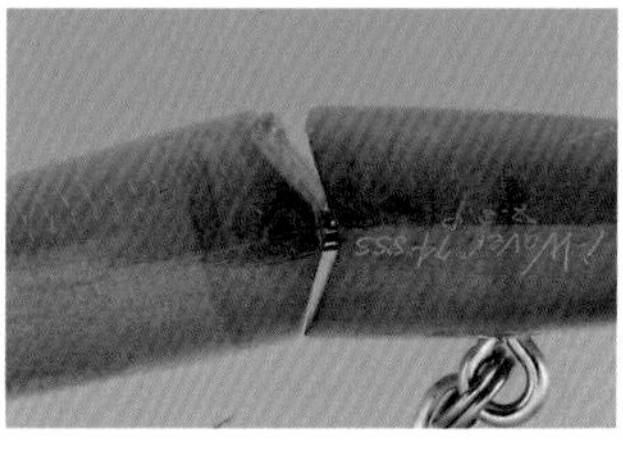

ルアーを追ってきても口を使わないスレたバスに、止めた時の自発的なナチュラルアクションで最後のひと押しをさせるジョイントタイプも存在する。

カラー

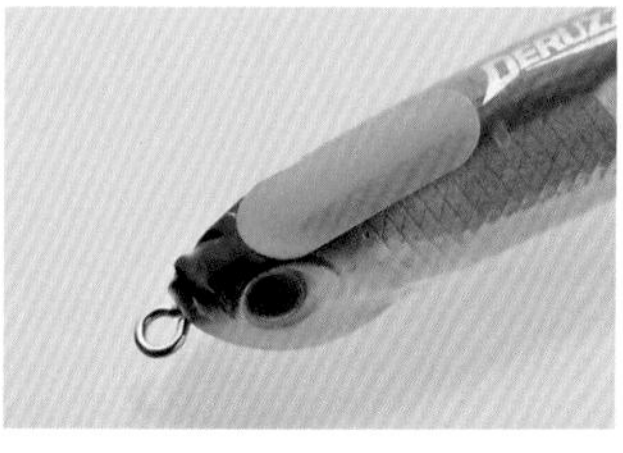

捕食対象となるワカサギやオイカワなど、ベイトフィッシュ系のカラーが豊富だが、釣り人からの視認性を高めるために背中に蛍光シールを貼る人も多い。

i字系 オススメ10選

アイアロー 65（イマカツ）

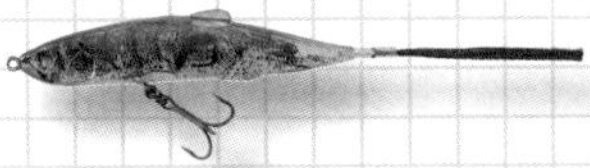

ボディ下部のスタビライザーが直進性能をサポート。ローリングスイベルのフックアイでフックアウトを許さない。フローティングとサスペンドのそれぞれにウェイビーヘアとダズラーヘアーの2つのモデルがラインナップされている。

●全長:65ミリ●重さ:4.2グラム●タイプ:フローティング、サスペンド

カラシiGX60（メガバス）

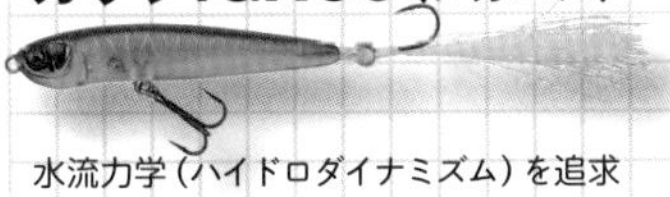

水流力学（ハイドロダイナミズム）を追求するメーカーだけに、その直進安定性は群を抜く。テールには常にフックポイントが上を向くファイバーフックがセットされ、わずかなチャンスを逃さない。サイズアップ版の70ミリもあり。

●全長:60ミリ●重さ:2.8グラム(F)、3.1グラム(S)●タイプ:フローティング、シンキング

トラファルガー 7（ティムコ）

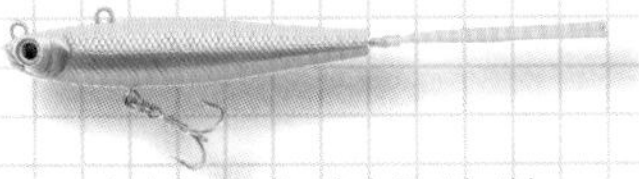

ロールによるフィネスなキラメキがキー。フロントとリアの2つのアイで、遠投とステイ、シェイクと水面直下とマルチにアピールする。フェザーにはデルゼと同じ特殊繊維『TMCモルフォファイバー』を採用している。50ミリ版も。

●全長:70ミリ●重さ:4グラムクラス●タイプ:フローティング

ハンクルジョーダン85（ハンクル）

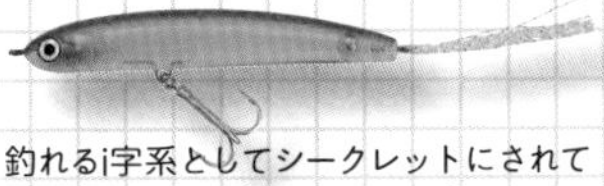

釣れるi字系としてシークレットにされてきた名作K-Iミノー65SPのリップレスチューンをベースにブラッシュアップ。ためらうことなくバイトしてきたK-Iミノーの浮き姿勢をそのままに、i字系専用モデルとして生まれ変わった。

●全長:65ミリ●重さ:3.0グラム●タイプ:フローティング

レイブリーズ66F（DAIWA）

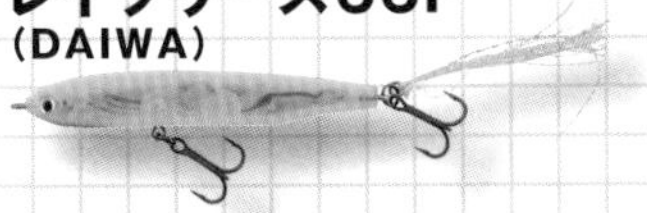

動きに影響を与えずに引き抵抗を伝えるフロントのカップによりノー感じを解消。天然のアワビプレートを搭載し、ナチュラルなきらめきでスレバスに見切らせない。シンキングモデル、53ミリのフローティングも存在する。

●全長:66ミリ●重さ:3.3グラム●タイプ:フローティング

iウェーバー 74F（O.S.P）

チェイスはあるが見切るバスを確実に獲るために、ロッドワークや波から受ける不要な動きを吸収するジョイントボディを採用。さらに横向きにすることでバスからは無防備な小魚のリアルさを、釣り人からは視認性を高めている。

●全長:74ミリ●重さ:3.0グラム●タイプ:フローティング(スーパースローシンキングもあり)

デルゼ70F（ティムコ）

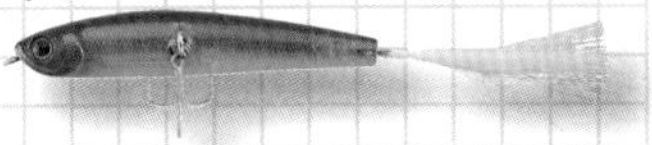

45度の浮き姿勢からただ巻きで繰り出される微細なローリングアクションが瀕死のワカサギを演出。フライフィッシングでも有名なメーカーだけに、世界一美しい蝶のキラメキを再現するテール素材へのこだわりは納得だ。55ミリ版も。

●全長:70ミリ●重さ:4.0グラムクラス●タイプ:フローティング

ナギサ（ジャッカル）

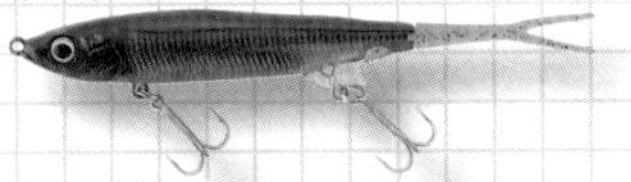

繊維素材ではないエラストマー製のテールと、リアフックのフィンのスタビライザーがもたらす整流効果で不自然な揺れを抑制。あとひと口をバイトにする。専用のリアルダイイングアイで弱った小魚の演出も抜かりなし。

●全長:65ミリ●重さ:3.6グラム(F)、3.8グラム(SP)●タイプ:フローティング、サスペンド

ルーフェン（エバーグリーン/ファクト）

筆などに使われる超極細PET素材をテールに縦方向の扇状にセット。1本1本のコシと強さ、先端に向けて細くなるテーパーで他の素材では出せない波動と引き波を生む。アシストフックアイを活用すればシンキングにもなる。

●全長:70.0ミリ●重さ:3.6グラム●タイプ:フローティング

ワカサギベイト（デプス）

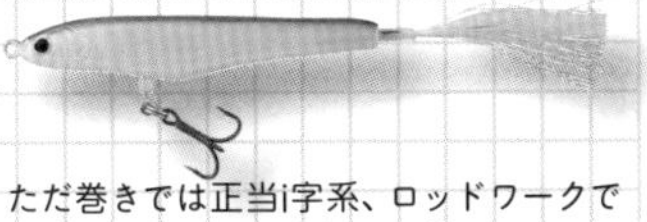

ただ巻きでは正当i字系、ロッドワークではパニックベイトを演出するダートアクションの二刀流。ボディには鱗などの意匠をあえて排し、凹凸のない面により水流抵抗を軽減させ、i字、ダート共に切れのある動きをサポートしている。

●全長:65ミリ●重さ:3.5グラム(F)、4.3グラム(S)●タイプ:フローティング、シンキング

動きのイメージ

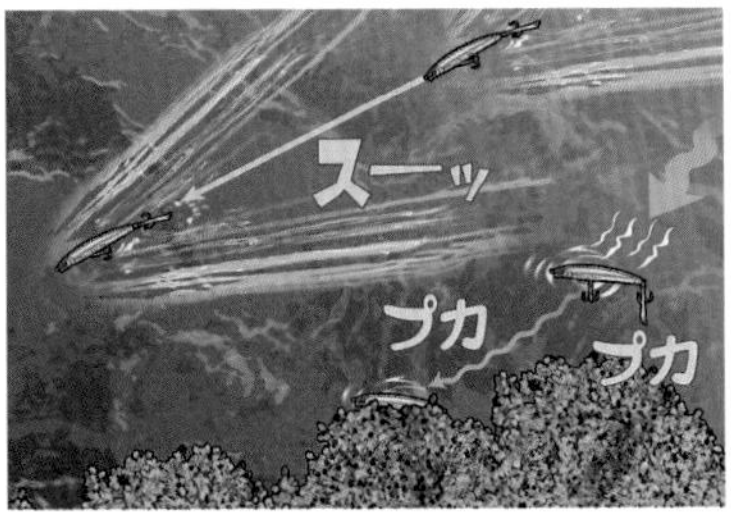

動きはi字、引き波はV字

ルアーが水面を直線的に動くことから命名されたように、i字を書くが、引き波はV字になる。ルアーに無駄な挙動を起こさないように巻くのが基本で、もともとはワームでやっていたが、フックのセッティングなどがシビアだった経緯があり、ハードルアー化したことで、使いやすさは向上している。前提は巻きだが、止めたままで風や波など自然の流れに乗せて狙ったスポットに送り込む上級テクニックも存在する。

得意なシチュエーション

静かな水面

微かな波紋なので、それを打ち消すような強く波立った水面ではアピールできない。さざ波程度であれば逆にダマしやすくなることも。

クリアウォーター

山上湖で生まれて発展してきたルアーなので、透明な水質のフィールドとの相性は抜群。形状やカラーも見られることを意識してデザインされている。

最適なタックル

i字引きがしやすい繊細なスピニング

軽くて飛距離が出にくいので、スピニングタックルが使いやすい。ローギアのリールで巻くよりもハイギアの方がスピード調整はしやすいだろう。

その名の通り、水面に落下した虫を模した小さなルアー。
トップウォーターの1ジャンルともいえるので、
バイトの瞬間も楽しめる！

虫ルアー

Bug Lure

HARD

ひと口サイズのトップウォーター

セミなどの陸上に生息する虫が水面に落下し、もがいている様子を再現するトップウォータールアー。

セミを模したルアーであることが多く、クローラーベイトのようなウイング（羽根）が付いているのが一般的だ。

最大の魅力は、バスの捕食対象となる落下したセミやコガネムシ、ガなどの虫のサイズ感に近づけつつ、水面で暴れる際にできる波紋を発生させられることだろう。逆に言えば、明らかに虫が水面に落ちてこない季節に活躍させることは非常に難しいとも言える。

小さいがトップウォータールアーなため、バイトの瞬間が見えるのが楽しい。また、ルアー自体のサイズは基本的に小さいので、魚のサイズを選ばなければ比較的釣りやすいのがありがたい。

When? いつ？	夏
Where? どこで？	虫が落ちてきそうな場所
How? どうやって？	ただ巻き、ロッドワーク、放置
Power 水押し	やや弱い

ウイング

多くの虫ルアーにウイング状のパーツが搭載されている。ただ巻きではクロールアクションを見せるほか、シェイク時には移動距離を抑える役割も担う。

ボディ形状

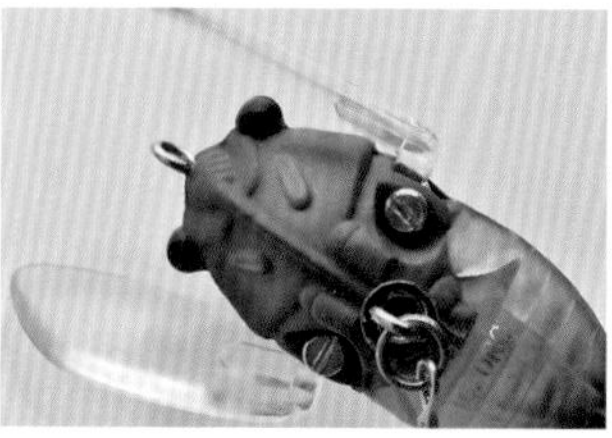

セミや甲虫の様にずんぐりむっくりとしたシルエットが多い。また、体節や脚部、複眼など、驚くほどディテールに凝ったものもある。

サイズ感

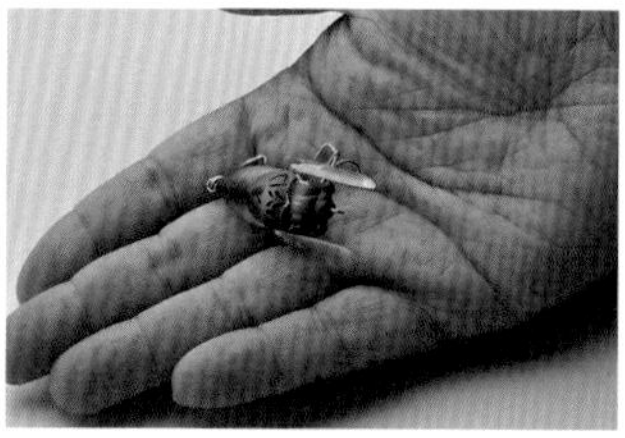

落下昆虫として現実的な小型サイズが一般的。手のひらに載せた際の存在感は本物ソックリだ。

フック

ボディサイズが小さいと浮力を確保しにくいため、フックも非常に小さい。また、一つだけ取り付けられたシングルフックモデルも多い。

虫ルアー オススメ10選

オリカネムシ
(O.S.P)

ワーム素材のボディに専用のヘッドを組み合わせて使うタイプの虫ルアー。非常にコンパクトなシルエットは、バスからすれば様々な虫に見えるだろう。釣れる秘密は繊細な脚パーツによる表面張力にある！

●全長:34ミリ●重さ:2.8グラム

シグレ
(メガバス)

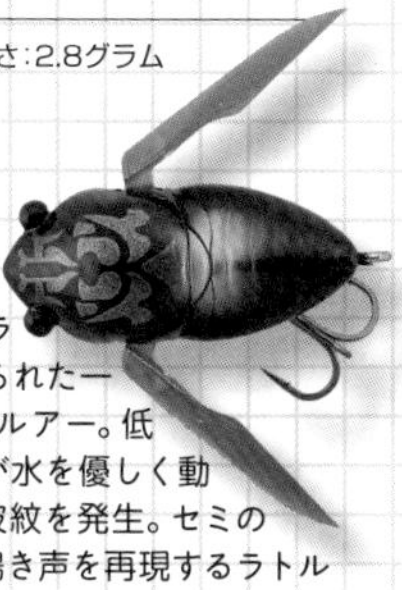

セミのお尻側にラインアイが設けられた一風変わったセミルアー。低弾性のウイングが水を優しく動かし、生物的な波紋を発生。セミの消え入るような鳴き声を再現するラトルチューニングがなされているのも特徴だ。

●全長:36.5ミリ●重さ:3/16オンス

シケイダーオリジンマグナム (ティムコ)

オリジンよりも一回り大きい「マグナム」も、ソフトウイングを始めとした基本設計は踏襲。ボリュームアップによって、遠投性能が向上した。バスがより大きな虫を捕食しているときにも活躍してくれるだろう。

●全長:45ミリ●重さ:6グラム

生蝉
(ジャクソン)

まるで精巧に作られたフィギュアのようにリアルなセミ型ルアー。その最大の特徴である6本の足はソフト素材なので、破損の心配がないのがありがたい。ウイング部分の筋や写実的なカラーリングまで、とにくリアルさにこだわっている。

●全長:42ミリ●重さ:4グラム

風神スーパースパイダー
(イマカツ)

ラバーの取り付けられた専用ヘッドに付属のトレーラーを組み合わせて使うタイプの虫ルアー。通常ではシングルフックのみだが、トレブルフックを取り付けることも可能。ロッドワーク次第ではドッグウォークさせることもできるスグレモノだ。

●全長:42ミリ●重さ:2.6グラム

ギズモ
(エバーグリーン)

フック一体化ウエイトが内蔵されたエラストマー素材製の虫ルアー。バス用ルアーとしては珍しいハチのようなシルエットは、後方重心によるキャスタビリティに貢献している。ソフト素材による柔らかい着水音や波紋も魅力的。

●全長:4センチ●重さ:3グラム

シケイダーオリジン
(ティムコ)

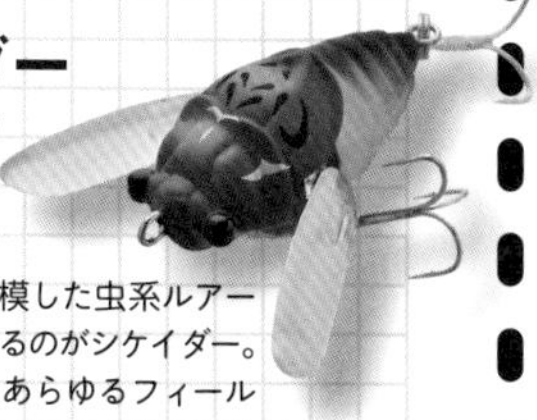

リアルなセミを模した虫系ルアーの定番とも言えるのがシケイダー。そのオリジンはあらゆるフィールドで活躍するひとくちサイズに設定。ミスキャストでも壊れにくいソフトウイングは、魚に違和感を与えにくい音と波紋を発生させる。

●全長:35ミリ●重さ:4グラム

ドラウンシケーダREV.
(DAIWA)

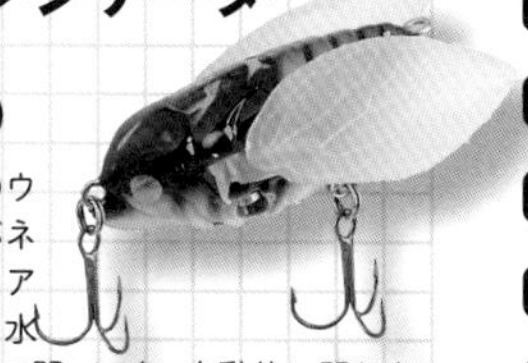

ソフト素材のウイングにはバネ機能を搭載。アクション時に水の抵抗を受けて開いても、自動的に閉じようとする力が働く画期的な機能だ。セミの足の様にも見えるフックは2フック仕様で、高いフッキング率にも貢献する。

●全長:41ミリ●重さ:4.6グラム

バグドッグ
(ジャッカル)

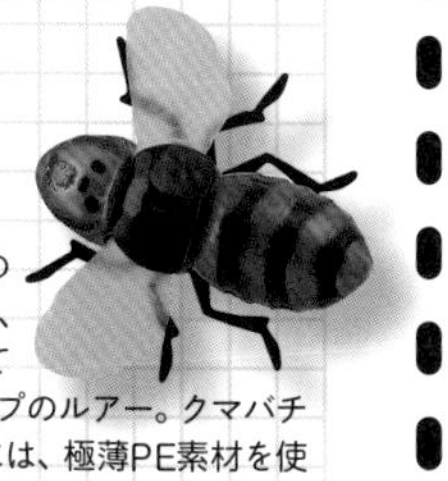

プラスチック素材のボディでありながら、マスバリをセットして使用する珍しいタイプのルアー。クマバチのようなシルエットには、極薄PE素材を使用したウイングやシリコン製の脚パーツが組み合わさっている。遠投性能も高い。

●全長:37ミリ●重さ:3.1グラム

レアリス真虫
(デュオ)

ハードボディにソフトウイング、ラバーのレッグにフェザーフックと、様々なマテリアルが組み合わさったハイブリット虫ルアー。ボディを分解することが可能であり、様々なカスタムができるのも面白い。

●全長:40ミリ●重さ:5.7グラム

動きのイメージ

水面で放置するだけで釣れる⁉

クローラーベイトのようなウイングを持っているため、ただ巻きで水面をバチャバチャ泳がせることも可能。また、落下昆虫をリアルに再現するなら移動距離を抑えたシェイクも有効。ウイングがブレーキの役割を果たしつつ、波紋を発生させることができる。そのサイズ感や虫が落ちてくるシチュエーション次第では、キャストしてから水面で何もしないで放置しているだけで釣れることも。

得意なシチュエーション

オーバーハング

明らかに虫が落ちてきそうな、水面に木がせり出したその下「オーバーハング」は虫ルアーで狙う典型例。その他にもアシ際やブッシュまわりなど、岸のそばは狙い目だ。

サイトフィッシング

魚を引っ張る力が弱く、食わせる力が高い虫ルアーの性質的に、バスを見つけて直接アプローチするサイトフィッシングとの相性は良い。

最適なタックル

小さく軽いルアーを正確に投げたい

わずか4グラム前後と非常に軽いため、タックルはスピニングが一般的。水面に浮きやすく飛距離も出るため、PEラインが使いやすい。

フロッグ

Frog

トップウォーターでも異色の存在がフロッグ。独特の軟質素材を生かした高い障害物回避能力で、難攻不落とされていたカバー（障害物）の奥の奥の奥にいるバスを引きずり出す。バスの安住の地を喪失させた罪作りなルアーだ。

愛らしい姿の超攻撃的ヤロウ！

軟質素材の中空ボディで、バスがバイト（かみつく）することによりフックが露出しフッキングが可能になる。通常時はフックがボディに隠れているので根掛かりがしにくいのが最大の特徴だ。

元は雷魚釣り用のルアーだが、トリプルフックでは根掛かりしてしまうカバー（障害物）を徹底的に攻めるためにバス釣りにも使われたのが始まりで、現在ではバス用フロッグとしてひとつのジャンルとなっている。

水面に敷き詰められた水草（リリーパッド）の上をちょこまかと動く姿はまさにカエルのように愛らしく、バスが水草を突き破ってバイトする姿は興奮のひと言。

ただし、カバーを釣るためのパワー系タックルが必須となる。

柔らかいボディ

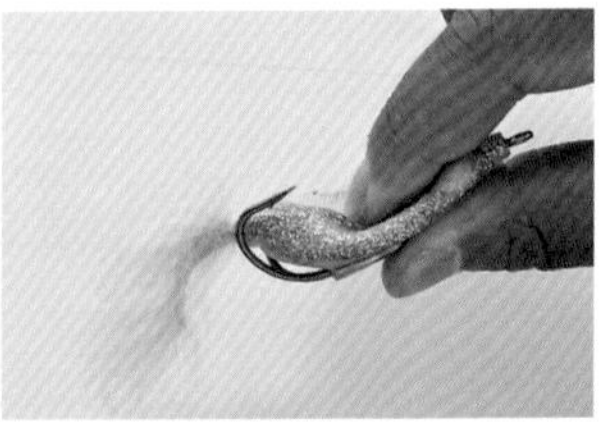

プラグともワームとも異なるビニール素材でできていて、触り心地も引き波も独特。押せば簡単に変形するのがキモで、中身は空洞（中空）だ。

When? いつ？	夏
Where? どこで？	水草の上／カバーの奥
How? どうやって？	ただ巻き、ストップ＆ゴー、トゥイッチなど
Power 水押し	普通

フックは上向きで太い

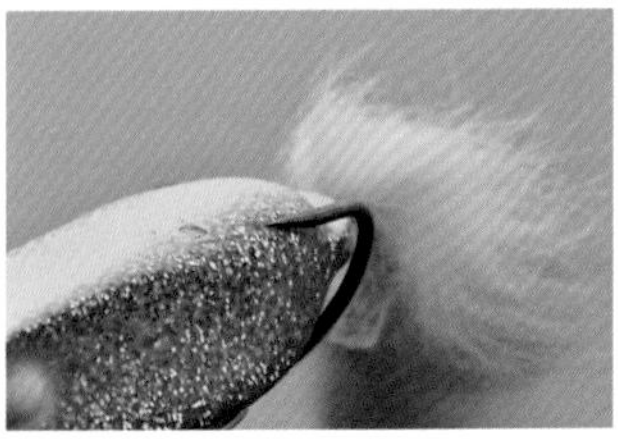

ボディに沿うようにカーブした2本の太いフックがセットされ、バスが噛みつくとボディが潰れて露出する仕組みだが、フッキング率はあまり高くない。

形状で動きが決まる

ラインアイ周辺が尖っていればペンシルベイトのように左右に滑りやすく、くぼんだポッパータイプであれば、飛沫での誘いがメインとなる。ただ巻きでアクションの出やすい形状も。

テールの穴

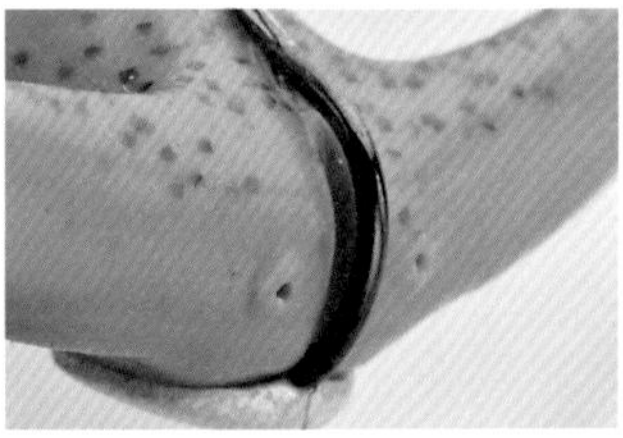

テール周辺にはフロッグがつぶれやすくするための空気穴があることも多い。使っているうちに内部に水が入ってしまった際にはここから排水しよう。

フロッグ オススメ10選

NF60（ノリーズ）

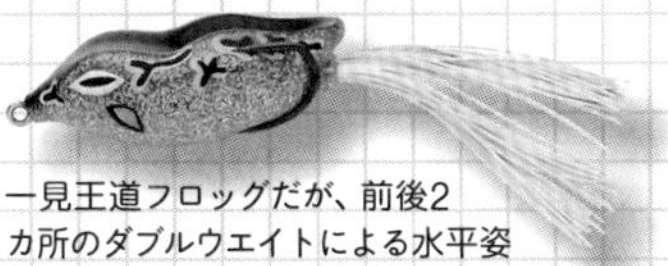

一見王道フロッグだが、前後2カ所のダブルウエイトによる水平姿勢とダウンアイポジションが実現したスケーティングの鋭さ、フッキング率の向上を図る3Dボディシェイプなど、バス用にこだわった仕上がりを見せている。

●全長:65ミリ●重さ:17グラム●スカート:ダブル

キッカーフロッグ（エバーグリーンインターナショナル）

バス用フロッグ普及の立役者となったロングセラー。シングルフックの採用など、フッキングしにくいとされる悩みどころにも深く切り込んだ。ブレードチューンにも対応したコネクターアイが搭載されているのもマニアには嬉しい。

●全長:58ミリ●重さ:13.5グラム●スカート:ダブル

スリザーク（デプス）

センターウエイトの水平姿勢、フラットベリーにサイドカップと、計算されたフォルムと構造がリズミカルなノンストップドッグウォークを実現。テールにはフライフィッシングのマテリアルのラビットゾンカーを採用している。

●全長:61ミリ●重さ:3/8オンス●スカート:シングル

バスターク（デプス）

ウォーキングタイプのスリザークとは対になるポッパーフロッグ。大きく開口したカップでの強烈な飛沫と音は、スライドをあえて排した直進運動で刺激的にアピールする。可動ウエイトシステムを採用しているのも珍しい。

●全長:61ミリ●重さ:1/2オンス●スカート:ダブル

ポニーガボット（メガバス）

メガバステクノロジーが生み出した独自のヘッド形状「カタマランマウス」が生命感あふれるスプラッシュとサウンドを発生させる。水面への接触による抵抗を軽減させたスカートはポニーテールを連想させるアイコン的存在。

●全長:63.0ミリ●重さ:3/8オンス●スカート:ダブル

カエラ（ジャッカル）

ドッグウォークのしやすさを追求したコンパクトフロッグ。ボディの両サイドに設けられたフラット面が強く水を押して水中にアピール。オープンウォーターでもカバー絡みでも高い集魚力を誇り、ノンストレスで使いやすい。

●全長:55ミリ●重さ:12.5グラム●スカート:ダブル

スティーズフロッグ（DAIWA）

移動距離を抑えたクイックなテーブルターンが得意。フックとラインアイ（エイト環）だけを通すためのスペースをボディ内部で独立させ、ラインアイはスレッドを巻き接着処理されているなど、水の侵入を徹底的に防いでいる。

●全長:60ミリ●重さ:16.5グラム●スカート:ダブル

ダイビングフロッグ（O.S.P）

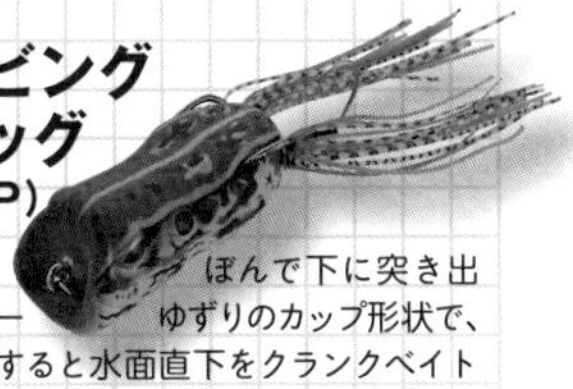

大きくくぼんで下に突き出たダーターゆずりのカップ形状で、ただ巻きすると水面直下をクランクベイトのように泳ぐ。テーブルターンやスプラッシュによる誘いはもちろん、カバー周りでは未見の複合的なアクションを演出する。

●全長:60.0ミリ●重さ:14.0グラム●スカート:シングル

ブータフロッグ（イマカツ）

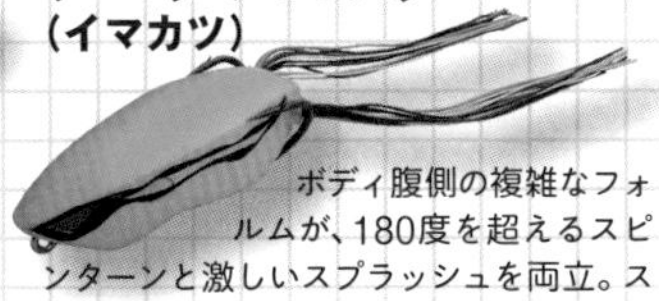

ボディ腹側の複雑なフォルムが、180度を超えるスピンターンと激しいスプラッシュを両立。スケーティングとポッパーのハイブリッドのキーとなる。ラインアイからフックまでが独立し水の侵入を防ぐなど使いやすさにもこだわった。

●全長:60.0ミリ●重さ:12.0グラム●スカート:ダブル

ミクラ（ディープフォレスト）

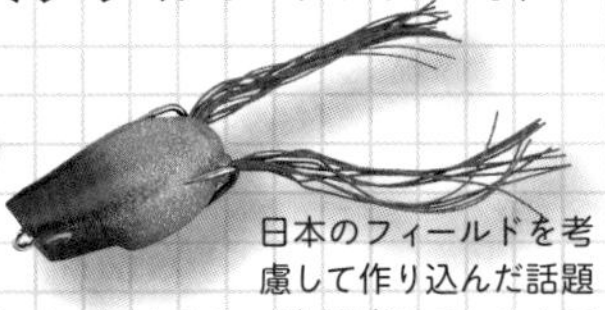

日本のフィールドを考慮して作り込んだ話題のコンパクトフロッグ。四角いフォルムで高い浮力を確保し、ウエイトを積んでも動くように設定し、広域をテンポよく探れる探索力を誇る。スカートはラバーとティンセルを採用している。

●全長:46.0ミリ●重さ:9グラム●スカート:ダブル

動きのイメージ

カバーの中で上で自由に動かそう

カバーの中ならぶち込んでポーズ後のワンツーアクションからのポーズでほぼ勝負は決まる。カバーはなくてもわざと岸の上に乗せて岸ギリギリの水面にポトリと落とすのも効果的だ。水草（リリーパッド）の上を引くなら水草の上はノンストップで動かし、隙間や切れ目に入ったら止めて数秒ポーズを入れる。ペンシルベイトやポッパーのようにオープンや障害物回りでドッグウォークさせても釣れるが、やはり基本はカバー絡みだ。

得意なシチュエーション

対岸のカバー

根がかり知らずのフロッグなら、キャストコントロール不要で投げてぶち込むだけ。届きそうで届かない対岸のカバーもPEラインとのコンビなら攻めきれる。

リリーパッド

ヒシやハスなどで水面を覆われて水中にルアーが入らないフィールドこそが出しどころ。水草の上を滑らせて隙間でポーズ。ワクワクが止まらない。

最適なタックル

なにはなくともパワー系

ファイト中など水草ごと引き抜くこともあるので最低でもミディアムヘビー以上のベイトタックルが必須。ラインもPEで50ポンド以上。結束はノットの項を参考にしよう。

バスが食べるような小魚にソックリな形だが、
実は非常に奥深いジャンルのルアー。
シンプルだからこそ誤魔化しの効かないルアー造詣の真髄がそこに！

ミノー

Minnow

HARD

使い手の個性が光るザ・ルアー！

釣り場に多く生息するワカサギやアユ、モツゴなど、細長い小魚によく似た形をしたルアー。ミノーの語源は英語の雑魚・小魚、コイ科の小型淡水魚を指す「minnow」から来ているとされる。一見するとシンプルな形状で、いかにもルアーといった見た目だが、その種類は非常に多い。

ほかのルアーに比べて浮力の異なるモデルが多いのも特徴的で、フローティングなら高活性の魚を、水中で止めることができるサスペンドなら寒い時期にスローな魚を狙うのに最適。完全に沈むシンキングはバス釣りでは少ないが、水深の深い場所や強い流れの中で使う際に役立つ。それぞれの特性を理解すれば、1年中活躍してくれる強力なルアーとなるはずだ。

細長くて小魚ソックリ!!

釣り場で捕まえたワカサギだが、細長い形はミノーそのもの！ 小魚の存在もミノーを使う上では重要な要素となる。

When? いつ？	1年中
Where? どこで？	小魚がいるエリア
How? どうやって？	ロッドワーク、ただ巻き
Power 水押し	少し弱い

豊富なサイズが揃う

ミノーのサイズは非常に種類が多い。実際の釣り場で見かける小魚に合わせるのはもちろんだが、投げやすい大きさを選ぶのもポイント。

リップの長さで動きや潜る深さも決まる

リップが短いほど浅く、長くなるほど深く潜る傾向にある。また、アイと離れるほどアクションはロールに、近づくとウォブリングになりやすい。

フッキング性能は高め

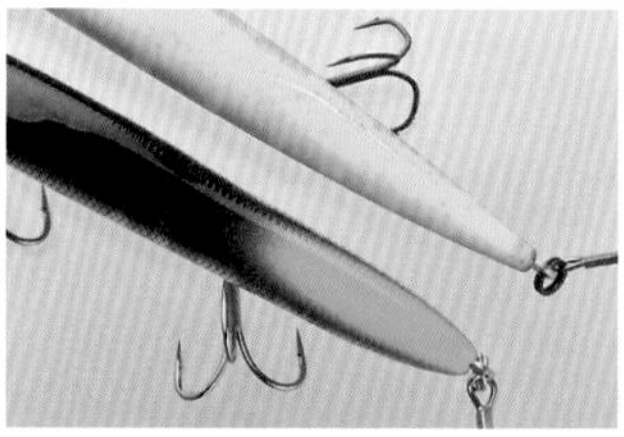

ボディの太さの割にフックが大きいのも特徴の一つ。バスの口に掛かりやすい利点はあるものの、根掛りには少し弱い傾向にある。

ミノー オススメ10選

阿修羅 O.S.P ルドラ130SP (O.S.P)

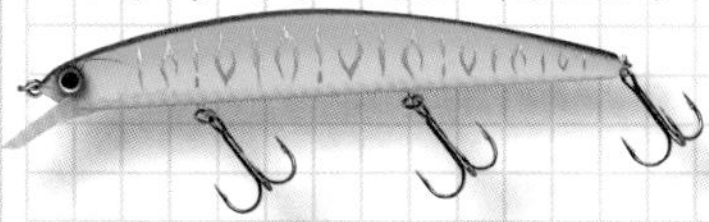

大型ボディの側面がフラットになっているため、高いフラッシング効果が期待できるミノー。低重心でロール要素の強いアクションは深い場所の魚にも強力にアピールすることが可能。遠投性能も高い。

●全長:130ミリ●重さ:20グラム
●タイプ:サスペンド

X-ナナハン (メガバス)

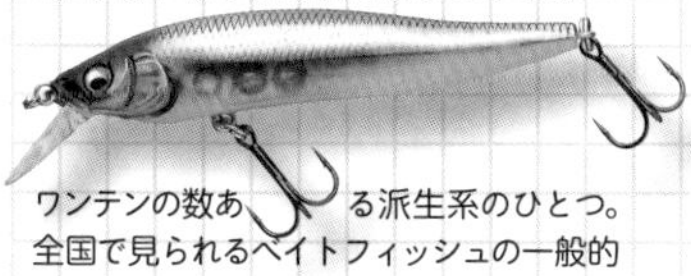

ワンテンの数ある派生系のひとつ。全国で見られるベイトフィッシュの一般的なサイズといえる75ミリにボディが設計されている。アクションは小さくなっていても、ワンテンそのもの。タダ巻き性能も高い。

●全長:75ミリ●重さ:1/4オンス
●タイプ:スローフローティング

タダマキ132JP (ノリーズ)

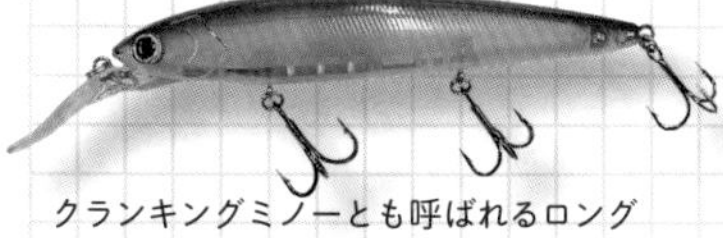

クランキングミノーとも呼ばれるロングビルタイプのミノー。通常のミノーに比べ、タダ巻きでのアピール力が高い。水深3メートルまで潜りつつも、本物の小魚のような水平姿勢で泳がせることができる。

●全長:132ミリ●重さ:22.4グラム
●タイプ:サスペンド

ビーフリーズ65F (ラッキークラフト)

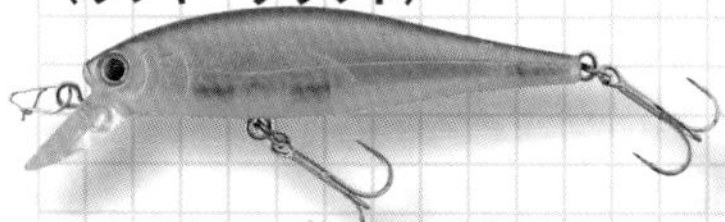

ミノーのあらゆる使い方に高次元で対応する万能選手。キレのあるアクションからストップ時にみせる独自の身悶えも非常に魅力的だ。サイズやリップ形状のバリエーションも非常に豊富。

●全長:65ミリ●重さ:4.7グラム
●タイプ:フローティング

リップライザー 110 (イマカツ)

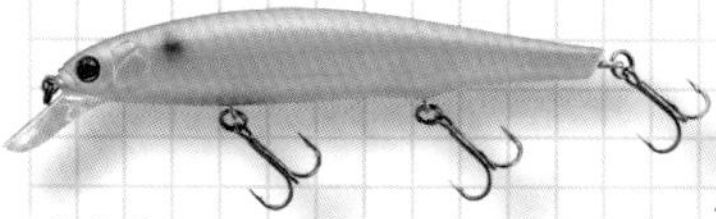

後方重心とエアロダイナミクスボディで抜群のキャスタビリティを誇るミノー。またその重心位置の関係で、頭を上げた浮き姿勢をとるのも特徴。これにより、水面をついばむ小魚のような動きを演出できる。

●全長:112ミリ●重さ:15g
●タイプ:フローティング

ヴィジョン ワンテン (メガバス)

バス釣りの本場・アメリカでも認められた「キング・オブ・ジャークベイト」とも呼ばれるミノー。特にジャーキングで使われることが多く、その水中アクションは他の追随を許さない。カラーも非常に美しい。

●全長:110.5ミリ●重さ:1/2オンス
●タイプ:スローフローティング

ダウズビドー 90SP (ジャッカル)

可動域の広い重心移動で優れた遠投性を誇るロングビルミノー。水深2メートル付近まで潜り、キレのあるハイピッチロールアクションを披露する。高速リトリーブでもしっかりと泳ぐ高い安定感も魅力的。

●全長:90ミリ●重さ:10.7グラム
●タイプ:サスペンド

バリソンミノー 130F (デプス)

横倒れ寸前のローリングアクションにより、強烈なフラッシングを放つミノー。高い自由度で動くウエイトのおかげでジャークで不規則なダートを見せてくれるほか、ラトルサウンドでもバスを魅了する。

●全長:130ミリ●重さ:3/4オンス
●タイプ:フローティング

モード フェイス (エバーグリーンインターナショナル)

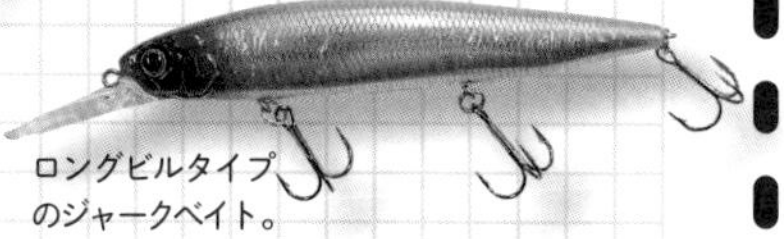

ロングビルタイプのジャークベイト。
最大2メートルまで潜り、独自の波動で水を大きく動かし、遠くやより深い場所にいる魚に力強くアピールする。タングステン重心移動システムで遠投性能にも優れる。

●全長:11.5センチ●重さ:18.6グラム
●タイプ:スローフローティング

レベルミノー (レイドジャパン)

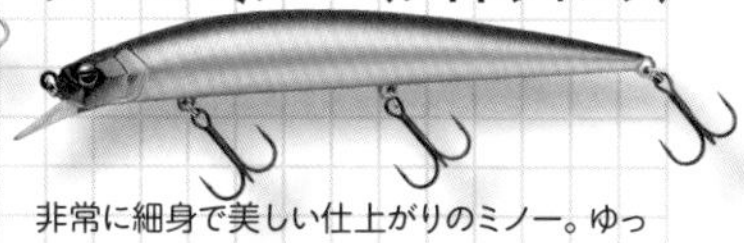

非常に細身で美しい仕上がりのミノー。ゆっくりとした速度のタダ巻きでもしっかりと泳ぐほどレスポンスがいいほか、矢のようによく飛ぶので広い範囲を狙う際にも役立つ。潜行深度は1.5メートル

●全長:125ミリ●重さ:1/2オンス
●タイプ:フローティング

動きのイメージ

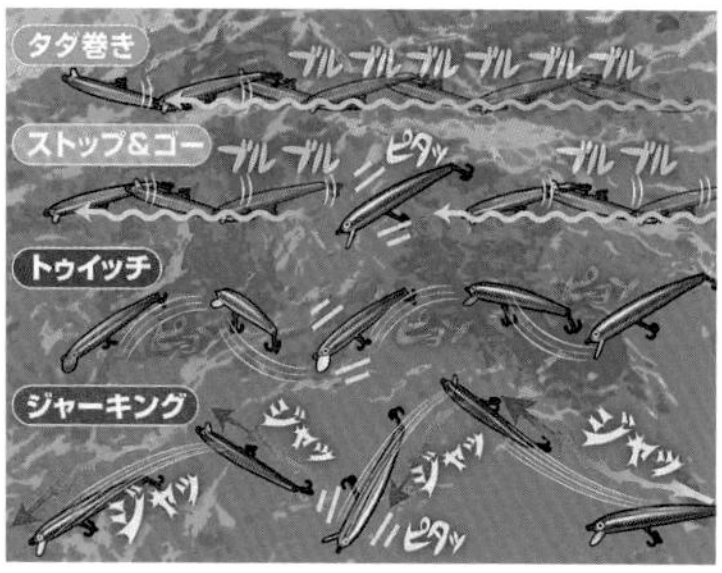

使い方次第で色々な小魚の動きを演出可能!

数あるハードルアーの中でも、ミノーは使い方の幅の広いルアー。中でも、一定速度でリールを巻くタダ巻きや、それにポーズを織り交ぜるストップ&ゴー、ロッドをチョンチョンと煽りながら巻くトゥイッチング、ロッドを大きくあおってテンポよく動かすジャーキング(ジャーク)がその代表格。特にジャーキングで使われる場面が多いため、ミノーはジャークベイトとも呼ばれる。どの使い方も小魚の泳ぎを忠実に再現しているため、色々と試してみてほしい。

得意なシチュエーション

バスが小魚を食べている

メインベイトが小魚のフィールドならもちろん有効。大きさや動き、スピード感で小魚を演出しよう。

真冬にも可能性アリ!

サスペンドタイプなら、寒くて活性の低い魚にも口を使わせられる。ミノーは1年中使えるのだ。

最適なタックル

よく曲がるロッドが使いやすい

軽いことが多く、巻いている最中やポーズ中のバイトを弾かずに針掛かりさせる必要があるミノーはレギュラーアクション前後のロッドが使いやすい。

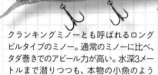

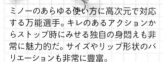

ミノーとクランクベイトの中間的デザインを持つハードルアー。
繊細なルアーではあるものの、使いこなせば冬でも釣果をもたらしてくれる
心強い相棒になってくれるはずだ。

シャッド

Shad

ミノーとクランクベイトの中間？

オールシーズン、特に秋以降活躍するベイトフィッシュライクなルアー。多くの場合、ルアーのウエイトが水の比重に近い「サスペンド」設定となっており、リップの長さに応じた潜行応力と相まって深めの水深をスローに狙いやすい。そのため、水温の低い冬場に水底付近にいるバスを狙うのにも適しており、冬の定番ルアーのひとつとされている。

「シャッド」の言葉はニシンの仲間の名前を意味するが、ルアーとしてはラパラのシャッドラップがこのタイプのベースになったことに由来する。

そのボディデザインも特徴的で、横からはクランクベイトのような尻すぼみ、上から見ればミノーのようにスレンダーなシルエットとなっている。アクションもその中間的なことが多く、クランクほど激しく動かないが、ミノーよりも水を撹拌する力は強いことが多い。

When? いつ？	秋〜冬
Where? どこで？	ハードボトムや起伏のある場所、シャローフラットなど
How? どうやって？	ただ巻き、ジャーク&ポーズ。ストップ&ゴー&ゴー
Power 水押し	やや弱い

リップ

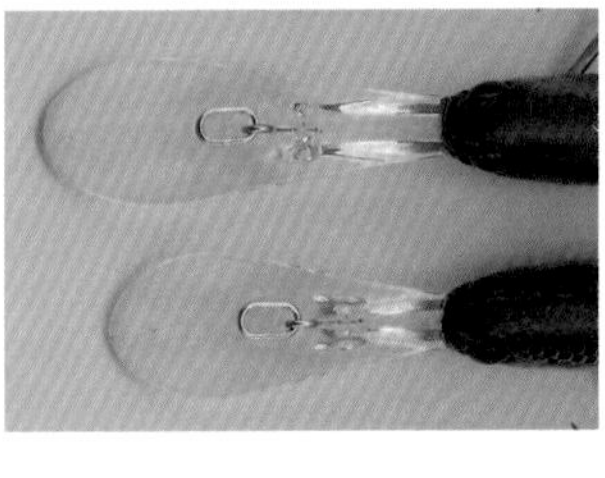

ボディと同じくらいの長いリップが特徴。ラインアイもリップ上に設けられていることが多い。ここが水をしっかりと受けて、深く潜ることができるのだ。

アイチューン

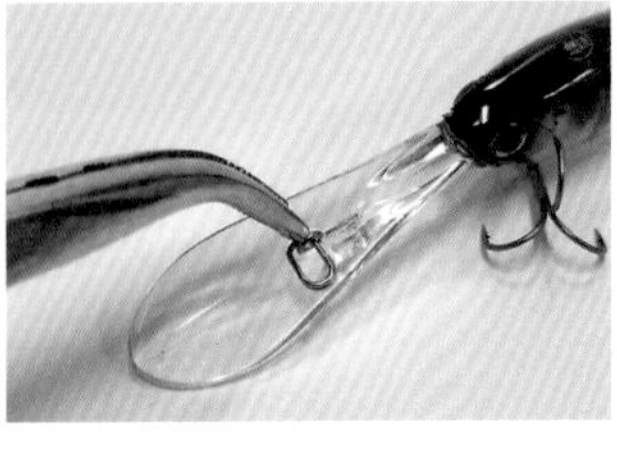

シャッドを有効に使うためにはアイチューンが必須。足元で泳がせてみて、早いスピードでも真っ直ぐ泳ぐように調整したい。

バリエーション

ボディサイズやリップの長さによって潜行深度が変わるため、同一モデルであってもバリエーションが豊富なことは多い。

ボディ

本物の小魚のようなコンパクトなボディがほとんど。絞り込まれたテールデザインからは、ミノーよりも更にリアルな印象を受ける。

シャッド オススメ10選

ISワスプ（イマカツ）

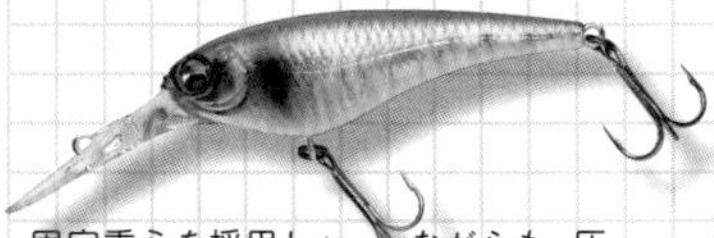

固定重心を採用しながらも、圧倒的な飛距離と直進安定性を誇るミニマムサイズのシャッド。全長50ミリと極小サイズながらも、しっかりとしたウォブリングアクションやロッドワーク時のダート性能など、高いアピール力を誇る。

●全長：50ミリ●重さ：3.5グラム

イヴォークシャッド（デプス）

ストレスフリーに使えることを追求して作られたシャッド。遠投性能はもちろん、狙った場所へと正確に投げやすく、また安定した泳ぎは想定したコースを正確にトレースすることが可能。根掛かり回避にも一役買ってくれるのだ。

●全長：55ミリ●重さ：7.8グラム

ソウルシャッド58SP（ジャッカル）

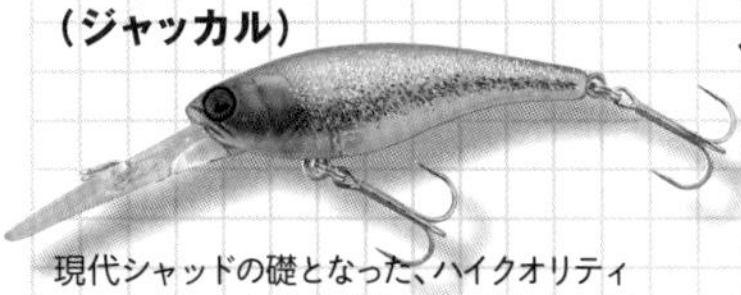

現代シャッドの礎となった、ハイクオリティシャッド。あらゆるリトリーブ速度に対応し、安定してまっすぐ泳ぎ切ることが可能。豊富なバリエーション展開により、様々なシチュエーションで活躍する。トーナメンターにも人気が高い。

●全長：58ミリ●重さ：5.5グラム

ハイカット（O.S.P）

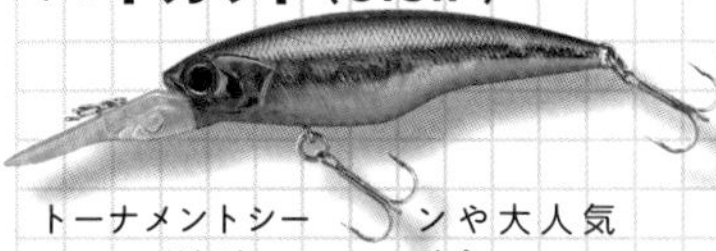

トーナメントシーンや大人気フィールドなど、フィッシングプレッシャーのなかでも活躍してくれるサイレント仕様のシャッド。固定重心の超軽量ボディにより、驚きの立ち上がりとハイピッチアクションを実現した。

●全長：60ミリ●重さ：5.3グラム

レイダウンミノーディープ ジャストワカサギ（ノリーズ）

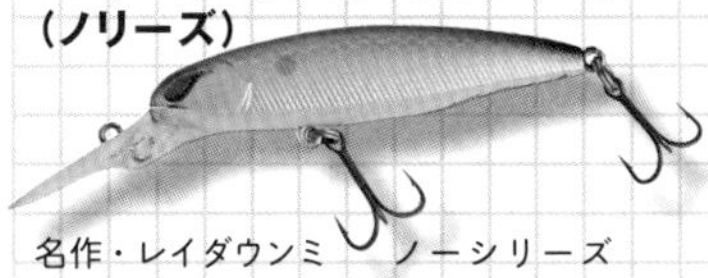

名作・レイダウンミノーシリーズの名を冠したルアー。その名の通りワカサギのようなサイズ感で、約1.8メートルまで潜ることが可能。ボディ側面がフラット形状で、ストレートリトリーブでもしっかりとボディが水を攪拌する。

●全長：66ミリ●重さ：6.1グラム

アイバイアイシャッド タイプR（メガバス）

メガバス社長の伊東由樹さんと、レジェンドトーナメンター・今江克隆さんのドリームタッグで生まれたシャッド。独自の重心移動システムを搭載しており、強風にも負けない投げやすさや、抜群の泳ぎだし、ハイピッチロールアクションを披露する。

●長さ：57ミリ●重さ：1/4オンス

シャッドラップ SR6（ラパラ）

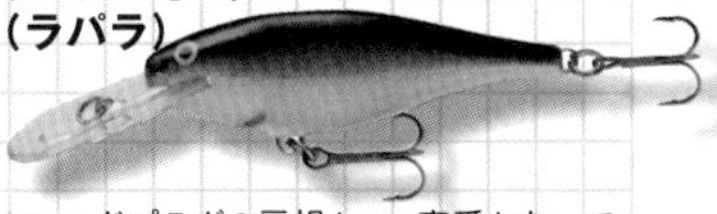

シャッドプラグの元祖かつ、定番となっているルアー。ボディ素材にバルサを使用しており、高い浮力を持つことによるライブリーなアクションが魅力的。素早く潜ってくれるので、狙ったレンジをしっかりと攻めることができるはずだ。

●全長：60ミリ●重さ：7グラム

ソウルフラット（ジャッカル）

ソウルシャッドシリーズの新たな一手として登場したフラットボディのシャッド。高い直進安定性はオリジナルモデルからしっかり継承！ このボディだからこその高いフラッシング性能は、今までにない釣果に繋がるはずだ。

●全長：58ミリ●重さ：6.8グラム

バンクシャッド（エバーグリーンインターナショナル）

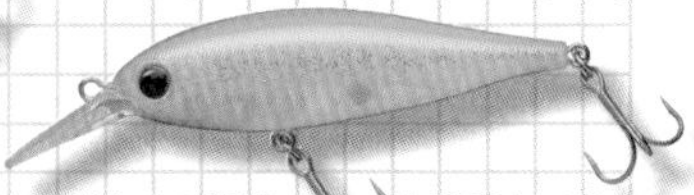

ただ巻きでの使用を想定して生み出されたシャッド。スローリトリーブでもしっかりと水を掴み、タイトピッチで泳がせることが可能。タングステン重心移動システムによる、抜群のキャスタビリティも魅力的だ。

●全長：5.8センチ●重さ：5グラム

レベルシャッド（レイドジャパン）

岸釣りでの使用を前提としており、コンパクトボディでありながらも遠投性能に優れるシャッド。タイトなハイピッチアクションはベイトフィッシュそのものであり、違和感なく口を使わせることが可能。フッキングも妨げにくい。

●全長：50.3ミリ●重さ：4.3グラム

動きのイメージ

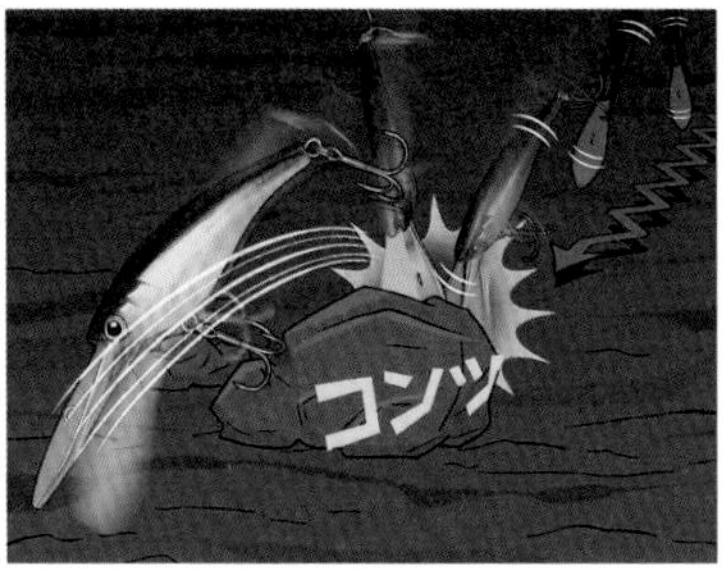

ハイピッチアクションのただ巻きが主流

ピリピリとしたハイピッチアクションがシャッドの主流的なアクション。遅く巻いても速く巻いてもしっかりと泳ぐものが多いため、ボトム付近まで潜らせてから一定速度でリトリーブするのが一般的な使い方。ボトムコンタクト時にポーズを入れることでバイトを誘う方法もある。一方、ロッドワーク時のアクションのキレも抜群なため、2トゥイッチ1ポーズのリズムで使われることも。

得意なシチュエーション

ボトムに起伏のあるエリア

リップラップや消波ブロックなど、バスが身を潜められる隙間のあるエリアは根掛かりしがち。しかしシャッドはその長いリップのおかげで根掛かりしにくいため、果敢に攻めていくことも可能だ。

低水温期

水温が低い冬の時期にはバスがボトム付近にいることも多く、そのレンジを的確に通すことができるのもシャッドの魅力。潜行レンジをしっかりと意識して使い分けたい。

最適なタックル

軽いものを投げられるスピニングが最適

シャッドは5グラム前後と非常に軽いウエイトが多いため、ミディアムライトクラスのスピニングタックルが使いやすい。ベイトの場合は、ベイトフィネスタックルを使用すればOK。

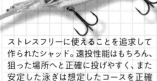

丸みを帯びたボディが特徴のハードルアー。水中では高い浮力と大きなリップが組み合わさることで強烈な存在感を放つ。根がかりにも強いという特性にも注目だ。

クランクベイト

Crankbait HARD

魚に強く主張してガンガン使える！

丸みを帯びたボディにリップがついたルアーで、バス釣りを代表するルアーのひとつと言えるだろう。

何かの生物に似せているというよりも、バスの興味を引く動きに着目されたルアーであり、アクションが往復運動を回転運動に変換する機構の「ｃｒａｎｋ」に似ているから名付けられたとされている。

高い浮力と大きなリップの組み合わせで生み出されるそのアクションは激しく、遠くの魚にアピールしたり濁った水の中でもしっかりと存在感を主張することが強み。

ルアーによって潜る深さがきっちりと定められていて、同じボディで潜る深さが異なるものを「システムクランク」と呼ぶことも。

魚の活性が高い春〜秋の季節に最も活躍する。

When?	いつ？	春〜秋	
Where?	どこで？	障害物周り/水が濁っている釣り場	
How?	どうやって？	ただ巻き	
Power	水押し	強い	

丸っこいボディ＋リップが基本

卵のようなボディにリップがついた形が基本形。ただ巻きだけでしっかりと魚を惹きつけてくれるパワフルな泳ぎが特徴だ。

木製も人気

一般的にルアーはプラスチック製のものが多いが、クランクベイトではアクションのピッチがより早くなるバルサ材などの木製も人気だ。

リップの長さで動きや潜る深さも決まる

先端が丸っこいリップは優しい動き、角ばっていれば障害物回避能力が高く、長くなるほど深く潜る。目的に合ったクランクを選ぼう。

リップとボディで障害物を回避！

リップとボディが泳いでいる際にフックを守ってくれるので、根掛りに強い。障害物好きのバスを狙うのにうってつけなのだ。

クランクベイト オススメ10選

イヴォーク1.2 (デプス)

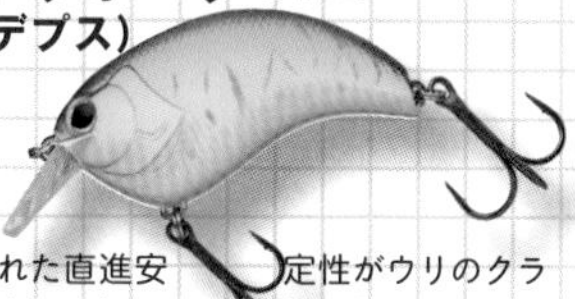

優れた直進安定性がウリのクランクベイトで、様々なシチュエーションで狙ったコースをきっちりと通すことが可能。徹底した低重心設計は、驚くべきウルトラハイピッチアクションを生み出した。

●全長:55ミリ●重さ:11グラム
●潜行深度:1.2メートル

LC 1.5DRS (ラッキークラフト)

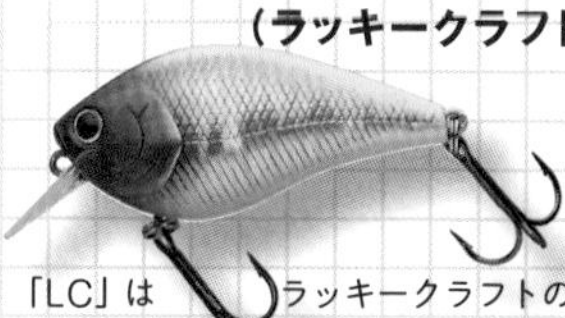

「LC」は ラッキークラフトの大人気クランクベイトシリーズ。こちらはUSAモデルで大型魚に効果的な重低音を放つタイプで、スクエアビルの激しいアクションと共に強烈にアピールする。

●全長:60ミリ●重さ:12グラム
●潜行深度:0.9～1.2メートル

ショット ストーミーマグナム (ノリーズ)

圧倒的なアピール力を誇る「マグナムクランク」と呼ばれる巨大なクランクベイト。ストーミーマグナムはその中でもアクションが最適化されていて、ハイプレッシャー下でも投げられる「強すぎない強さが」魅力。

●全長:102ミリ●重さ:46グラム
●潜行深度:2メートル

ピーナッツ SR (DAIWA)

非常に安価で入手しやすく、よく釣れる国民的クランクベイト。小粒で扱いやすく、それでいて頑丈。使ってみれば長年愛される理由がよく分かるはずだ。水面直下を泳ぐSSRから2メートルまで潜るDDRの全4タイプをラインナップ。

●全長:5センチ●重さ:8.9グラム
●潜行深度:1メートル

マッドペッパーマグナム (ティムコ)

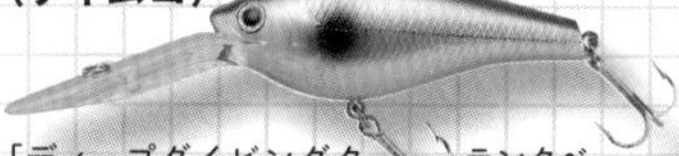

「ディープダイビングクランクベイト」の傑作。圧倒的な飛距離を稼ぎつつ、素早く5メートルレンジに到達できる設計は、より長い時間狙った深さを狙うことが可能。強すぎないアクションでアングラーへの負荷も少ない。

●全長:80ミリ●重さ:24.5グラム
●潜行深度:5メートル

HPFクランク (O.S.P)

フラットサイドクランクと呼ばれる平たいボディのクランクベイトで、丸っこいボディのものよりもフラッシングや水押しに優れている。空気抵抗の大きな形状でありながらキャスタビリティに優れるのがありがたい。

●全長:63ミリ●重さ:8.9グラム
●潜行深度:2メートル以上

MR-X グリフォン (メガバス)

デフォルメの効いた可愛らしいデザインのクランクベイト。コンパクトサイズでありながら高いアピール力を誇る激しいアクションを得意とする。ため池ののような小さなフィールドや、アベレージサイズが小さい時にも有効だ。

●全長:43ミリ●重さ:1/4オンス
●潜行深度:2.5メートル

ディグル 5+ (ジャッカル)

よく飛び、よく潜り、よく泳ぐディープクランク(深く潜るタイプ)。「システムクランク」と呼ばれるコンセプトの元で作られており、使用感はそのままに様々な水深を攻略できるモデルがそろっている。

●全長:74ミリ●重さ:26.2グラム
●潜行深度:5.4～6.1メートル

ブリッツ (O.S.P)

浅いレンジを攻略する「シャロークランク」の超定番。ウエイトがボディをはみ出すほどの低重心と極薄リップ、高い浮力の相乗効果により圧倒的なアクションスピードの速さを実現。特に中層リトリーブに強い。

●全長:53ミリ●重さ:9グラム
●潜行深度:約2メートル

モード ワイルドハンチ (エバーグリーンインターナショナル)

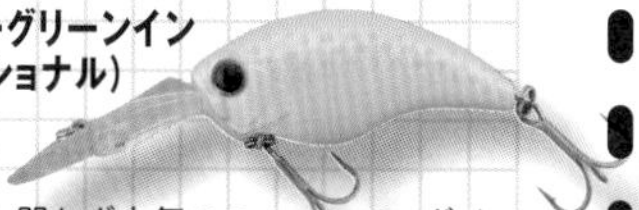

プロアマ問わず人気のロングセラークランクベイトであり、タックルを選ばず安定した使用感を誇る。長いリップで障害物を回避する能力も高い。固定重心ながらも遠投性能が高いのも魅力的だ。

●全長:5.2センチ●重さ:9.6グラム
●潜行深度:1.2～1.6メートル

動きのイメージ

「ブリブリ」という擬音がピッタリなアクション

一定速度でリーリングするだけでブリブリと泳ぐのがクランクベイト。激しく素早い動きは水をたくさん拡散し、バスの側線に訴えかけて強くアピールする。ボディとリップがフックを隠してくれるのでストラクチャーを回避する能力が高いうえに、万が一引っかかっても高い浮力で外れてくれることは多い。中層を素早く横方向に通すことで魚を寄せてくることもできるし、ボトムを小突いてバイトを誘うことも可能。

得意なシチュエーション

「硬い」ストラクチャー周り

石積みや立ち木の周りなど、硬いストラクチャーを回避するのが得意な。逆に水草などの軟らかいものは少し苦手。

濁った水

バスの視覚ではなく、側線に訴えかける形でアピールするクランクベイトは、濁った水の中でも存在感をアピールすることが可能だ。

最適なタックル

巻いている最中のバイトを捉えられる竿

ベイトタックルが主流。リーリング中にバイトしてくることがほとんどのため、しっかりと絡め取れるレギュラーアクション前後のロッドが使いやすい。

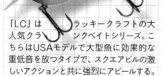

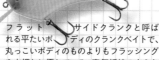

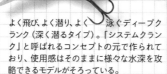

リップのない体高のあるボディが特徴的なこのルアー。
その魅力はなんといってもスピード感！ 素早く沈み、
ハイスピードリトリーブでもレンジを外しにくい！

バイブレーション

Vibration

HARD

バスルアーでは珍しいシンキングがメイン

日本ではバイブレーションの名前でおなじみのルアー。本場のアメリカでは「リップレスクランクベイト」という呼び方が一般的で、その名の通りリップのないプラグとなっている。また、多くのクランクベイトがフローティングという水に浮かぶタイプなのに対し、バイブレーションのほとんどが水に沈むシンキングタイプとなっている。そのため、沈める時間を調整することで様々なレンジを狙うことが可能だ。

アクションはハイピッチアクションで、その強烈な振動は手元まで伝わってくるほど。ラトルを内蔵していることも多く、その振動とサウンドの両方を駆使して広範囲から魚を呼び寄せる能力に長けている。また沈むことでボトムを攻めやすいため、真冬の釣りでも活躍してくれるはずだ。

When? いつ？	春～秋
Where? どこで？	ウィードフラットやオープンエリア
How? どうやって？	ただ巻き、リフト&フォール
Power 水押し	普通

ヘッド

バイブレーションにはリップが無い。そのため、アクションのきっかけとなるのはフラット気味に設計されたヘッドとボディ。また、必然的にラインアイがボディ上部になることも特徴的だ。

ラトル

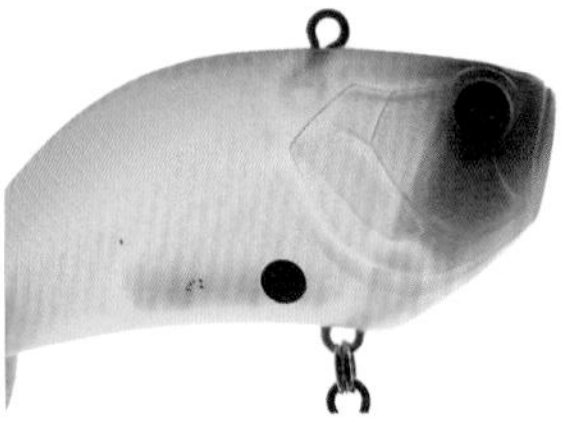

バイブレーションはラトルを内蔵していることが多い。その材質や大きさによって音の質は様々だが、高音ほど広範囲からバスを引き付け、低い音は魚に効果的とされる。

バリエーション

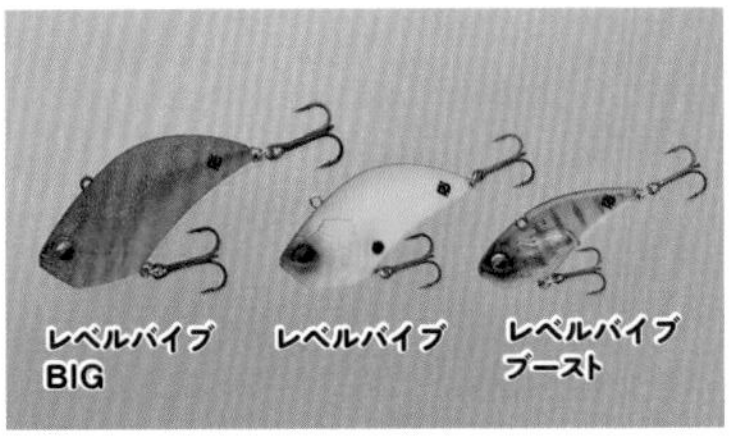

一見すると似た設計になりがちなバイブレーションだが、サイズ感の他にも内部が中空でないものやサスペンドタイプ、フローティングタイプなどのバリエーションが存在する。

サイズ感

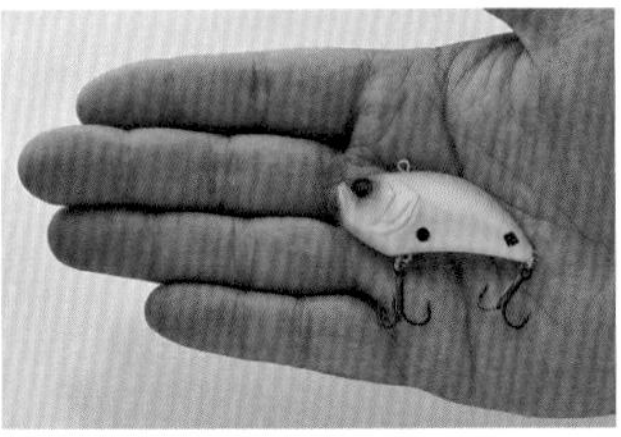

多くの場合、バイブレーションはコンパクトなサイズ感となっている。そのため、シンキング設計と合わさることでほかのプラグにはない圧倒的な遠投性能を有している。

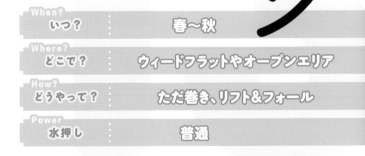

バイブレーション オススメ10選

IKピラーニャ（イマカツ）

薄いボディや、水の抵抗になりつつ独自設計の局所集中ウエイトによる飛び出た下顎が特徴的なバイブレーション。これらの設計により、キャスタビリティやレンジキープ能力に秀でている。ラトル音も強烈だ。

●全長：60ミリ●重さ：13.5グラム

G.G.ザリバイブ67（一誠）

ザリガニが後ろ向きに逃げるさまをリアルな造形で再現した個性的なバイブレーション。フォール中にもアクションする「シミーフォール」で巻いていないときにもバスを誘う。村上晴彦さんのこだわりが凝縮したルアーだ。

●全長：67ミリ●重さ：20グラム

T.D.バイブレーション（DAIWA）

日本における超ロングセラーバイブレーション。基本に忠実なその設計は、よく飛びよく泳ぐ、まさにバイブレーションのお手本的存在。様々なプロアングラーが愛用していることを公言していることからもその実力がうかがえる

●全長：63ミリ●重さ：10グラム

ブザービーター（エバーグリーンインターナショナル）

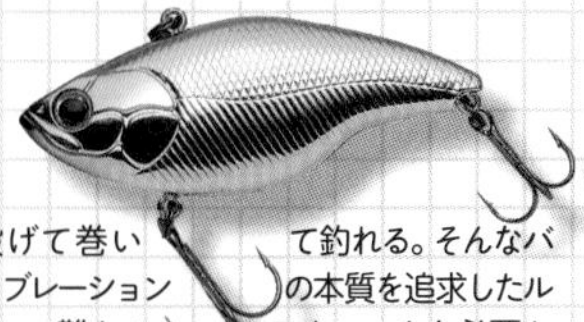

投げて巻いて釣れる。そんなバイブレーションの本質を追求したルアー。難しいテクニックを必要とせず、遠投してストレートリトリーブを繰り返すだけでバスをつれてきてくれるはずだ。広すぎてバスの居所がつかめないときに頼るべし！

●全長：7.2センチ●重さ：18グラム

レベルバイブ（レイドジャパン）

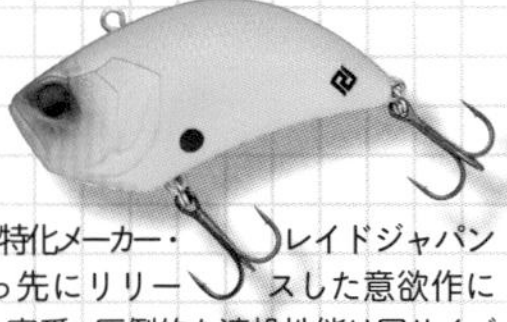

岸釣り特化メーカー・レイドジャパンが真っ先にリリースした意欲作にして大定番。圧倒的な遠投性能は同サイズ帯でもトップクラス。着底時に横倒れしにくいため、根掛かりしにくいのも人気の理由だろう。

●全長：54ミリ●重さ：3/8オンス

MSバイブレーションTG（デプス）

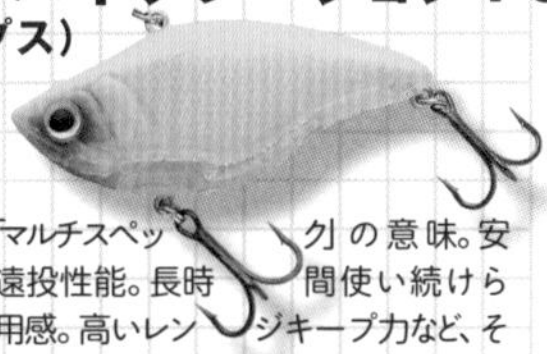

MSは「マルチスペック」の意味。安定した遠投性能。長時間使い続けられる使用感。高いレンジキープ力など、その名の通り、バイブレーションに求められるあらゆる性能を高次元でまとめ上げた逸品。

●長さ：71ミリ●重さ：3/4オンス

TN60（ジャッカル）

魚の口を模したアウトメタルシステムと呼ばれる外部ウエイトを搭載しており、高い遠投性と安定した泳ぎを実現。また、重心が集中することでボトムで倒れにくく、根掛かり回避性能も高い。TNシリーズとしてのバリエーションも豊富。

●全長：60ミリ●重さ：12.7グラム

バイブレーションX ウルトラ（メガバス）

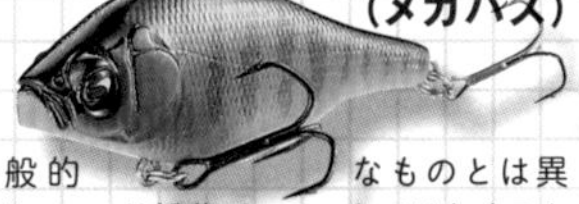

一般的なものとは異なり、ヘッド部分がフラットではなくラウンド形状になっているバイブレーション。重心バランスやボディ全体のデザインでアクションする設計となっている。体側部の艶めかしい曲線も非常に美しい。

●全長：76ミリ●重さ：11/16オンス

TGラトリンジェッター（ノリーズ）

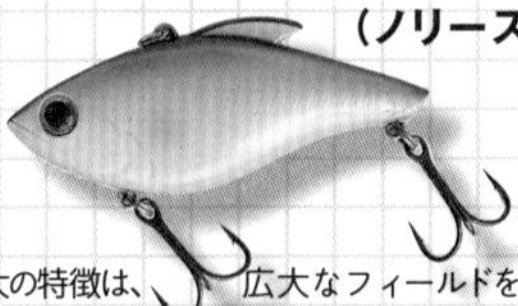

最大の特徴は、広大なフィールドを綿密に攻めきることのできる高いレンジキープ力。ハイスピードリトリーブでも水深3メートル以深を巻くことが可能となっている。その一方で、泳ぎだしにもすぐれるため、スローにボトム付近を狙うことも得意なのだ。

●全長：70ミリ●重さ：16.9グラム

レベルバイブブースト（レイドジャパン）

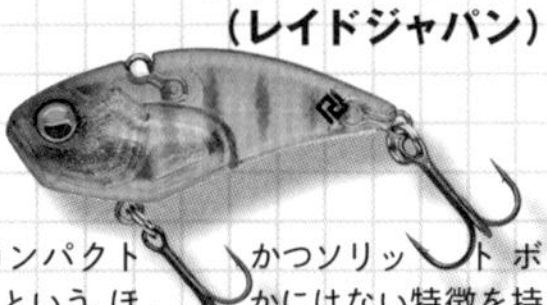

超コンパクトかつソリッドボディという、ほかにはない特徴を持つバイブレーション。その見た目からは想像できないほどの遠投性能や、アクションが唯一無二の武器となるだろう。美しいカラーリングも魅力的だ。

●全長：38〜46ミリ●重さ：5〜11グラム

動きのイメージ

スピード感とハイピッチアクションが信条

素早く沈む物が多く、またアクションが細かいためハイスピードリトリーブでもまっすぐ泳ぎ切ることが可能。そのため、広範囲を探る、リアクションバイトを誘うといった使い方ができるのがバイブレーションの大きな強みだ。また沈むことを活かし、ロッドを大きくシャクってルアーを持ち上げ再び沈める『リフト&フォール』と呼ばれるテクニックも有効。こちらは特に冬の鉄板テクニックとしても知られる。

得意なシチュエーション

ウィードエリアやオープンエリア

障害物をかわせるリップがないため、カバーの近くではあまり使わない。その一方で、他のルアーには無い圧倒的な遠投性能とスピード感を活かし、ウィードエリアやオープンエリアを広く探るのに適する。

低水温期に強い!?

低水温期にバスがボトム付近でジッとしているようなタイミングはバイブレーションの出番。ボトム付近での早巻きやリフト&フォールを駆使し、ボトムにいて食い気のないバスにリアクションバイトを仕掛けられる。

最適なタックル

遠投できてしっかりフッキングしたい

広範囲に投げるため、遠投性に優れて遠くのルアーでもフッキングができる長くてやや強いタックルが使いやすい。ベイト・スピニングはルアーの重さやシチュエーションにあわせてどちらでもOKだ。

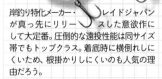

バスフィッシングの花形ともいえるど派手なルアー「ビッグベイト」。その名の通りの大型ルアーだが、使い方は意外にも繊細な部分が多い。
しっかりと把握して、でかバスキャッチを目指そう！

ビッグベイト

Bigbait

HARD

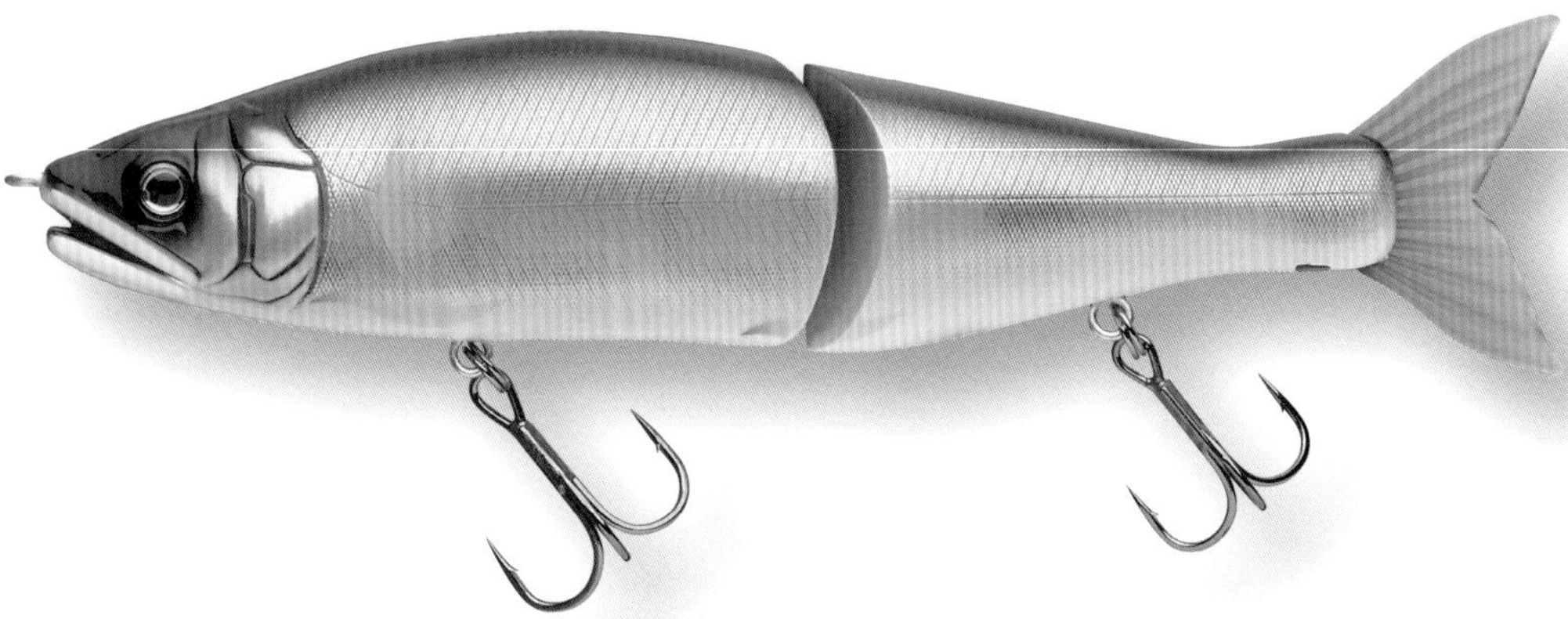

圧倒的なインパクトで勝負！

2000年頃からソフトスイムベイトが流行し、その流れで登場した大型ハードルアー。視覚的にも波動的にもバスに対して強烈にアピールすることができるルアーだ。

タイプは大きく分けて2タイプ。ウエイクベイトやクランクベイトのように使えるリップ付き系と、大きくスラロームして泳ぐリップレスのS字系だ。使い方もアングラー次第な一面もあることから、釣った達成感を得やすく、人気は高い。またビッグベイトはその大きさから小さな魚が反応しにくいため、必然的に大型個体を狙いやすくなることも人気の秘訣だろう。

構成するパーツが少なくシンプルなデザインになりやすいため、フックの大きさや使用するタックルなどで使用感が大きく変わる繊細な一面も持っている。

When? いつ？	1年中
Where? どこで？	カバーの際、バスが見えるところ
How? どうやって？	ただ巻き、ジャーク、トゥイッチング
Power 水押し	弱い～強い

サイズ感

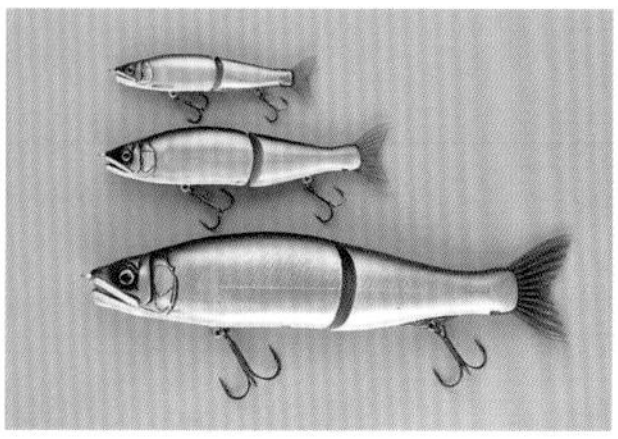

ビッグベイト呼ばれるだけあって多くのルアーよりも平均して大きい。重さでいえば、1オンス以上からビッグベイトと呼ばれることが多い。中には30センチを超えるようなものもあり、ジャイアントベイトと呼ばれることも。

リップ付きとリップレス

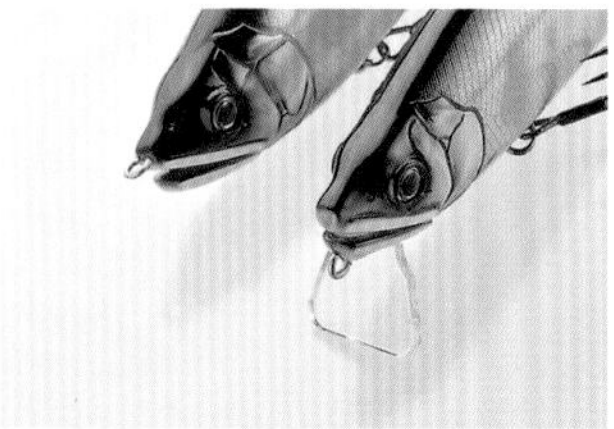

リップのあるものは水を撹拌しやすくマッディウォーターに強い。一方リップレスは水を切るように泳ぐため水を撹拌せず、視覚効果でうったえやすいクリアウォーターに強い。なお、リップの取り外しが可能なルアーも存在する。

テール

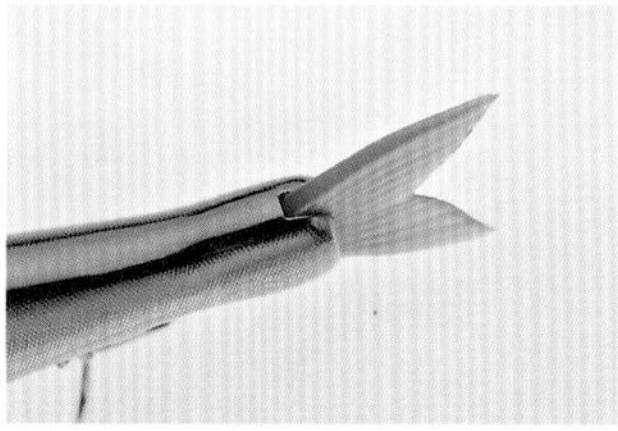

ほとんどのビッグベイトには、軟質素材のテールを取り付けて使用する。ハードルアーのボディにこのパーツが組み合わさることで、生物的な動きとなる。曲がってしまうと綺麗にアクションしなくなるため、保管には気を使いたいところだ。

形状とジョイント

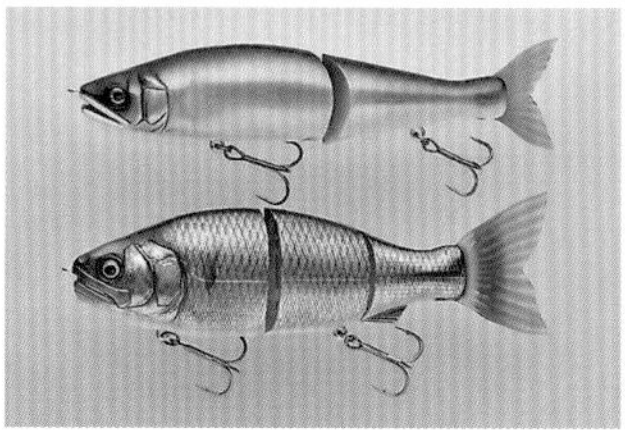

形状は主にアユやニジマスの様な細長いタイプと、フナやブルーギルのように体高のあるタイプにわかれる。またジョイント機構もビッグベイトの特徴であり、複数のボディがつながった構造を採用することで、複雑なアクションや艶めかしい動きを出している。

ビッグベイト オススメ10選

アイスライド186R（メガバス）

メガバスらしい凝ったディティールのビッグベイト。旧モデルからリニューアルしたモデルであり、S字スラロームはもちろん、近年主流となっている水中ドッグウォークにも対応。誰でも動かしやすいうえに、河川やダム湖のバックウォーターといった流れの強いエリアでも安定したアクションを披露してくれる。

●全長：187ミリ●重さ：2.1/4オンス

ギルロイドJr.（イマカツ）

ブルーギルを模した小型のビッグベイト。ハイプレッシャー下でも使いやすい絶妙なサイズ感かつ十分な集魚力を兼ね備えており、その実力ゆえにトーナメンターにも愛用される。特徴的な「ブーツテール」を装備しており、スローリトリーブならスイムベイトのようなストレートな泳ぎ、速巻きならS字系の泳ぎをを披露する。

●全長：13.5センチ●重さ：1.8オンスクラス

ジョインテッドクローシフト183（ガンクラフト）

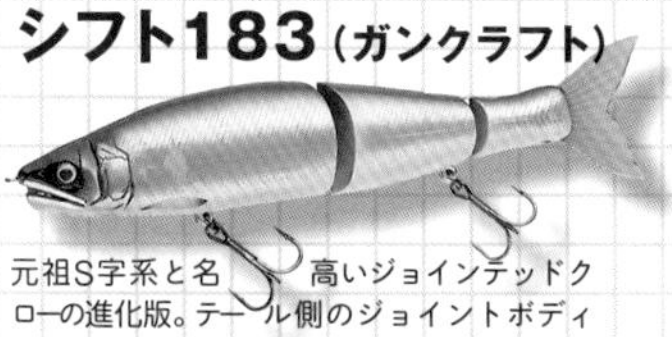

元祖S字系と名高いジョインテッドクローの進化版。テール側のジョイントボディをさらに分割し、エラストマー素材で接続。低速では稼働しないテールの働きで、従来のS字スイミングに加えてファストリトリーブ時にはピッチの早いスイミングアクションを実現。新たな使い方で、ジョイクロワールドが広がる！

●全長：180ミリ●重さ：2オンスクラス

タイニークラッシュ（DRT）

近年の操作系ビッグベイトブームの火付け役。フラットかつ体高のあるボディに可動域の高いジョイントが組み合わさり、移動距離を抑えた水中ドッグウォークを実現。取り外し可能なリップやテールを自由に組み合わせれば、自分だけのお気に入りセッティングがみつかるはず。

●全長：6.6インチ●重さ：2オンス

ヒラトップ140F（ノリーズ）

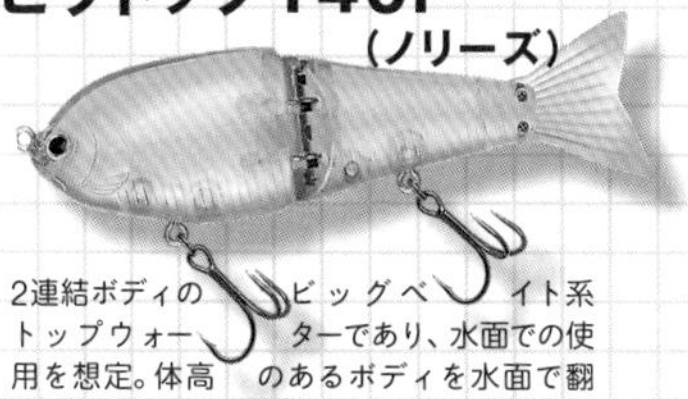

2連結ボディのビッグベイト系トップウォーターであり、水面での使用を想定。体高のあるボディを水面で翻すことで、水を大きく動かすとともに捕食音を発生し、水質にかかわらずパワフルにアピールすることが可能。ジョイント部分にはオリジナル機構を採用し、人工的な接触音が発生しにくいように設計されている。

●全長：137ミリ●重さ：34グラム

MB-1 カスタム175F（ティムコ）

MONKEY BRAIN BAITSのハンドメイドウッドモデル「MB-1」をインジェクション化した、ロッドワークに応じて自在に操れる操作系のビッグベイトだ。最大の特徴は、ジョイント部分の可動域を3段階に調整できる「NTDシステム」。好みのセッティングを見つけてでかバスを攻略するべし！

●全長：175ミリ●重さ：1.5オンス（40グラムクラス）

ジョインテッドクロー 178（ガンクラフト）

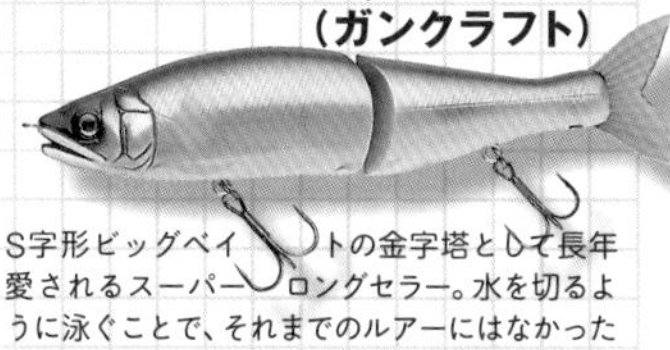

S字形ビッグベイトの金字塔として長年愛されるスーパーロングセラー。水を切るように泳ぐことで、それまでのルアーにはなかった大きなS字スイムを実現。とくに透明度の高いフィールドでは唯一無二のアピール力をほこる。精巧な鮎のディティールは鮎釣りのメッカ・紀の川そばに居を構えるガンクラフトならではだ。

●全長：178ミリ●重さ：2オンスクラス

ダウズスイマー 220SF（ジャッカル）

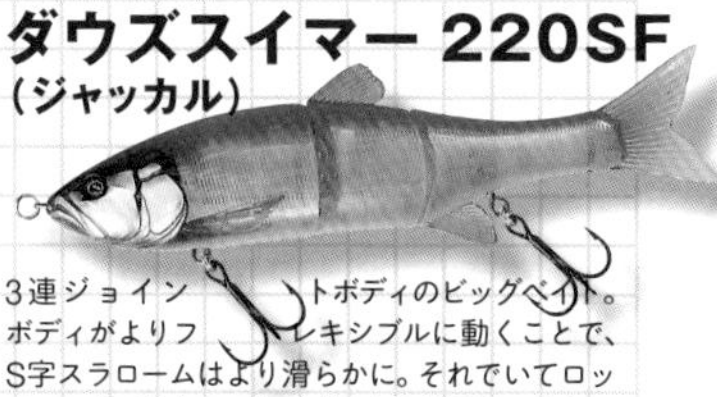

3連ジョイントボディのビッグベイト。ボディがよりフレキシブルに動くことで、S字スラロームはより滑らかに。それでいてロッドワークではキレのあるダートを披露してくれる絶妙な設計となっている。さらに3連ジョイントによりキャスト時の空中回転を抑制し、安定したロングキャストを可能にする。

●全長：180ミリ●重さ：3.6オンス

バラム300（マドネスジャパン）

6オンスを超えるジャイアントベイト。ボディは4連構造で、水面に放置しているだけでも波風で揺れてその存在を艶めかしく主張。足元を高速で泳がせる8の字釣法・エイトトラップⓇでは、ビッグフィッシュが猛烈に反応！ かつてないその破壊力は、一度使うと病みつきになること間違いなし！

●全長：300ミリ●重さ：6オンスクラス

ブルシューター 160（デプス）

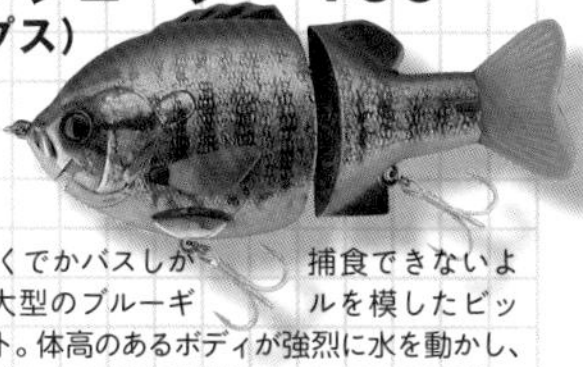

まさしくでかバスしか捕食できないような、大型のブルーギルを模したビッグベイト。体高のあるボディが強烈に水を動かし、モンスターの本能を刺激！ソフトなPVC素材の胸ビレはスイミング時には閉じており、ステイ中は開くことでホバリング状態のブルーギルをリアルに再現しているぞ。

●全長：160ミリ●重さ：3.7オンス

動きのイメージ

主流はS字系! ロッドワークで多彩な演出も可能!

現在もっとも主流となっているリップレスタイプのS字系アクションは、ゆっくりとリトリーブするだけで発生。大きく動くことで、バスにその存在をみつけてもらいやすいアクションだ。リップ付きの場合、ただ巻きで使えばウエイクベイトやクランクベイトのようにぶりぶり泳いで水を撹拌する。近年はどちらもロッドワークで使用することが多く、ダートによるリアクションバイトや、ドッグウォークによる移動距離を抑えた誘いで使われることも。

得意なシチュエーション

カバー周り

非常にアピール力が高いため、カバーを直接狙わずともバスに存在を主張することが可能。ただしバイトに繋がるかは別なので、根掛かりさせない範囲でできる限りカバーのすぐ近くを通したい。

見えバスのサイトにも活躍

小さいワームでは反応しない見えバスに対して、ビッグベイトが効果的な場面は少なくない。直接狙うのではなく、バスの視界にギリギリ入るようにして静かに泳がせるなど、反応を確かめつつ色々なアプローチを試したい。

最適なタックル

しっかりとした専用のものを用意したい

非常に重いルアーになるため、ロッドもリールもパワーのあるものを選びたい。もちろんラインも太く、強いものを選ぶ。特にロッドは各社がビッグベイト対応モデルをラインナップしているので、それを選ぶのが間違いない。

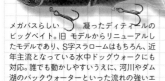

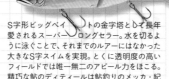

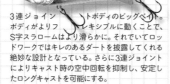

スピナーベイト

Spinnerbait

HARD

一見するとルアーなのかもよくわからない
不思議な形だが、使い手次第では
『一番釣れる』とも語られる
凄いルアーなのだ！

魚に強く主張してガンガン使える！

バス以外の魚のルアーではほとんど見かけないが、バスフィッシングを代表するルアーとも呼べるのが『スピナーベイト』だ。

様々なパーツが組み合わさったルアーであり、そのどれもがバスを引き付ける要素を持ち合わせている集合体だ。そのため、一番釣れるルアーはなにか？という質問に対して「スピナーベイト」の名前を挙げるアングラーも多い。

見た目から使うのが難しいと思われがちだがそんなことはなく、基本はゆっくりとただ巻くだけ。それだけでブレードが高速回転し、ワイヤーとヘッドがバイブレーションを放ち、スカートが揺れて誘うことができてしまうのだ。

常にフックは上向きとなり、ワイヤーの上側がフックを隠してくれるので根掛かりにも強い。

When?	いつ？	春〜秋
Where?	どこで？	カバーの中やそのまわり
How?	どうやって？	ただ巻き、フォール、ずる引きなど
Power	水押し	強い

ブレード

薄い金属板のブレードはゆっくり巻いても高速回転し、フラッシングや激しい振動を発生してアピールする。

多彩な形状と組み合わせが存在！

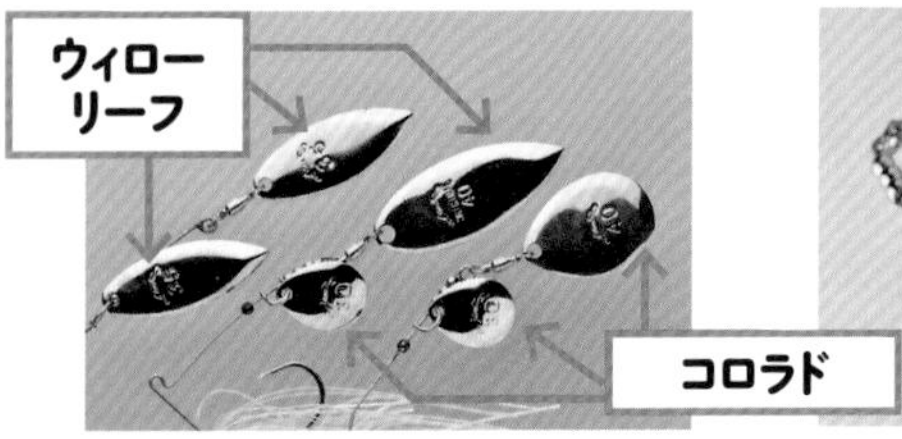

ブレードの形状は細長いウィローリーフ、丸っこいコロラド、その中間のインディアナが主流。組み合わせも様々だ。

ワイヤーベイトと呼ばれることも

針金で形作られているため、ワイヤーベイトと呼ばれることも。上側がアッパーアーム、下側はロアアームと呼ばれる。

ヘッド＋スカート

フックと一体となったヘッドにはスカートと呼ばれる細長いパーツが取り付けられている。常にこの部分が下になって泳ぐことで根掛かりに強いのだ。

スピナーベイト オススメ10選

SV-3 (メガバス)

歴史の長いメガバスのスピナーベイト・Vフラットシリーズの最新作。コンパクトシルエットかつ高強度のワイヤーを使用しつつ、オリジナル設計のブレードで強い撹拌力を持つ。スカートに交じる『HIRAMEN SKIRT』も特徴的。

●重さ:1/4~3/4オンス●タイプ:タンデム、ダブルウィロー、シングルコロラド、シングルウィロー

クリスタルS ディーパーレンジ (ノリーズ)

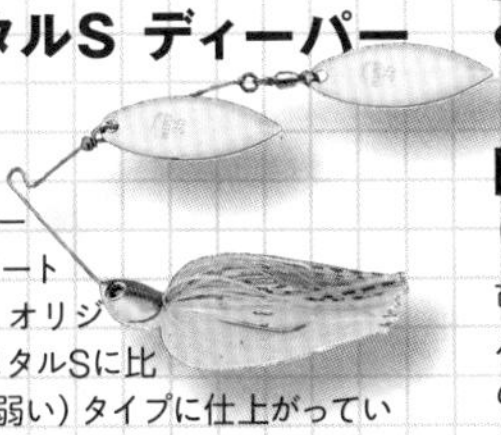

ダブルウィローに細めのスカートの採用など、オリジナルのクリスタルSに比べて(かなり弱い)タイプに仕上がっているスピナーベイト。スレバス狙いやディープレンジ攻略に最適なモデルになっている。

●重さ:1/4~3/4オンス●タイプ:ダブルウィロー

ドーン (ジャッカル)

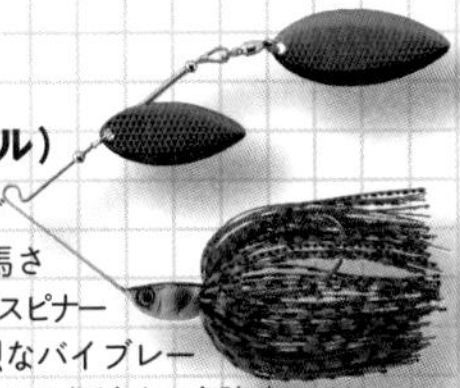

大人気アングラー・秦拓馬さんが手掛けたスピナーベイト。強烈なバイブレーションをしっかりと伝達する高強度ワイヤーを採用。特殊なヘッド形状は根掛かり回避能力を高めつつ、浮き上がりも抑制してくれる。

●重さ:1/4オンス、3/8オンス、1/2オンス●タイプ:ダブルウィロー

Bカスタム (デプス)

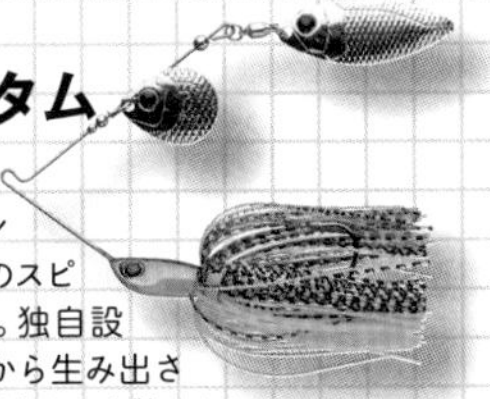

でかバスハンター御用達のスピナーベイト。独自設計のヘッドから生み出される縦揺れがなんとも艶めかしいアクションとなりバスを誘う。引き抵抗やアピール力は比較的大人しいため、フィールドを選ばない。

●重さ:3/8オンス、1/2オンス、5/8オンス、1オンス●タイプ:タンデムウィロー、ダブルウィロー、タンデムコロラド

モード Dゾーン (エバーグリーンインターナショナル)

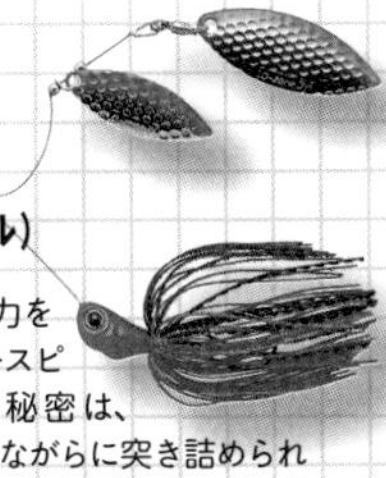

圧倒的なアピール力を持つ超ロングセラースピナーベイト。その秘密は、フォーミュラカーさながらに突き詰められたスペック。特にワイヤーは強度のギリギリまで細くすることで、ブレードの振動を強める効果を持つ。

●重さ:3/8オンス、1/2オンス●タイプ:ダブルウィロー、タンデムウィロー、ダブルインディアナ

クリスタルS (ノリーズ)

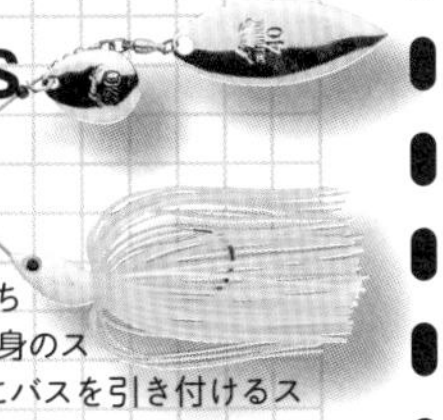

バスフィッシングにパターンフィッシングという概念を持ち込んだ田辺哲男氏渾身のスピナーベイト。強烈にバスを引き付けるスピナーベイトらしさにとことんこだわって作られた逸品で、あらゆる点で優れている。

●重さ:3/8オンス、1/2オンス
●タイプ:タンデム

Dスパイカー (ディスタイル)

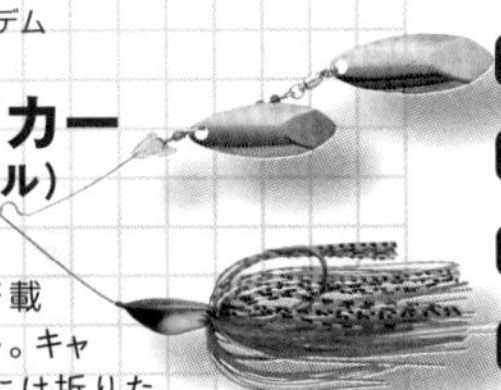

可動式アッパーアーム搭載のスピナーベイト。キャスティング時には折りたたまれることでキャスタビリティを高め、フォール時にもしっかりとブレードが回転してくれるので、常にバスを誘い続けることが可能だ。

●重さ:3/8オンス、1/2オンス
●タイプ:ダブルウィロー

ハイピッチャー (O.S.P)

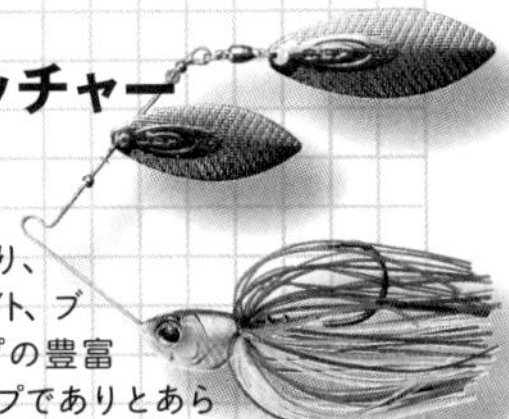

トータル設計に優れており、カラーやウエイト、ブレードタイプの豊富なラインナップでありとあらゆるフィールドに対応。また、タフなコンディションにも強いコンパクト設計なのがありがたい。

●重さ:1/4オンス、5/16オンス、3/8オンス、1/2オンス、5/8オンス、1オンス●タイプ:タンデムウィロー、ダブルウィロー、ダブルコロラド

ビーブル (ボトムアップ)

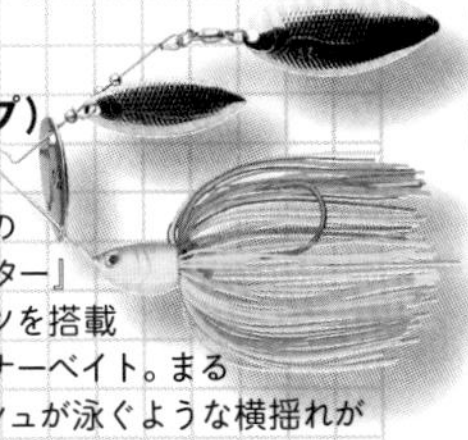

アッパーアームとロアアームの中間に『スプリッター』と呼ばれるパーツを搭載した新機軸スピナーベイト。まるでベイトフィッシュが泳ぐような横揺れが特徴的。ブレードの回転性能が高いため、巻き始めでもしっかりと泳ぐ。

●重さ:3/8オンス、1/2オンス●タイプ:タンデムウィロー、ダブルウィロー

レベルスピン (レイドジャパン)

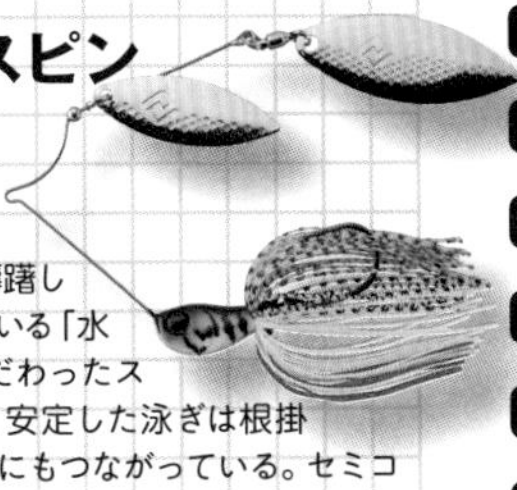

バスがバイトをするさいに躊躇しにくいとされている「水平姿勢」にこだわったスピナーベイト。安定した泳ぎは根掛かりのしにくさにもつながっている。セミコンパクトサイズで岸釣りでも使いやすい。

●重さ:1/2オンスクラス●タイプ:ダブルウィロー

動きのイメージ

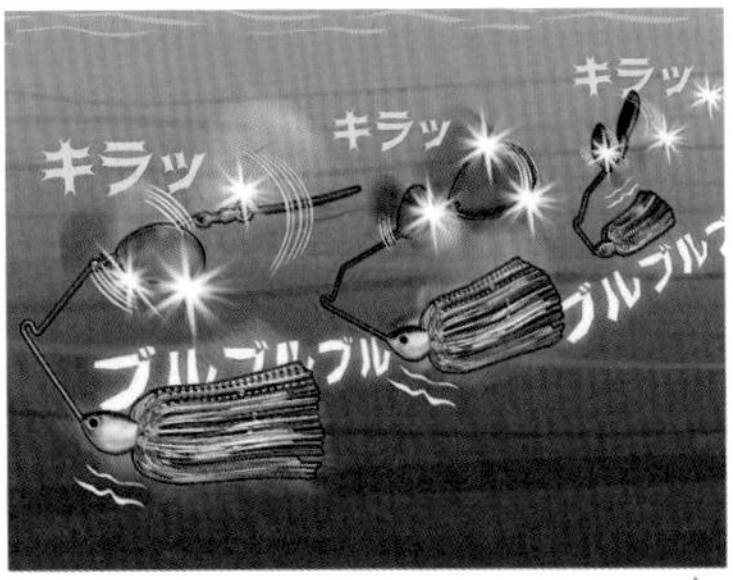

ただ巻くだけでアピール

スピナーベイトの基本はリーリング。ただ巻くだけでしっかりと魚を誘ってくれるのだ。ブレードの組み合わせで特性が変わりやすく、ウィローリーフブレードを2つ組み合わせたダブルウィロータイプならフラッシング効果が高く、バイブレーションが強いコロラドを2つ組み合わせたダブルコロラドなら水押しが強い。その中間のウィロー+コロラドのタンデムウィロータイプはバランスがいい。どの要素が欲しいかで使い分けよう。

得意なシチュエーション

あらゆる場面で

根掛かりに強く、ただ巻いているだけでバスを引き付けられるスピナーベイトは使い所を選ばない。中でも障害物周りは大得意だ。

薄暗いときや波立っているとき

アピール力が高いので、薄暗い時や波立って濁った水には特に強い。「風が吹いたらスピナーベイト」という格言もあるくらいだ。

最適なタックル

投げやすい竿がオススメ

引き抵抗がそれなりなため、ベイトタックルが主流。障害物周りを狙うことを考えると、適度に曲がって正確に投げやすいレギュラーアクションの竿が扱いやすい。

ラバージグにブレードが取り付けられたようなデザインのルアー。
巻くだけで他のルアーにはない、強烈な音と振動を発生。
歴史の浅いルアーだが、その釣果が世の中への浸透を後押しした!

ブレーデッドジグ

Bladed Jig

HARD

まだまだ歴史の浅い巻きモノルアー

100年以上も続くバス釣りの歴史には、様々なルアージャンルが存在している。そんな中、2000年代に登場し、新しいジャンルとして定着したのが「ブレーデッドジグ」だ。

ラバージグのアイにブレードが直接取り付けられたような形状で、ソフトベイトをトレーラーとしてセットするのが基本。リーリングすることでブレード部分が水の抵抗を受けてジグを中心に左右へと倒れ込み激しい接触サウンドを発生。それに連動してスカートやトレーラーワームが揺れ動くことでもバスを誘うことができるシンキングタイプの巻きモノ系ルアーだ。

「チャターベイト」の名称でも知られているルアーだが、こちらはアメリカZ-MAN社の製品名。一般名詞としては『ブレーデッドジグ』と呼ばれている。

When? いつ?	春～秋
Where? どこで?	シャローフラットやストラクチャー周り
How? どうやって?	ただ巻き、ロッドワーク
Power 水押し	やや強い

ブレード

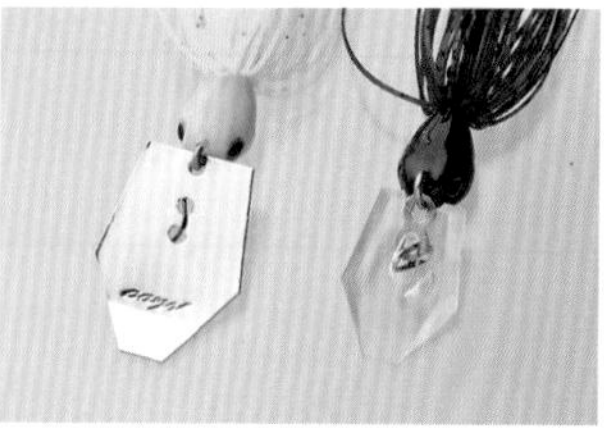

ジグのアイにブレードが直結されているのが一般的な特徴。大きいほど激しく動き、同じスピードで動かしても浮き上がりやすくなる。ブレードの種類は金属が多いが、樹脂製のものも存在する。

トレーラーワーム

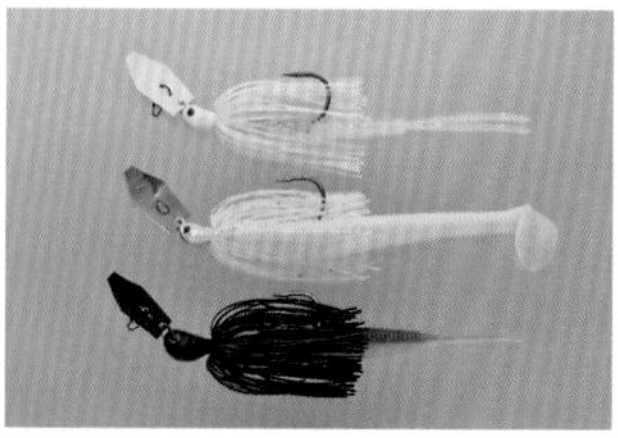

ソフトベイトをセットして使用することがほとんど。パーツ数が少ないワームほど早巻きで使いやすく、多いほどゆっくり巻けてなおかつハイアピールになる。

サイズ感

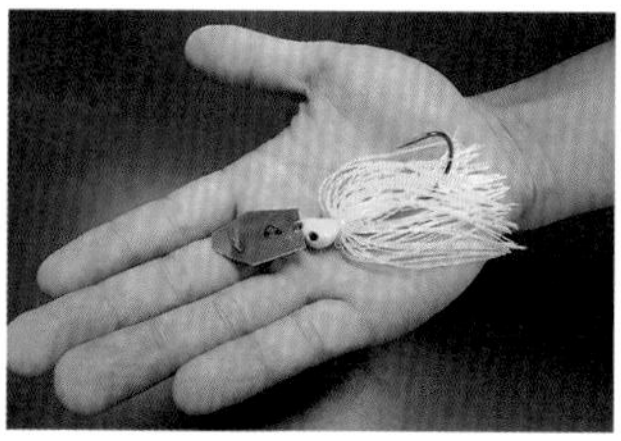

ラバージグのような見た目なので、サイズ感はさほど大きくはない。そのため、組み合わせるトレーラーワームのボリュームによって、その印象が大きく変わる。

ヘッド

形状は様々だが、1/4~3/4オンス程度のウエイト設定になっていることが多い。重いほど同じレンジを速く巻くことができ、軽ければ浅いレンジをゆっくりと巻くことが可能。

ブレーデッドジグ オススメ10選

AKチャター（一誠）

ハイアピールのブレーデッドジグの魅力を突き詰めた逸品。オリジナル設計の極薄ロングブレードがしっかりと水をつかんでアクションを発生する。安定性の高いヘッド形状をしており、着底時の根掛かりにも強いのがありがたい。

●重さ：10/13/21グラム

ジャックハンマー SB（エバーグリーンインターナショナル）

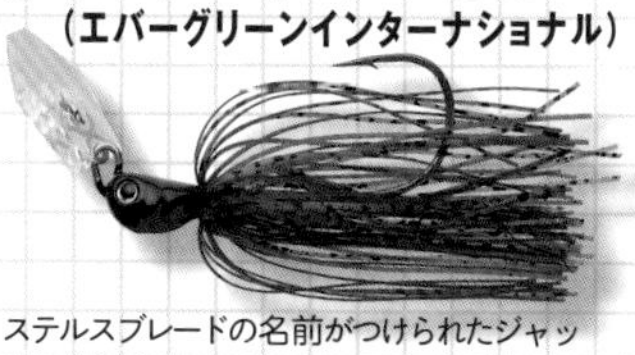

ステルスブレードの名前がつけられたジャックハンマー。その名の通り、ポリカーボネート製のクリアブレードを搭載している。オリジナルモデルよりもさらにハイピッチなアクションと、静かな波動や独自のサウンドが魅力的だ。

●重さ：3/8、1/2オンス

フラチャット ネイキッド（ノリーズ）

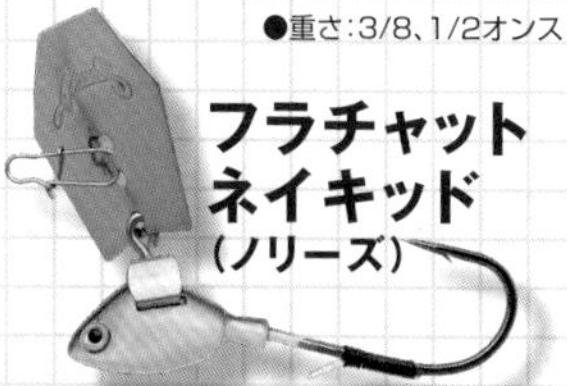

特徴的な突き出たヘッド形状がリップのような役割を果たし、一定レンジをキープしやすいブレーデッドジグ「フラチャット」のスカートレス仕様。トレーラーワームの幅が広がり、シルエットやサイズ感をベイトに合わせやすくなっている。

●重さ：12グラム

ブレイクブレード（ジャッカル）

幅広いリトリーブスピードに対応する高バランス設計かつトレーラーに応じて性質を変えられる優れもの。形状記憶V-3ワイヤーガードを搭載しているので、スナッグレス性能にも優れる。ブレードはウエイト毎に専用設計だ。

●重さ：3/16、1/4、3/8、1/2オンス

ラピッツブレード（DAIWA）

大型河川を攻略するべく開発されたブレーデッドジグ。横方向へと張り出したヘッド部分にダウンフォースが働き、流れの中で泳がせてもバランスを崩しにくい。また、大型のブレードから発せられるハイパワーアクションも抑制してくれる。

●重さ：3/8、1/2、5/8オンス

ジャックハンマー（エバーグリーンインターナショナル）

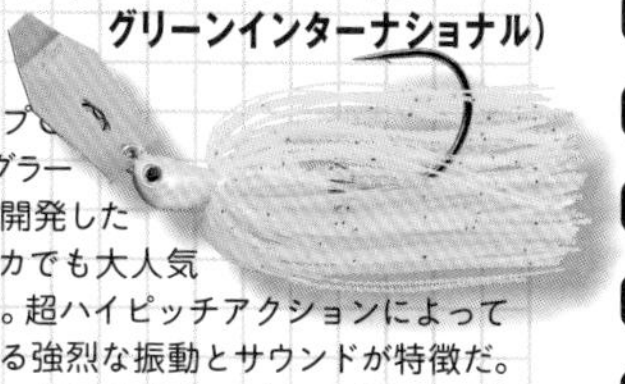

日米のプロアングラーが共同開発したアメリカでも大人気の名品。超ハイピッチアクションによって発生する強烈な振動とサウンドが特徴だ。リーリングする手元にもしっかりとその動きが伝わるので、操作性にも優れている。

●重さ：3/8、1/2、3/4、1.2オンス

チャターベイト（Z-MAN）

ブレーデッドジグの元祖。「おしゃべり」といった意味を持つChatterの名前の通り、けたたましいサウンドを発生するジグ系ベイト。2006年に行われたアメリカの大会のウィニングルアーとなったことで一躍脚光を浴びることとなった。

●全長：49ミリ●重さ：7グラム

O.S.P ブレードジグ（O.S.P）

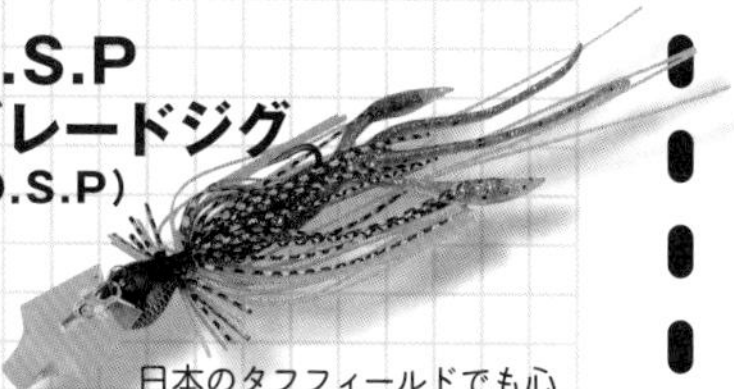

日本のタフフィールドでも心強い特殊なアピール力を持つブレーデッドジグ。最大の特徴である樹脂製ブレードが、ハイアピールルアーが苦手としていたシチュエーションをカバー。生命感のあるアクションでスレバスを魅了する。

●重さ：7、11、14、17.5グラム

スーパーモグラチャター TG ウォブルマックス（イマカツ）

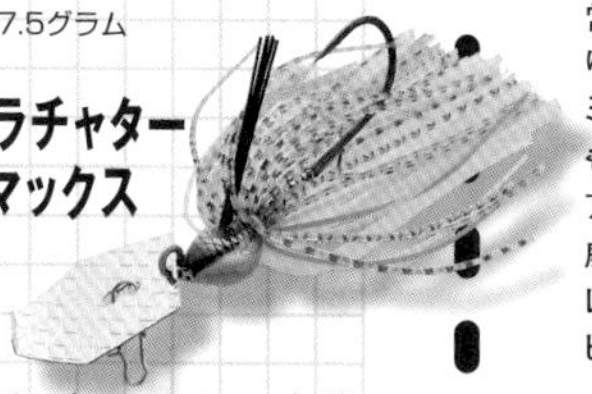

ヘッド部分に高比重の焼結タングステンを使用することで、シルエットが徹底的にコンパクト化されたブレーデッドジグ。ブラシガードを搭載することでカバーにも強い。パワフルアクションの「ウォブルマックス」に対してハイピッチの「ピッチマックス」もラインナップ。

●重さ：10グラム

ロビンブレード（メガバス）

最大の特徴は、センターが折れ曲がったブレード。この設計により、通常のブレードよりも早いタイミングで水をつかんでハイピッチアクションを発生。高い直進安定性にも貢献している。ビッグフィッシュにも対応する大型フックを搭載している。

●重さ：3/8オンス

動きのイメージ

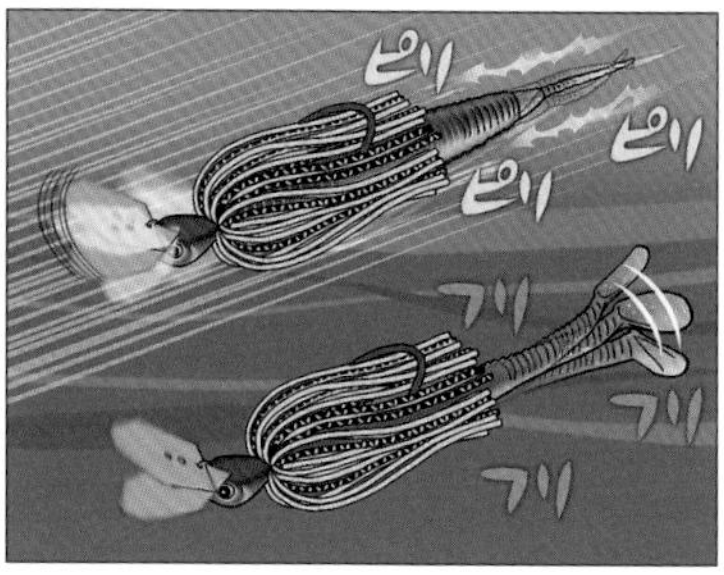

ハイスピードで騒ぎ立てる

ただ巻くだけでブレードが激しく動くのでストレートリトリーブが基本。トレーラーの形状によって、扱いやすいスピード感やアクションの質が変わることも。また、動きの安定感においては2タイプに分かれており、ハイスピードでも一直線に泳いでくる直進安定性に優れるタイプと、スピードを速めるとフラつくような脱軌道で食わせのキッカケを生み出す千鳥アクションタイプがある。

得意なシチュエーション

障害物周りやウィードエリア

根掛かりには決して強くはないのでキャスティングの精度は重要になるが、アピール力が高いため、複雑な障害物の周りやウィードエリアなど、見通しの効きにくいシチュエーションでもバスに存在を主張しやすい。

濁り

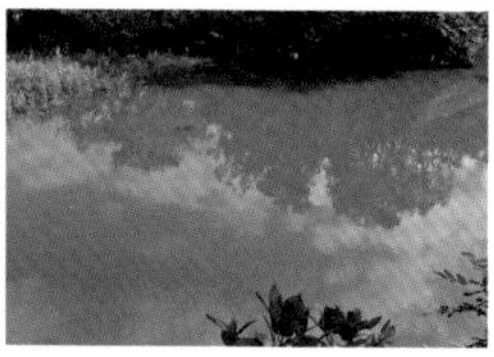

雨の後のにごり始めなど、通常の水色に濁りが入ったタイミングにおいても、その高いアピール力が威力を発揮。トレーラーもパーツの多いものを選べば、さらにアピール力を向上できるはずだ。

最適なタックル

フッキングパワーの伝わるロッド

しっかりとしたシングルフックを持つブレーデッドジグの場合、フッキングパワーが伝わりやすいしっかりとしたベイトタックルが有効。M ～ MH程度のパワーを持つロッドが最適と言えるだろう。

多くのハードルアーはプラスチック樹脂を使用しているが、
中には金属主体のルアーも存在する。
ここではそれらを「メタル系」とまとめて紹介しよう。

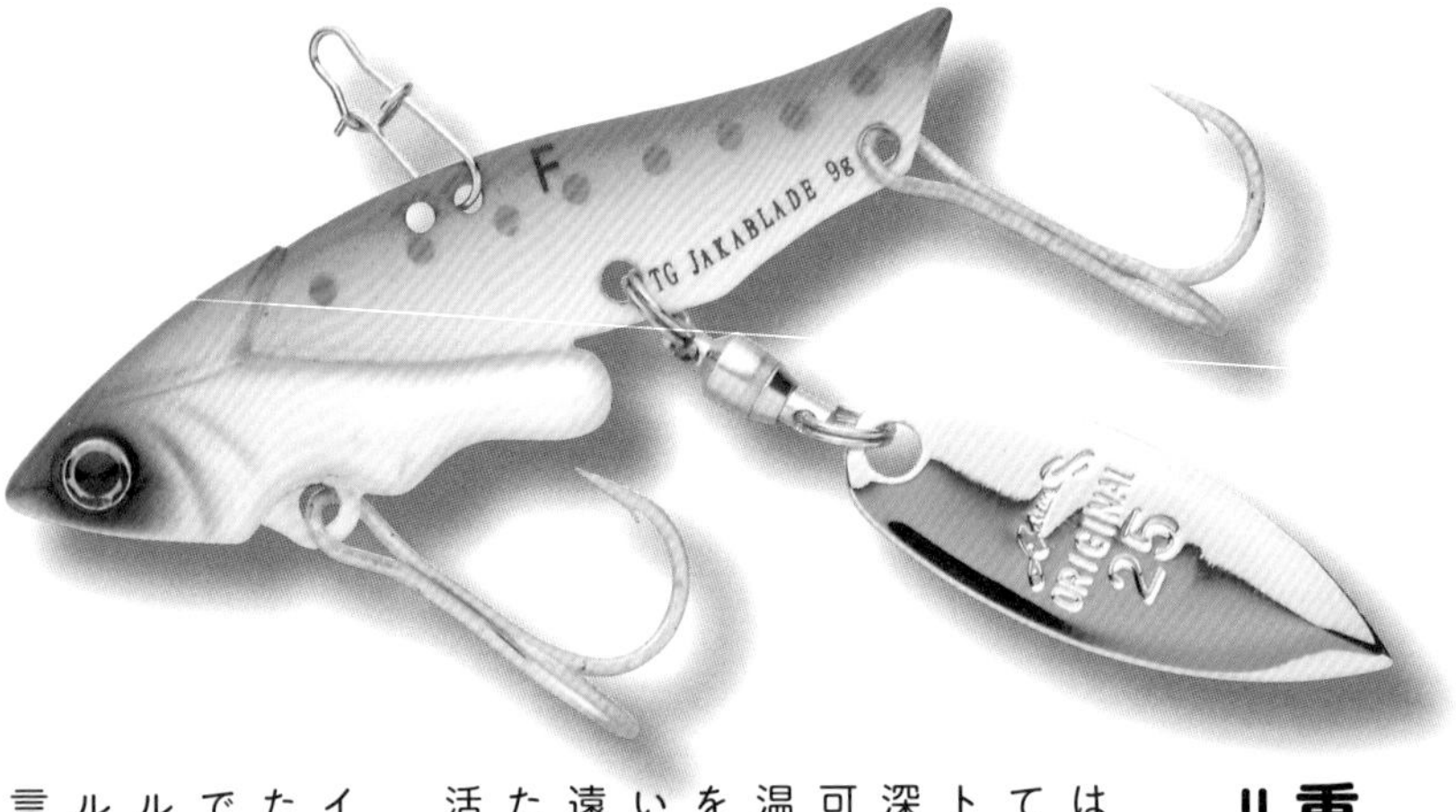

Metal

HARD

メタル系

重いから速く沈む＝深場を狙いやすい

全身金属でできているメタルルアーは、ABS樹脂のプラグなどと違って比重が遥かに高いため、コンパクトなサイズ感でもあっという間に水深の深い場所まで沈めていくことが可能。つまり、寒い時期や逆に高水温期にも水温の安定した深いレンジを簡単に狙えるという特徴をもっているのだ。また、重いということは遠投性能の良さにもつながっているため、岸釣り、ボート釣り問わず、活躍する機会は多い。

メタルルアーは大きく分けて4タイプ。薄い金属板でボディが作られた『メタルバイブ』、海のルアー釣りではおなじみの『メタルジグ』、テールに回転するブレードがついた「テールスピンジグ」、ルアーの原点とも言える「スプーン」があり、それぞれ特性は大きく異なっている。とはいえどのタイプも重いからこそのスピード感が強みになる点で共通する。

When? いつ？	真冬・真夏
Where? どこで？	深場
How? どうやって？	ただ巻き、リフト&フォール
Power 水押し	弱い〜強い

メタルバイブ

TGジャカブレード

バイブレーションの様なシルエットをもった金属製の板に、ウエイトが取り付けられたルアー。アクションの質はバイブレーションより強力で、リフト&フォールでの使用が一般的。根掛かり回避のためにダブルフックを標準装備していることが多い。「鉄板系」も呼ばれることも。

メタルジグ

メタルワサビー

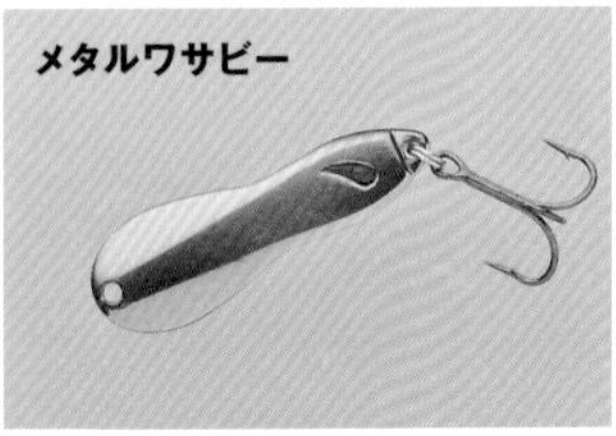

細長い形状の金属製ルアーであり、ソルトルアーゲームにおける定番中の定番。バス釣りでは、ボートから真下の深いレンジを探るために使われることが多い。ただ巻きではほとんど泳がないので、ロッドをあおる「シャクリ」という動作で動かすことが一般的。

テールスピンジグ

インザベイト

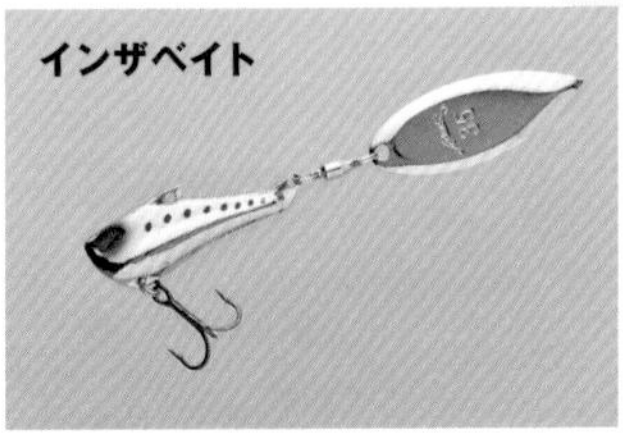

その名の通り、テールにスイベルを介したブレードが取り付けられたルアー。ボディ部分はほとんど動かないものの、ブレードが回転することで、振動やフラッシングを発生する。メタル系ルアーの中では浅い水深で使いやすく、シャローを広く探るのにも使われる。

スプーン

ダイラッカ

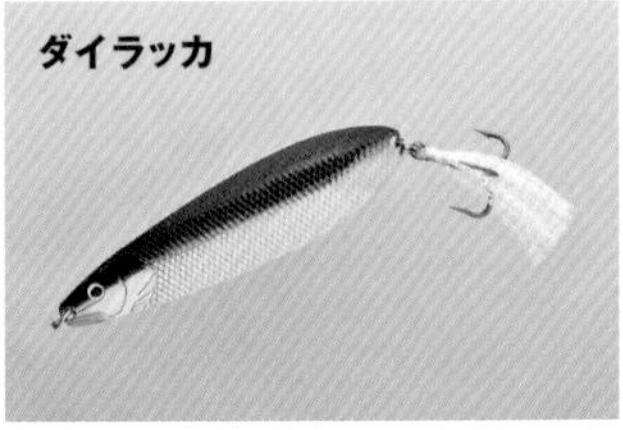

ルアーの起源とも言われる歴史あるタイプのルアー。薄く湾曲した金属片が水を受けてヒラヒラとアクションする。バス釣りでは深いレンジで大きなアピール力を発揮する大型のスプーンを用いることが多く、「ビッグスプーン」や「マグナムスプーン」とも呼ばれる。

メタル系 オススメ10選

オーバーライド（O.S.P）

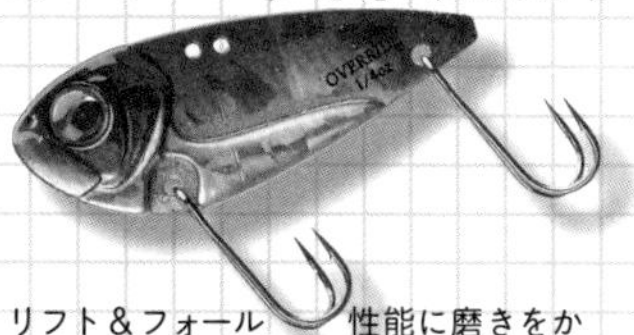

リフト＆フォール性能に磨きをかけたO.S.Pのメタルバイブ。ハイレスポンスかつハイピッチな泳ぎだしにより抜群のリフト感を誇り、フォールではランダム方向への「スライドフォール」を披露。軌道が読みづらく、バスに見切られにくいのだ。

●全長：35〜52ミリ●重さ：3.5〜14グラム

ショーティー（ホプキンス）

往年の名作メタルジグといえばこれ。古くから冬場の定番メソッドとして知られており、衰えないその実釣能力は、高い完成度の証だろう。表面の凸凹面は光を乱反射し、強すぎないナチュラルなフラッシングを生み出す。

●重さ：1/8〜1/2オンス

デラクー（ジャッカル）

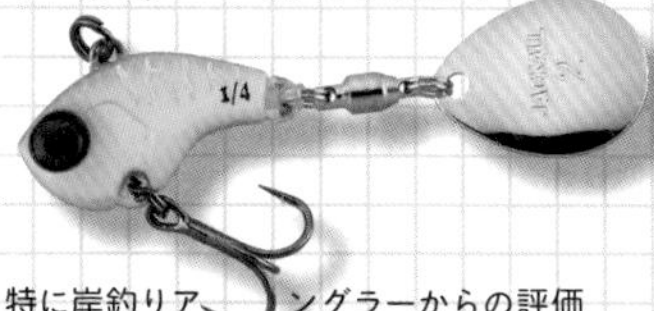

特に岸釣りアングラーからの評価が高い、ジャッカルのテールスピンジグ。オリジナル設計のブレードと連結ベアリングスイベルを組み合わせることで、驚きの回転性能を実現。チューブで固定することで、ライン絡みも最小限に抑えられている。

●重さ：1/4オンス〜1オンス

メタルワサビー（ノリーズ）

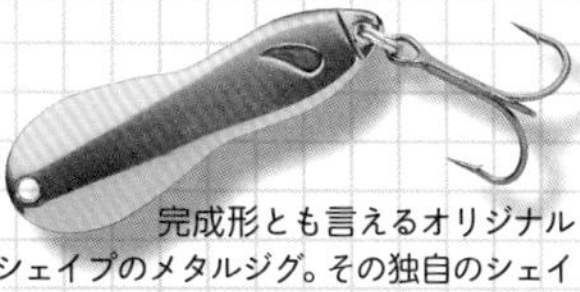

完成形とも言えるオリジナルシェイプのメタルジグ。その独自のシェイプからは、スライドアクションとウォブリングフォールを同時に発生。ボディとフックがぶつかり合うことで発生するサウンドまでも計算に含まれた設計となっているのだ。

●重さ：4〜18グラム

リトルマックス（エバーグリーンインターナショナル）

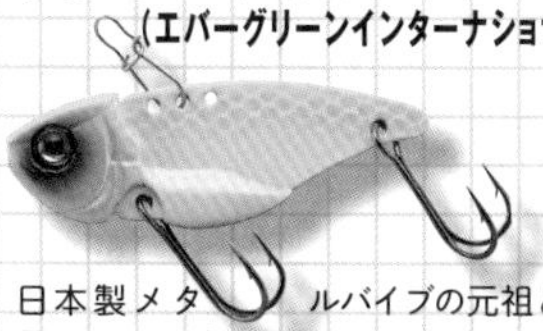

日本製メタルバイブの元祖とも言えるロングセラーアイテム。低温期などのタフなシチュエーションでも無理やり口を使わせられる、コンパクトかつ高レスポンスアクションに設計。オリジナルダブルフックは根掛かりにも強い！

●全長：3.5〜5.5センチ●重さ：1/8〜1/2オンス

グルカナイフ（デプス）

跳ね上がったテールが特徴的なマグナムスプーン。一般的なスプーンとは異なり、グルカナイフはフラット面4面から構成されている。そのため、大型ベイトフィッシュのような強烈なフラッシングを放つことが可能なのだ。

●長さ：242ミリ、165ミリ●重さ：4.7オンス、2オンス

ダイラッカ（ノリーズ）

水深5〜10メートルのディープレンジを効率的に勝負できるビッグスプーン。ウォブリングしながらのイレギュラーバックスライドフォールで、広範囲にその存在をアピールすることが可能。しっかりとボトムを取ってからの縦ジャークが基本テクだ。

●全長：120ミリ●重さ：38グラム

バイブレーションX ダイナレスポンス（メガバス）

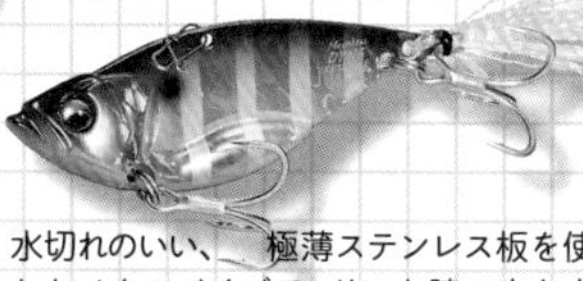

水切れのいい、極薄ステンレス板を使用したメタルバイブで、リフト時の立ち上がりは抜群！ティンセルテールは生命感のあるフラッシングだけでなく、リアフックがラインに絡んでしまうトラブルを抑制する。

●全長：49〜58ミリ●重さ：1/4〜1/2オンス

ライオットブレード（ティムコ）

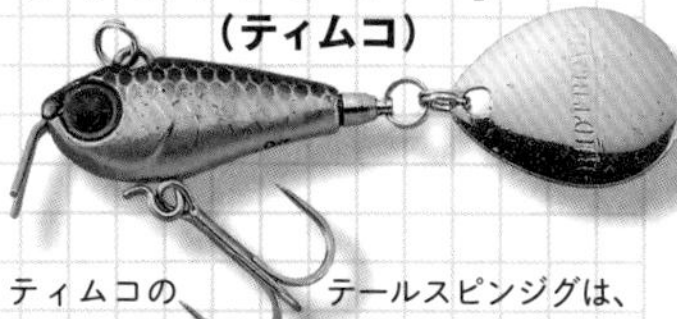

ティムコのテールスピンジグは、ボディ先端にヒゲのようなパーツがついた変わり種。この部分がガードとなり、まるでクランクベイトのように障害物を回避することが可能！　もちろん、コンパクトかつ遠投性能抜群で、ただ巻きだけでしっかり釣れる！

●全長：5.8センチ●重さ：5グラム

ワカサギマジックスプーン（イマカツ）

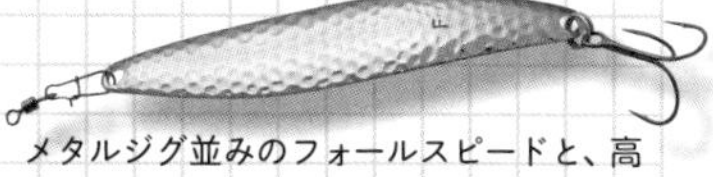

メタルジグ並みのフォールスピードと、高い操作性を実現した次世代ビッグスプーン。フリーフォールではハイピッチロール＆ジグザクスライドで食わせの間を取りながらフォール。テンションフォールなら高速スライドフォールで素早くボトムをとれるのだ。

●全長：125ミリ●重さ：40グラム

動きのイメージ

ボトム付近を多彩にアプローチ！

どのタイプも素早く沈むため、深いレンジやボトム付近を狙うのにうってつけ。多くの場合、テールスピンジグは狙ったレンジまで沈めのストレートリトリーブで横方向を探るのが得意。一方、メタルバイブ、メタルジグ、スプーンはシャクリやリフト&フォールで縦方向に動かすことで、移動距離を抑えてのアプローチを得意とする。そのスピード感で、リアクションバイトを誘発させることが多い。

得意なシチュエーション

真夏・真冬

水深の深い場所は水温が安定しやすいため、真夏や真冬のように水温が極端なタイミングでバスが集まりやすい。素早く沈められるメタルルアーなら、そういった水深のエリアを効率よく狙える。

岸からなら遠投性が武器に！

コンパクトなシルエットで十分な重量を持つテールスピンジグやメタルバイブは岸釣りでも活躍！優れた遠投性能を誇り、ため池の最深部を狙ったり、広大なシャローフラットを効率よく探れる。

最適なタックル

重さに負けない張りのあるロッド

メタルルアーのスピード感をしっかり出すために、ロッドは使いたいルアーの重さに負けない張りのあるロッドを使いたい。遠投やディープでの釣りとなるため、PEラインを使用するのがオススメ。

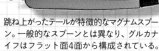

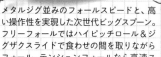

当初はハードルアー（いわゆるビッグベイト）も混同していたが、軟質素材で大きく水を動かすテールという共通項でカテゴリーされたスイムベイト。存在感や動きはライトリグの対極だが、どちらもバスにとってはエサになる。

スイムベイト

力強いテールの動きで大型を誘う

スイムベイト＝泳ぐエサが意味する通り、魚のようなシルエットでバスのエサをイミテートしたソフトベイト。

柔軟なボディと独特のテール形状で強く大きく水を動かし、濁りの中や遠くにいるバスにもアピールできるのが特徴。ボディサイズも大きいことが多いが、小型のサイズでもしっかりとテールを振ってアピールし、ワームのようなシングルフックやフックが収納されるシステムなども採用されていることが多い。そのため、警戒心の強いバスもためらわずに口を使ってくれるだろう。

でかバスからスレたバス、数釣りまでと対応でき、操作法も基本はただ巻きオンリーと、使い手を選ばないのも嬉しい。

When? いつ？	春～冬
Where? どこで？	中層／岸沿い
How? どうやって？	ただ巻き
Power 水押し	強い

素材

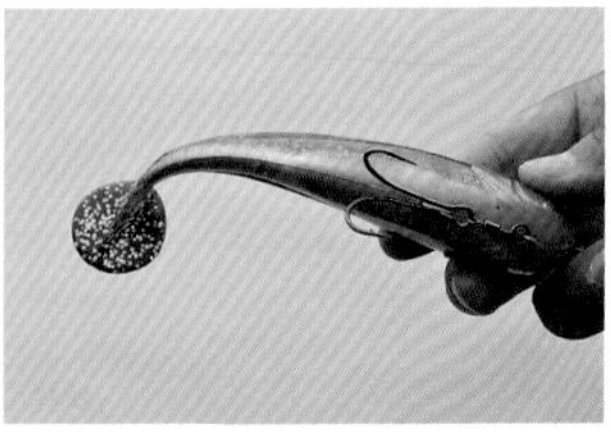

ワームのような柔らかい素材（ワームと同じ素材ではないことも）で、生き物のような触り心地。バスがバイトした時の違和感も少なく、フッキングにゆとりが持てる。

フックタイプ

軟質素材にフックをセットするその構造は、メーカーによって異なるのが特徴。トリプルフックやシングルフック、ダブルフックの逆付けなど様々だ。

テール形状

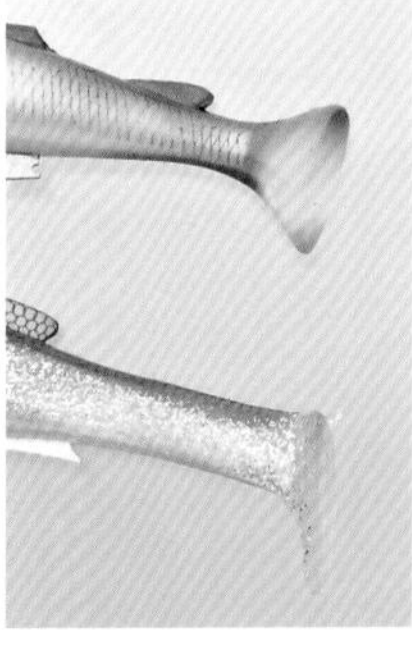

シャッドテールと呼ばれる、ボディからくびれて細くなり、扇のような尻尾を持つタイプや、魚の尾びれの形をした膨らんだテール形状などが存在する。

サイズ感

魚をモチーフにしているが、シルエットは細身ではなく太くて存在感は強い。小魚とは到底呼べない巨大なサイズもあり、でかバスにはめっぽう強い。

スイムベイト オススメ10選

オサカナスイマー125（レイドジャパン）

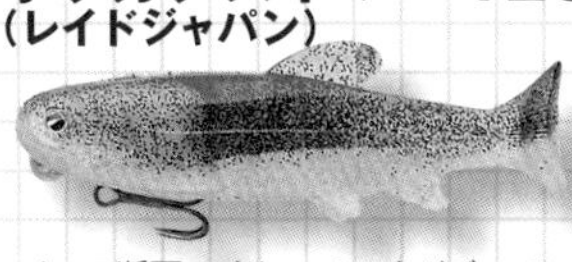

スクエア断面のボリューミーなボディ、テールはもちろんヒレに至るまで水かみを意識したパーツで生命感あふれる動きを演出する。内部のパイプを介してセットするフックは背と腹のどちらにもセットが可能となっている。

●全長:125ミリ●重さ:35グラム●フックタイプ:トレブル/背・腹

ダンクル（ジャッカル）

対応レンジは水面からボトムまで。キモとなるテールアクションは強すぎないウォブンロールに設定。背と腹どちらでもフックを固定でき、安定した泳ぎとフッキング性能を実現した。アシストフックをセットできるパーツも嬉しい。

●全長:7インチ●重さ:62グラム●フックタイプ:ダブル/背・腹

ハドルトラウト（ハドルストン）

ハドルテールと呼ばれる独自のテールの構造でジャンルを確立したアメリカンオリジン。ニジマスをモチーフにしているので、ボトム付近をスローに巻けば低水温期にも効果を発揮する。6インチ前後が日本にはマッチする。

●全長:6インチ●重さ:2オンス●フックタイプ:シングル/背

マグドラフト6（メガバス）

ウォブンロールをベースにした、ハイピッチアクションが特徴。独自のマグホールドシステムによってボディとフックが一体化し、違和感を解消している。6インチのほか、5、8、10インチとサイズバリエーションも豊富だ。

●全長:6インチ●重さ:1-1/4オンス●フックタイプ:トレブル/腹

ラストエース140スイム（エバーグリーンインターナショナル）

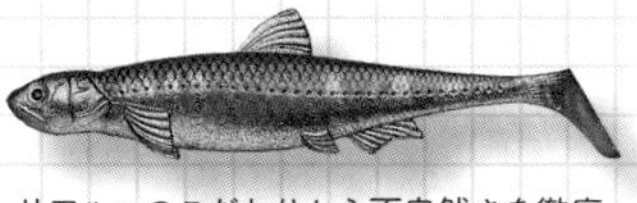

リアルへのこだわりから不自然さを徹底的に排除。アクションをコントロールする6枚の3Dリアルフィンはもとより、フックの装着法としてラインアイではなくラインスルーシステムを導入するなど、その作り込みは圧巻だ。

●全長:140ミリ●重さ:22グラム●フックタイプ:トレブル/腹

ギルフラットスイマー（一誠）

ブルーギルをモチーフにしたS字を描く中空成形の多関節ボディで、背中の空洞部分によって浮力を調整できる。独自開発の内部構造を持ち、繊維を挿入した素材を使用しているので、ジョイント部分も含め高い耐久性を誇る。

●全長:145ミリ●重さ:58グラム●フックタイプ:トレブル/腹

デビルスイマー（シグナル）

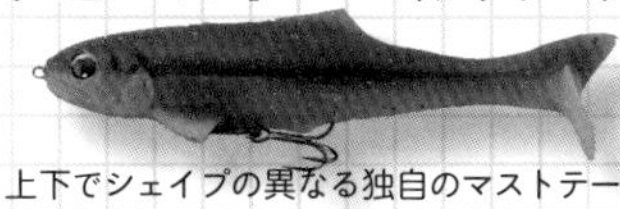

上下でシェイプの異なる独自のマストテールの揺らめきが刺激的な水流を生み出す。サイズ違いの6インチ、7インチ、デッドスローに特化した6.5インチの3タイプ。ボディの上下で異なる素材を使っているのもこだわりだ。

●全長:6インチ、6.5インチ、7インチ●重さ:1オンス(6、6.5)、1.5オンス(7)●フックタイプ:トレブル/腹

ヘッドボム（10フィートアンダー）

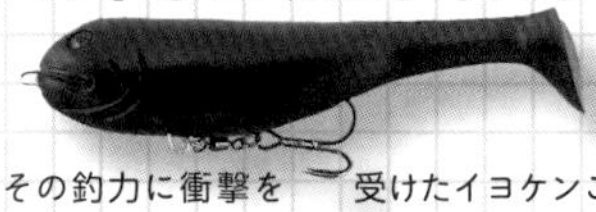

その釣力に衝撃を受けたイヨケンこと伊豫部健氏が、釣れる要素を取り込んでいち早く開発した日本向けスイムベイト。上部が平らなのは手作り（ハンドポワード）の証だ。現在ではサイズ違いなど多くの派生モデルを生んでいる。

●全長:145ミリ●重さ:67.5グラム●フックタイプ:トレブル/腹

ユニオンギルスイマー（フラッシュユニオン）

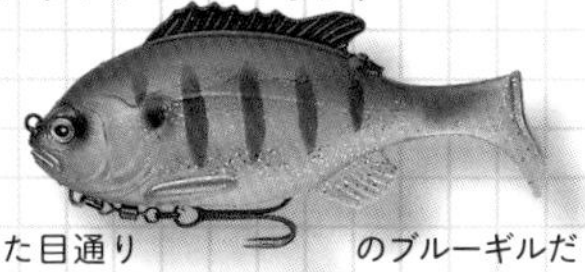

見た目通りのブルーギルだが、最大の特徴はフローティングモデルであること。内部は硬く外側は柔らかいコア構造に仕込まれた、縦扁平ボディをバランス良く浮かせるための独自のシステムにより、リアルさが増幅している。

●全長:95ミリ、130ミリ●重さ:25グラム、55グラム●フックタイプ:トレブル/腹

レイジースイマー（イマカツ）

立体構造のデモンテールを搭載したデッドスロー特化モデル。基本はただ巻きだが、テールをカットすることで鋭いダートアクションの演出も可能だ。腹と背の両方にフックを搭載し高いフッキング率も確保。眠そうな目も愛らしい。

●全長:156ミリ●重さ:48グラム●フックタイプ:シングル・トレブル/腹・背

動きのイメージ

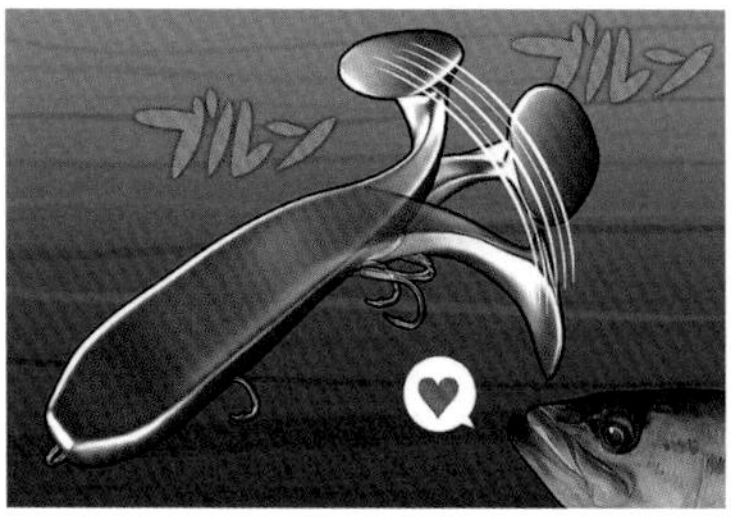

ゆっくりじっくりとテールを動かす

ただ巻きによって特徴的なテールをブルンブルンと左右させて水を大きく動かす。早巻きでテンポ良くよりも、ゆっくりとしたスピードで大きく強くテールを動かした方がバスには効果的だ。動きの鈍いバスに向けた、一回の捕食で満腹になる食べやすい動きの大きなエサというイメージで使うのが分かりやすいだろう。フックが固定されていれば根掛かりもしにくいので、障害物を比較的タイトに攻めることもできる。

得意なシチュエーション

オープンウォーター

大きく水を動かすので、広域からでもバスを引っ張れる。初めてのフィールドや見た目の変化が少なくても遠投して引いてくるだけでサーチができる。

流れ

流れに逆らって引けばより短距離でアピールできる。強い流れなら巻かずに一点でのアピールも可能。食い気のないバスを怒らせてバイトさせるのもありだ。

最適なタックル

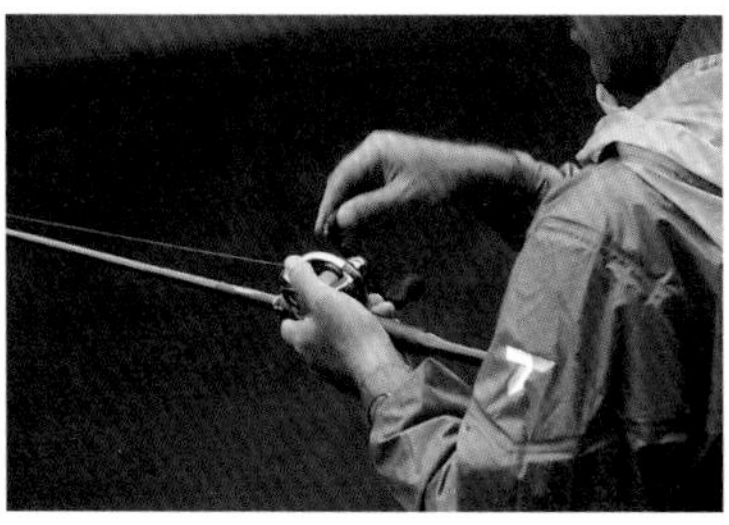

投げやすくて巻きやすいベイトタックル

基本はミディアムヘビー以上のベイトロッド。飛距離も欲しいので長さは6ft後半以上。硬すぎず多少の粘りがあった方が動きもフッキングも決まりやすい。

ソフトルアー 概要

バス釣りのルアー、もうひとつの大きな枠は、ソフトルアー（ワーム）と呼ばれるジャンル。こちらは軟質プラスチックを用いた柔らかいルアーで、「リグ」と呼ばれるセッティング次第で高い汎用性を持つのだ

リグを変えれば性能が変わる！自由な発想が釣果につながることも！

リグを組まないと使えない

その名の通り、非常に柔らかい素材を使用して作られたルアー。ハードルアーよりも生き物らしい、リアルな存在感を持つ。

ただし「リグ」と呼ばれるセッティングをしないとルアーとして機能させることができない。「リグ」はソフトルアー用のフックやシンカー（オモリ）などを組み合わせるが、このことにより、ひとつのソフトルアーであってもたくさんの使い方ができる点が大きな魅力と言えるだろう。

ソフトルアーは損傷しやすく、とくにバスを釣るとリグを組み直さなければいけないことも多々。それでも柔らかいボディによるナチュラル感は大きな魅力となる。

水中でうごめく様子はまるで本物の生き物！ またそれだけでなく、リグ次第では非常に根掛かりに強いという特性も持つのがソフトルアーの釣り。ハードルアーではとても責められない複雑な障害物もガンガン攻められる！

主なソフトルアーの形状

ストレート

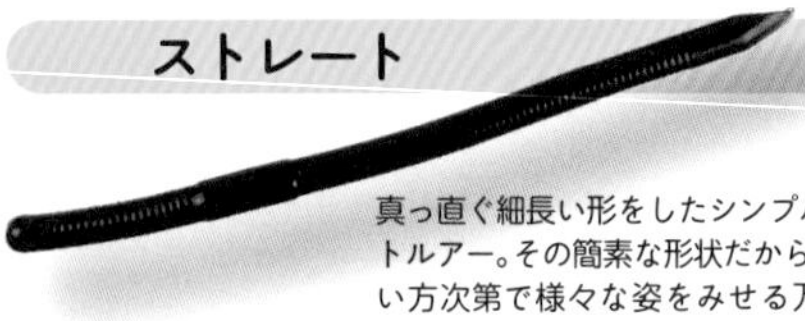

真っ直ぐ細長い形をしたシンプルなソフトルアー。その簡素な形状だからこそ、使い方次第で様々な姿をみせる万能タイプで様々なリグにマッチする。

カーリーテール

ストレート形状の最後部にリボンのようなテールが取り付けられたワーム。フォール時にこの部分がはためいてバスにアピールする。

クロー・ホッグ

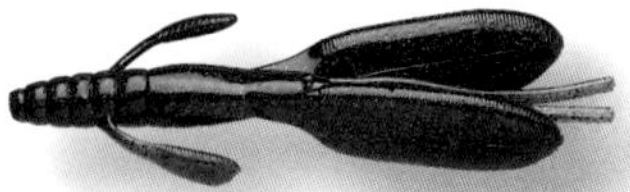

エビやザリガニなど、甲殻類を模したパーツがデザインされたワーム。アクションやサイズのバリエーションが豊富で、様々なリグとの相性が良い。

ピンテール

ストレートワームに近い形状だが、テール部分が細く尖っているのが特徴。この先端部分は繊細な操作やわずかな水流でも微細に振動する。

グラブ

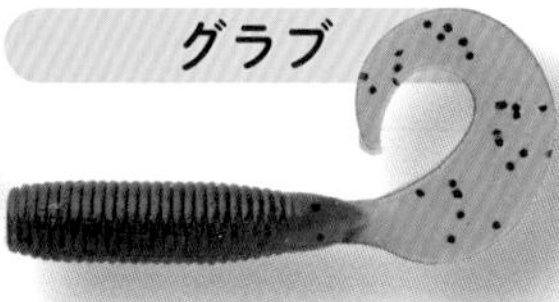

ずんぐりむっくりしたボディにカーリーテールが取り付けられたワーム。このテールのないものは「イモ」、2本あるものは「ダブルテール」と呼ばれる。

パドルテール

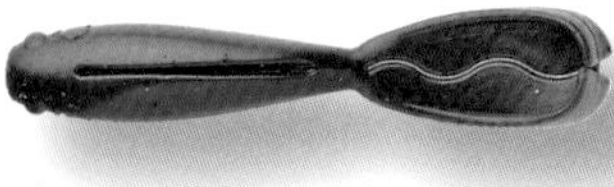

ボディと同サイズほどの大きさを持つビーバーの尻尾のような形状のテールがついたワーム。障害物をすり抜けつつも大きな存在感を放つ。

チューブ

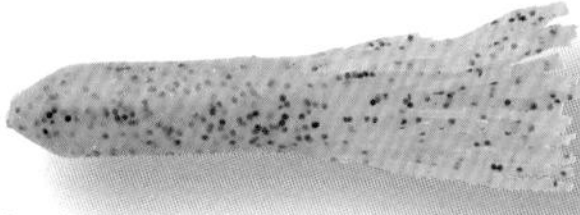

ボディが空洞になっているワーム。浮力が高いため、同じリグでも他のワームタイプとは異なる挙動を見せることが多い。

スティックベイト

他のワームタイプに比べると、比較的硬めの素材が使用されている。小魚に近いシルエットを持っていることも多い。

虫系

虫のようなボディに足のようなパーツが取り付けられたワーム。水面なら落下昆虫、水中ならエビを模して使われることが多い。

フラット

近年登場した横扁平のソフトベイト。ブルーギルなど、体高のあるベイトフィッシュを模して使われる。でかバス実績も高い。

シャッドテール

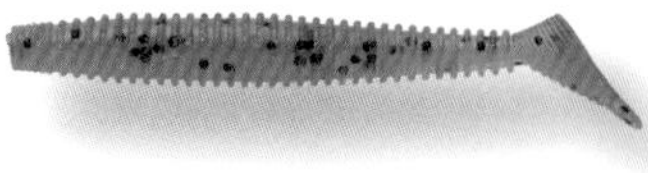

テールの先端がT字型になったワーム。この部分が水の抵抗を受けることで、魚の尾びれのように動いてバスにアピールする。

リグ

ひとつのソフトルアーでもリグを変えることで様々なシチュエーションで使用することが可能。ここでは本書で紹介するリグの一部と、それぞれに必要なアイテムを紹介する。

主なアイテム

フック 針。アイに直接ラインを結んで使用する。ストレートフック、オフセットフック、マスバリが一般的。
シンカー オモリ。ラインに通して使用する「バレット型」、「中通し型」、「フリーリグ用」、ハリス止めの付いた「ダウンショット用」、ワームに直接差し込む 「ネイルタイプ」 などの種類がある。
ジグヘッド シンカーが一体化したフック。

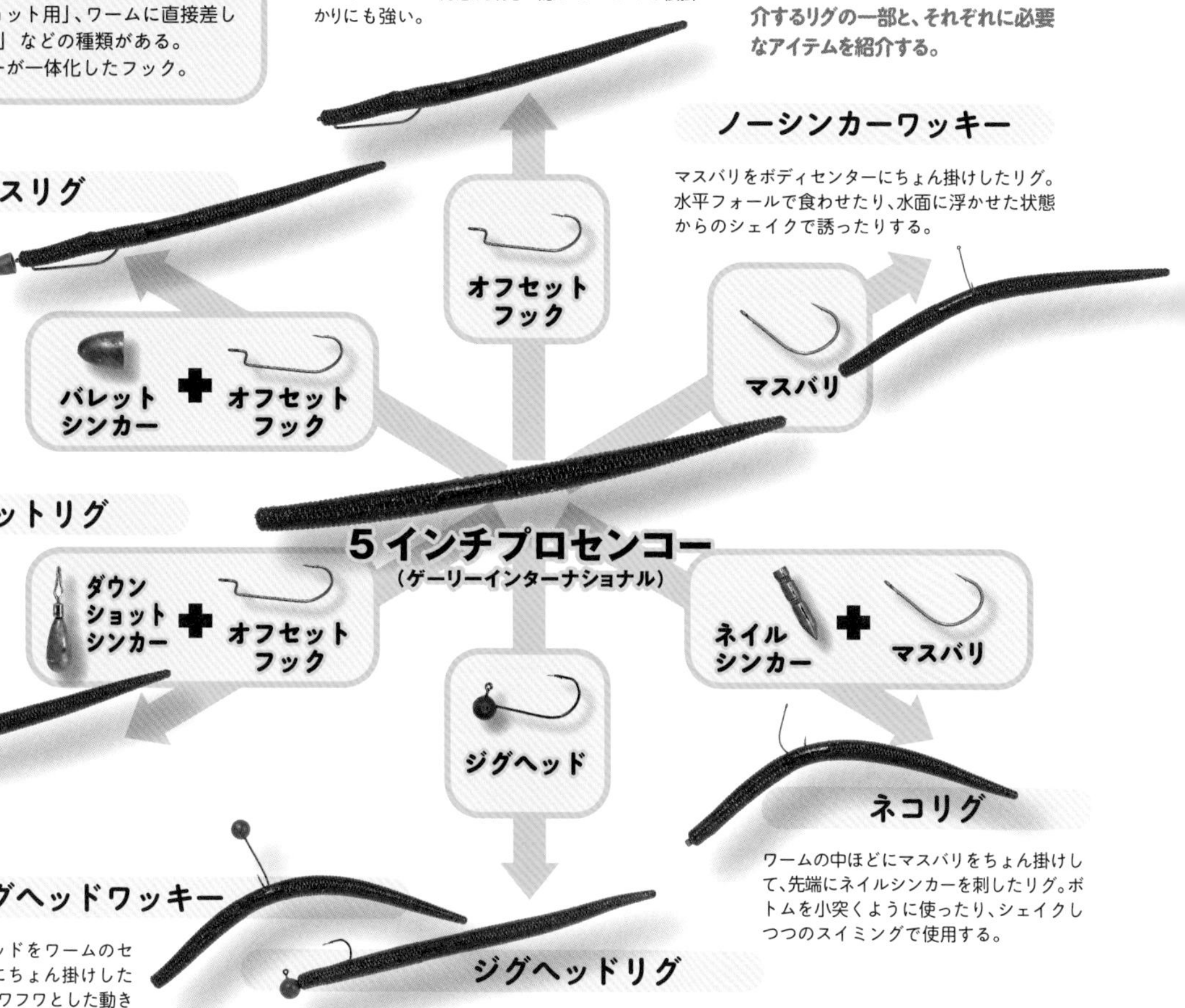

ノーシンカーリグ

オフセットフックのみをセットしたリグ。ゆっくりとしたフォールや、トゥイッチングによる機敏なアクションが得意。針先が隠れているので根掛かりにも強い。

ノーシンカーワッキー

マスバリをボディセンターにちょん掛けしたリグ。水平フォールで食わせたり、水面に浮かせた状態からのシェイクで誘ったりする。

テキサスリグ

オフセットフックとバレットシンカーを組み合わせたリグ。引っ掛かることなく、素早く障害物の中を攻められる。ボトムのズル引きやスイミングで使うことも。

ダウンショットリグ

ワームの下に伸ばしたライン(リーダー)にシンカーをセットすることで、ボトムから離れた状態で誘えるリグ。ロッドアクションでワームを動かしやすい。

ネコリグ

ワームの中ほどにマスバリをちょん掛けして、先端にネイルシンカーを刺したリグ。ボトムを小突くように使ったり、シェイクしつつのスイミングで使用する。

ジグヘッドワッキー

ジグヘッドをワームのセンターにちょん掛けしたリグ。フワフワとした動きを出しやすいほか、強い水押しでバスにアピールする。

ジグヘッドリグ

ジグヘッドを通し刺ししたリグ。小魚のように中層を泳がせるスイミングやミドストと呼ばれるテクニックで用いられることが多い。

フックの刺し方の基本

ちょん掛け

(マスバリ)

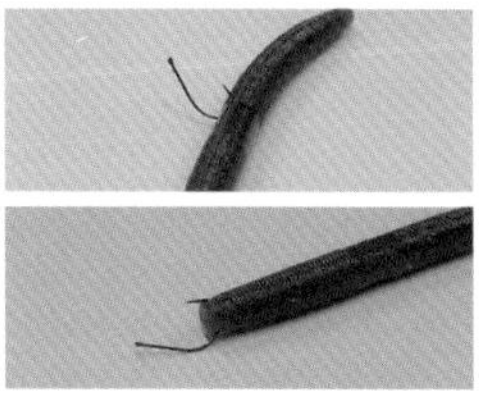

任意の場所に針先を引っ掛けるイメージで通す。このとき、浅すぎれば千切れやすく、深すぎるとフッキングが悪くなるため適度な場所を選ぶようにする。

通し刺し

(ジグヘッド、マスバリ)

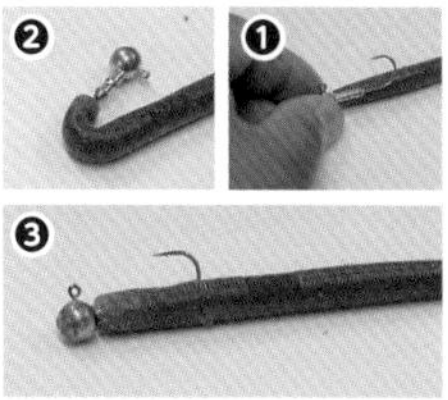

❶フックのサイズ感と針を出す場所を確認する。
❷ワームの先端に針先を刺し、フックの形状に合わせてワームを通し刺していく。
❸❶で確認した場所で針先を出して完成。

セルフウィードレス

(ストレートフック、オフセットフック)

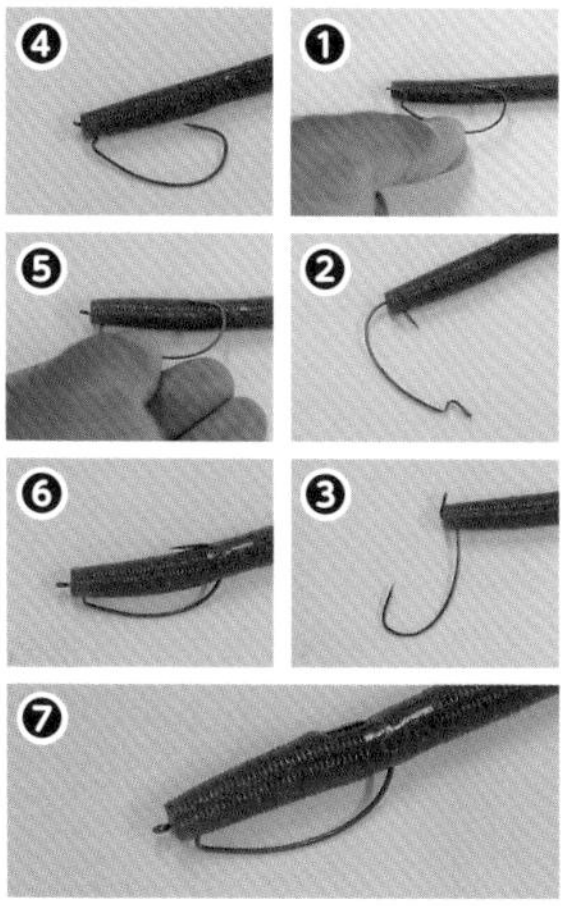

❶フックのサイズ感と針を出す場所を確認する。なお長さはワーム全体の1/3前後、幅はワームの太さの1.5倍ほどが望ましい。
❷ワームの先端に針先を刺し、すぐにワームの下側に針先を出す。
❸フックの端まで一旦通す。
❹フックを180度反転させる。
❺一度ワームにフックをあてがい、針を指す場所を確認する。
❻❺の位置を基準に針先を刺す。
❼針先を再度ワームに埋め込んで完成。

シンカーを使わないワームとフックのみのリグがノーシンカー。そのタイプは実に数多いため、ここでは主にスピニングタックルで使用する軽量なノーシンカーリグについて言及していく。

ノーシンカーリグ1

No Sinker Rig

SOFT

世に数多く存在する小型軽量オモリなしリグ

シンカーを使わなければ、どれでもノーシンカーリグの範疇。そのためフックのセット方法やワームのタイプが異なっても、すべて同じノーシンカーの括りとなる。ここでは主に小型軽量ワームをリギングするスピニングタックル対応のノーシンカーについて解説。ベイトタックル用は別ページをご参照いただきたい。

スピニングタックルで扱うノーシンカーで代表的なひとつが、ノーシンカーワッキーリグ。平たく言えば多少の差はあるものの、ネコリグのシンカー抜きだ。その他、ノーシンカーの表記はないものの、事実上のノーシンカーであるリグも多々存在するのが現代バス釣りの現状。その一例をそれぞれ解説したのでご参考に。

いずれにせよ、ノーシンカー＝軽いリグであることに差はない。シンカーの重さに影響を受けず、ワーム自体が持つ本来の動きを再現できる最もナチュラルなリグと言える。軽いが故に、各自のキャスト能力が問われるが、そこはより細いラインや現代タックルの性能に頼ることで解決の糸口は見付かるだろう。

When? いつ？	春〜夏
Where? どこで？	縦ストラクチャー、カバー周り
How? どうやって？	ただ巻き、フォール、トゥイッチ、シェイク

ノーシンカーワッキー

カットテールワーム（ゲーリーインターナショナル）

ゲーリー素材ならではの高比重で、ノーシンカーでも存分な飛距離と操作性を確保。使えばわかるロングセラーの強み。

フック（マスバリ）

沈めば水平姿勢、表層で水面ピクピク

平たく言えばネコリグのシンカー抜き。ただし、ボディの中ほどに刺し位置を取ってバランスを取ることが前提。着水後、水中でボディは水平姿勢をキープしながらの自然なフォールを見せ、ロッドワークさせればワームがV字アピール。一方、表層をキープしてのシェイクで、いわゆる“水面ピクピク”も実現可能だ。

表層トゥイッチ／i字引き

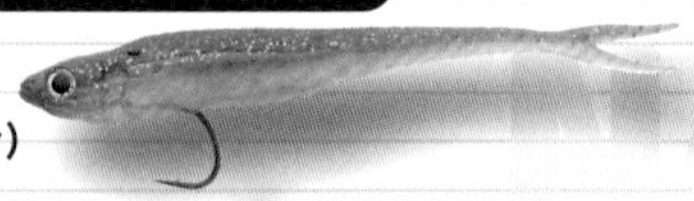

ライク（エンジン）

リアリズムを追求したフォルムで、まさにバスの“好み”にマッチ。浮力の高いボディは表層はもちろん、水面下でも躍動。

フック（マスバリ）

i字引きや表層トゥイッチ

浮力が高く、ごく軽いワームで多用されるのが表層i字引き。マスバリを頭部にチョン掛け、もしくは縫い刺しでバランスを取り、水面もしくは水面直下をスローにただ巻きすることで直線軌道を見せる。バスの捕食スイッチを入れるべく、トゥイッチも効果的。ネイルをさせばもはやノーシンカーではないものの、より飛距離を改善できる。

グラビングバズ

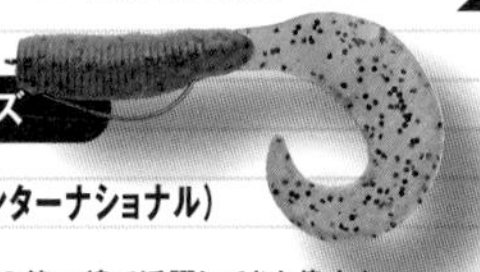

グラブ（ゲーリーインターナショナル）

1980年代から国内バス釣りの第一線で活躍してきた偉大なるゲーリー最初期作品。沈めてよし巻いて良しの必需品だ。

フック（オフセットフック）

バズベイトで出ない魚も適度な波動で呼び込める

1990年代初頭、ゲーリーインターナショナル総帥・河辺裕和プロが考案して一世を風靡したグラブの表層テクニック。着水後に間髪入れず巻き始めることで、ボディの水押しとカーリーテールの回転で後方に半角波を形成して広範囲からバスを寄せる。バズベイトでは強過ぎる、しかしバスは表層を意識する。そんな時に使いたい奥の手だ。

虫系

キッケルキッカー（DAIWA）

現代カエル型ワーム隆盛の礎となった作品。存分な自重で飛び重視、伸び縮みするレッグはリアリズムを追求。

フック（マスバリ）

虫や小動物系の総称 浮く・沈むタイプあり

浮力が高く、ごく軽いワームで多用されるのが表層i字引き。マスバリを頭部にチョン掛け、もしくは縫い刺しでバランスを取り、水面もしくは水面直下をスローにただ巻きすることで直線軌道を見せる。バスの捕食スイッチを入れるべく、トゥイッチも効果的。ネイルをさせばもはやノーシンカーではないものの、より飛距離を改善できる。

ノーシンカーリグ用 定番ワームミニカタログ

ヤミィ（ジャッカル）

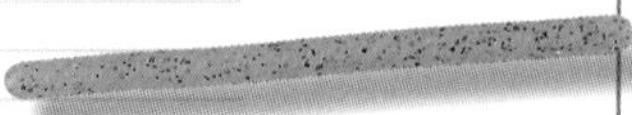

ノーシンカーワッキーで多用される高比重ストレートの名作。オフセットやマスバリでの頭部セットでも抜群に活躍。

ラストエース（エバーグリーンインターナショナル）

小魚リアリズム系の極北。スローでi字引き、トゥイッチでヒラ打ちと操作は自在。近年では大型サイズもラインナップ。

マイラーミノー（O.S.P）

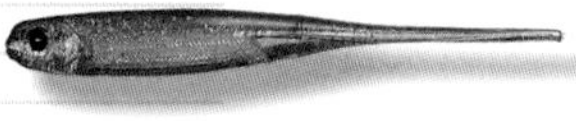

七色に輝くフライマテリアルを内蔵して、他では得られないフラッシングがバスの本能に直撃。00年代から第一線で活躍。

沈み蟲（一誠）

高比重マテリアルの芋虫状ボディ、左右には3対の脚。重心集中ボディは飛距離を稼ぎ、フォール中の微振動でバイトへ。

ここではフックのみを使ったシンプルなリグ・ノーシンカーリグを紹介。
その中でもベイトタックルで使うことが多い2種類の使い方を解説するぞ。

ノーシンカーリグ2

No Sinker Rig

SOFT

ベイトタックルで使えばカバーにも強い！

ソフトベイトにフックを組み合わせるだけという、最もシンプルなセッティングで使えるリグのひとつがノーシンカーだ。

その中でも、シャッドテール系やバックスライド系のセッティングは、太いラインとベイトタックルの組み合わせで使われることが多い。この組み合わせならではの強みとしては、立木やレイダウン、ウィードなど、様々なカバーの周り、あるいは内側めがけて使い、バスが掛かって、ラインブレイクしにくいという点だろう。また、シンカーを用いていないということは、最低限の重さで沈めることができるということであり、ゆっくりと沈めたい、浅いレンジを泳がせたいといったときにも重宝する。

逆に水深の深い場所で早く動かす使い方には向いていないので、多くの場合、春から秋にかけてバスが浅いレンジにいるタイミングで使われることが多い。

シンプルな分汎用性が高いので、このリグひとつで色々な場面に対処できるだろう。

シャッドテール系

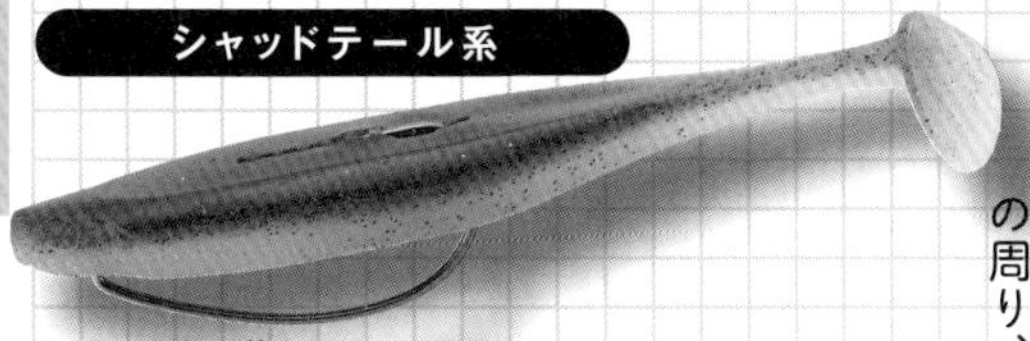

ドライブシャッド（O.S.P）

リトリーブ中はもちろん、フォール時にも生命感のあるアクションを発生する画期的なシャッドテールワーム。あらゆる巻き速度に対応する高い汎用性も持つ。

フック（オフセット）

根掛かりに強く広く探れる

シャッドテールタイプのワームにオフセットフックを組み合わせて使用。水面付近をゆっくり巻いて広い範囲にアピールすることが可能で、無防備に泳ぐ小魚を演出する。スイムベイトに近いが、ノーシンカーリグなら針先が隠れているので、根掛かりに対して強い。オーバーハングの下のシェードを広く探る。背の高いウィードの上を引いてくるといったシチュエーションがわかりやすく使いやすい。

バックスライド系

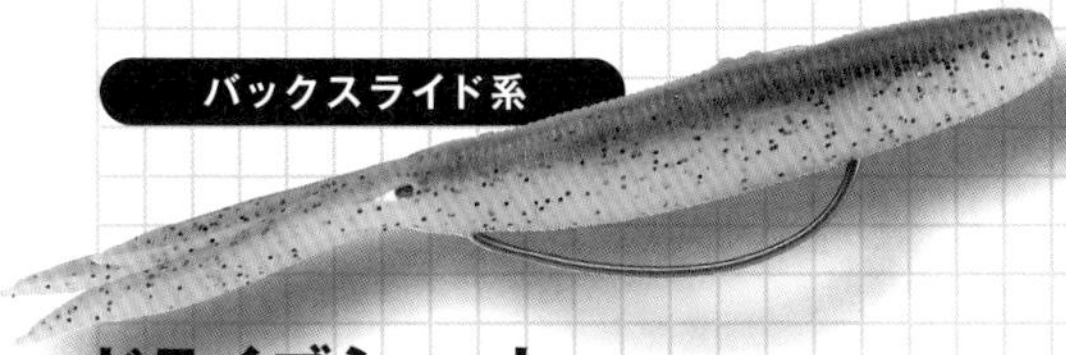

ドライブショット（O.S.P）

カバーの濃さにかかわらず、しっかりとバックスライドで攻められる優れたデザインを持つスティックベイト。そのフォールは生きたテナガエビそのもの!

フック（ストレート／オフセット）

カバー攻略の定番リグ

ボディ後方に重心が来るようになっており、ゆっくりとアングラーから離れていく方向に沈んでゆくバックスライドフォールをする。護岸の下のエグレ、アシやガマの隙間、レイダウンなど、あらゆるカバーに対して有効。フォールの最中に釣れることが多いが、着底後のシェイクやズル引きでも反応させることも可能だ。シンカーがないことでカバーの奥深くに入り込みすぎないため、シンカーのあるカバー系リグに比べて根掛かりにも強い。

When? いつ？	春～秋
Where? どこで？	カバーの中やそのまわり
How? どうやって？	ただ巻き、フォール、ズル引きなど

シンカーは使わない

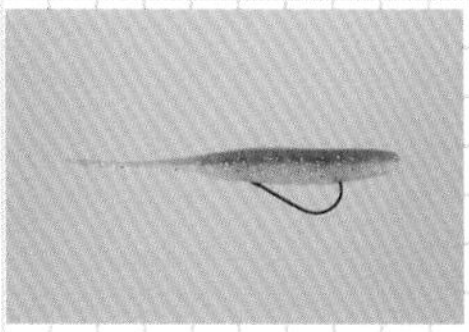

ほかのリグに比べて重さもないので、浅い水深を狙ったり、ゆっくりとした重さで沈めていきたいときに重宝する。ただし、姿勢制御や沈むスピードを調整するためにネイルシンカーをワームに埋め込むことがある。その場合、「ネイルリグ」と呼ばれることも。

シンプルだが汎用性は高い

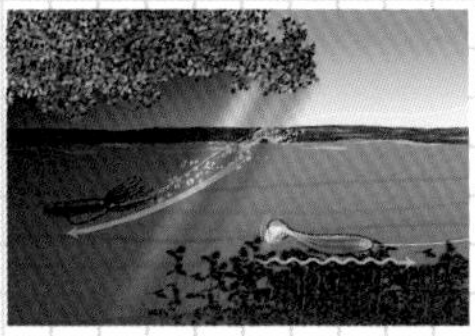

根掛かりが非常に少ないリグなので、使える場所は非常に広い。基本となるカバーへのフォーリングやその周りでのストレートリトリーブ、ボトムのズル引きからロッドワークによる首振りアクションまで、水中でも多彩な使い方が可能。

ノーシンカーリグ用 定番ワームミニカタログ

ファットイカ（スミス）

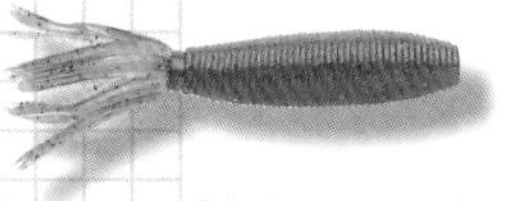

バックスライド系定番ワームのひとつ。ノーシンカーでもワームの重量があるため、対岸カバーにも遠投で届かせやすい。

ハートテール（ゲーリーインターナショナル）

ハートの形をしたテールを持ったシャッドテールワーム。ボディ下部に大きなスリットが設けられていてフッキングもいい。

カバースキャット（デプス）

イモ系と呼ばれるシンプル形状のワーム。ノーシンカーでボトムまで沈めて、2トゥイッチ1ポーズで誘う釣りは強力無比!

ヤマセンコー（ゲーリーインターナショナル）

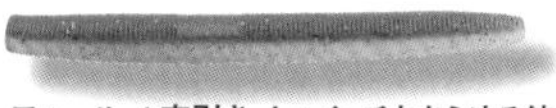

フォール、i字引き、トゥイッチとあらゆる使い方に対応する万能ワーム。独自素材の生み出す生命感はいつの時代もバスを魅了する。

ダウンショットと並び我が国が誇れる日本発祥リグ。今や世界で認知され、ところ変われどバスはバスであることを知らしめた。しかし、なぜネコなのか？　知られざる秘密もここで明らかに。

ネコリグ

Neko Rig

SOFT

由来は猫じゃない。〝根こ〟そぎ獲れ！

ネコリグを世に提案したのは、スモラバやダウンショットの考案者としても知られる村上晴彦さん。当初は『根こ（そぎ釣れる）リグ』の略称として『根こリグ』と呼ばれたが、時が経つにつれいつしかカタカナ表記で浸透。こちらも海外へ飛び火して『NEKO・RIG』と表記されるも、英語圏では〝ネ〟を発音しづらいためか『ニコリグ』と呼ばれている。

ネコリグ以前に、同様のフックセッティングを用いた例としてはワッキーリグが存在。90年代初頭にワッキーワーム（ジョーテック）と共に渡来したリグだが、ワーム中ほどにオフセットフックを刺しただけの異様な形状は国内に馴染まず風化。一方で、マスバリを用いて、ワームの一方にシンカーを挿入した村上さんのスタイルは注目を浴び、年を追うごとにジワジワと国内に浸透していった経緯が存在する。

シンカー側を下にして、フックを支点にワームが開閉する動きは、バスの本能を直撃。村上さんによる基本コンセプトを軸に、以降はフックのセッティング法やシンカータイプなど進化が進んでいった。

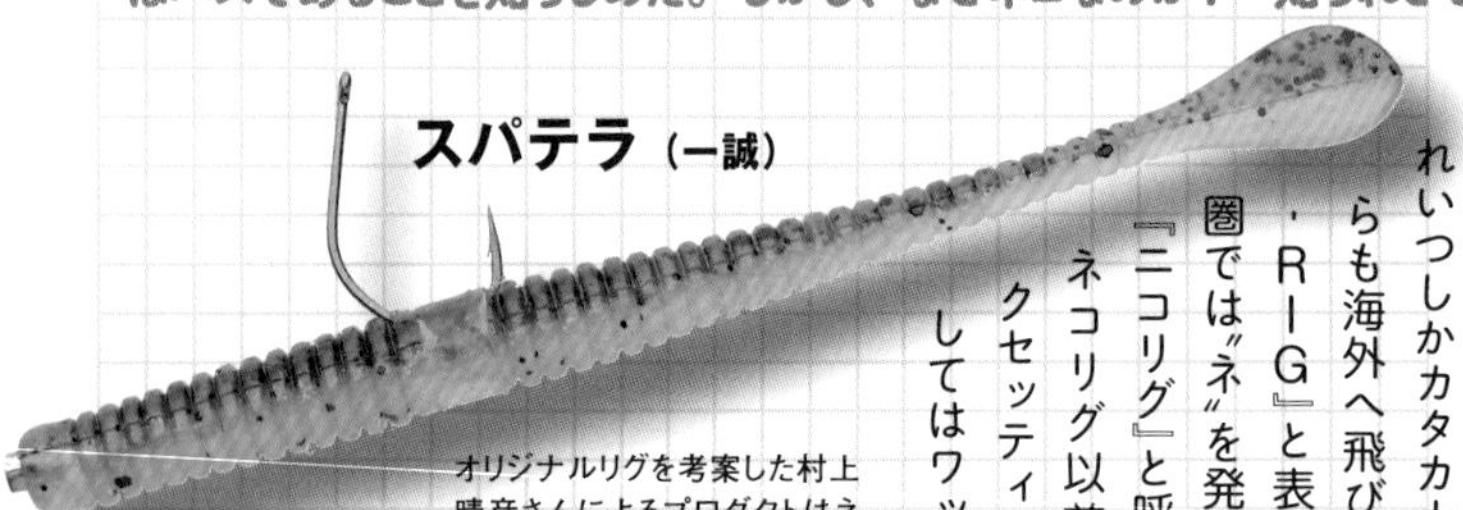

スパテラ（一誠）

オリジナルリグを考案した村上晴彦さんによるプロダクトはネコリグとの相性抜群。見た目以上のアピール力に驚愕。

フック（マスバリ）

ネイルシンカー（よく使われる重さ：0.8～1.8グラム）

バスの本能を刺激する不思議なリグ

ワームの頭側にネイルシンカーを挿入して、ワーム中ほどよりやや頭側にフックを刺すことでバランスをとったリグ。シンカーを先にしたフォール姿勢からの着底、そして釣り人の入力がフックを支点に伝達され、ワームをクネクネと自在に操作可能。一説によれば小魚が底のエサをついばむ様子とも言われるが、バスの本能を刺激していることは明らかだ。

シンカーの位置

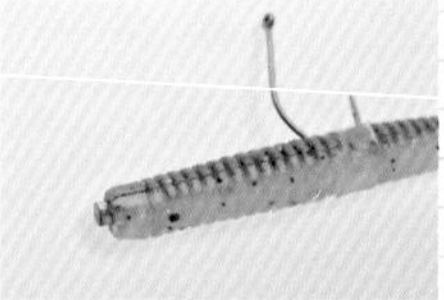

頭部にネイルシンカーを挿入することで、ワームの姿勢を縦方向に安定。ネイルシンカーを完全に埋め込んでキャスト時の抜けを防ぐか、若干飛び出させることで底の状態をより感知しやすくするかはお好みで選択を。事前にハリ先等で刺した下穴があれば挿入しやすい。なお、ネイルシンカーホールが標準設計されているモデルも近年では存在。

ガード付きフックを使ってもOK

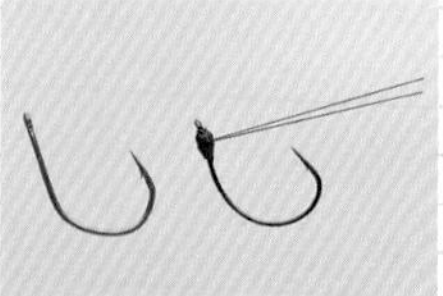

マスバリ使用が基本。障害物周りでの根掛かりを防ぐべく、ハリ先をワームに埋め込む方法もあるが、ガード付きマスバリでよりフッキング性能を高める方法も。なおワームに対して横刺しが基本だが、接近戦ではよりハリ先にパワーが伝わりやすい縦刺しという方法も。

ワームの持ちをよくするアイテム

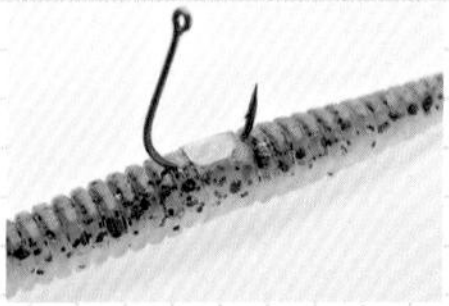

ワームの中ほどにフックを刺すため、使用中に裂けが生じてロストにつながりやすいのは必然。事前にワームに装着したリングにフックを掛けたり、チューブ越しにフックを刺すことで、ワームの劣化を防ぐ方法もある。

水中での動き

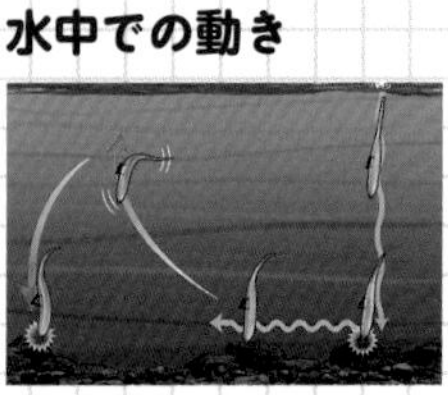

フックがワームの中ほどに装着されてはいるが、水中でのフォール時及び着底時は常にシンカー側を下にするため、想像以上の根掛かりは少ない。水底を引けば底をついばみ、中層では怪しく動く生物をイミテート可能。ガード付きマスバリを使用すればカバーにも対応。

When? いつ？	春～秋
Where? どこで？	ボトム付近
How? どうやって？	シェイク、ズル引き

ネコリグ用　定番ワームミニカタログ

レインズスワンプ（レイン）

大から小、太から細など実に豊富なラインナップから選べるストレートワームの定番。国内トーナメントで上位常連作。

ドライブクローラー（O.S.P）

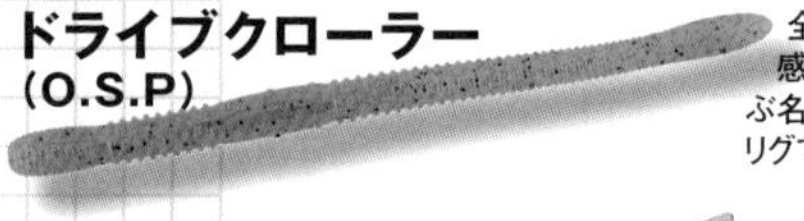

全身を刻むリブと存分な存在感で圧倒的な水押しで魚を呼ぶ名作。ネコリグのみならず各種リグでそのパワーが魚を呼ぶ。

カットテールワーム（ゲーリーインターナショナル）

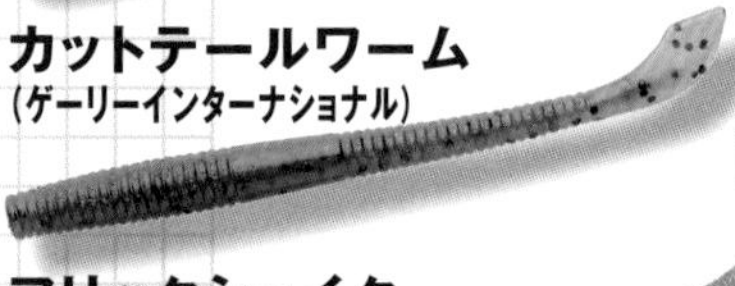

ストレートワームの超定番。カーリーテールの根元をのみを残したフォルムは、適度な水押しと共に舵を取り秀逸な動きに。

フリックシェイク（ジャッカル）

〝ニ〟コリグと並び、フリックシェイキングなる言葉も海外で生み出した名作。本誌でも人気投票1位の定番だ。

ワームにジグヘッドを装着するだけで完成するシンプルなリグのひとつ。ノーシンカーと同様にビギナー向けとはいえ、踏み込むほどにその真髄は奥深い。一部ではジグヘッドに始まり、ジグヘッドに終わるとも言われる究極リグだ。

リグ 解説編

SOFT

Jig Head

ジグヘッド

ビギナー向けと思いきや…

セット方法が実に簡単であることから、かつてはビギナー向けリグと称されていたジグヘッドリグ。フックとシンカーが一体化したジグヘッドは、それぞれを用意することなくワームに装着できるのは非常に便利だ。

だが、しかし。近年では非常に奥深いリグとして、認知されているのも事実。国内外のトップアングラーが好んで使うリグのひとつで、トーナメント等では数々の優勝リグにも輝いている実績があることを知っておきたい。

おそらくビギナーが最初に戸惑うのは、他のリグとは異なり、ワームの内部にフックを仕込む方法。まずはワームに沿って、頭部にシンカー部分が出るようにフックを仮当て。ハリ先の出る場所を覚え、完成図を思い描き、頭部からハリを刺し進めるのが基本だ。最初はワームが多少曲がってしまうものだが気にしない。慣れればいつしか真っ直ぐにセットできるはずだ。

使い方は投げてフォール、巻くだけでもいい。慣れてきたら、各項のセット方法を参考に、シェイクしながらの巻き。いわゆるミドストで次なるジグヘッドの世界を臨んでみたい。

ミドスト

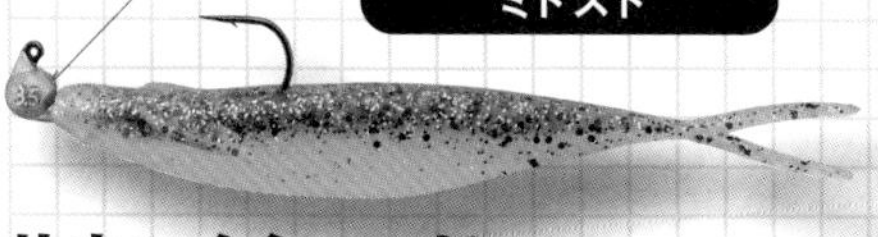

サカマタシャッド（デプス）

琵琶湖発祥の逆叉状のテールが水を切るワームだが、今や世界でスティックベイトの定番へ。切れ味鋭い動きに要注目。

フック（ジグヘッド）
よく使われる重さ：0.8～3.5グラム

シェイクしながらの巻きで小魚を演出

小刻みなシェイクと共に糸フケだけを巻き取り、中層をスローに漂わせる釣り方が『ミッドストローリング』、略称ミドスト。側面がフラットなワームを活用して、ジグヘッドのハリ軸を背中側に薄刺しすることで、ワームは正面から見て左右に揺れるロールを演出すると共にフラット面が光を反射。中層で無防備に泳ぐ小魚を演出する仕組みだ。

スイミング

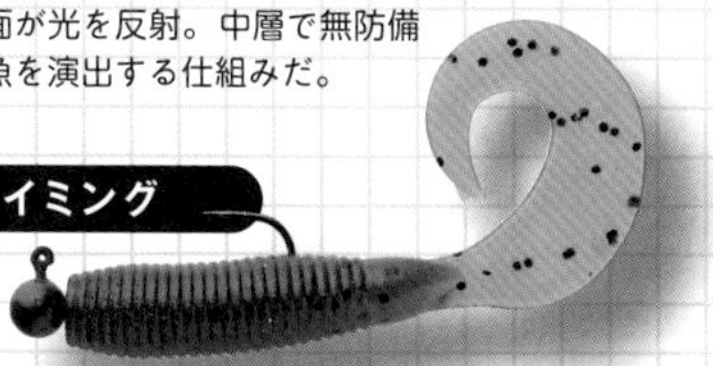

グラブ（ゲーリーインターナショナル）

カーリーテールを持つ芋虫状のボディを国内で"グラブ"というカテゴリーで呼ぶようになった不滅の元祖的存在。

フック（ジグヘッド）
よく使われる重さ：0.8～1.8グラム

巻けば自動的に動くテールを選ぶべし

ワームにジグヘッドをセットするだけで最も簡単に楽しめるのがスイミング。投げたらあとは巻くだけだ。ただし、ワームの選び方が肝要。グラブのようにカーリーテールを持つタイプや、シャッドテールタイプなど、巻くだけでテールがオートマチックに動いてくれる物が理想的だ。

When? いつ？	1年中
Where? どこで？	表層～ボトムまで
How? どうやって？	シェイク、ただ巻き

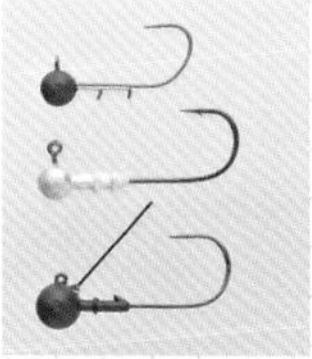

ガード付きフックを使ってもOK

ヘッド（＝シンカー）の形状はラウンドと呼ばれる丸型がメイン。ワームのズレを防ぐキーパー部分がシンカーと同素材が一般的だが、ワイヤーなら、重心が前方へ集中してミドストにより最適。障害物周りを攻めてもハリ先が根掛かりしにくいガード付きも存在する。

相性のいいワームタイプ

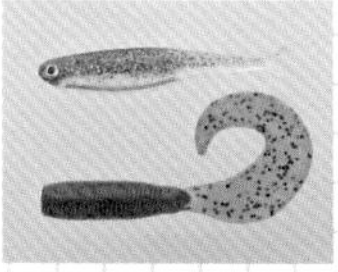

ミドストには側面がフラットな小魚タイプ、ただ巻きには巻くだけで自動的にテールがアピールするタイプが基本。しかし、時には不意を突き、バスの目を欺くのもひとつの手。自分の好きなワームをそれぞれの釣りに当てはめてみるのも興味深い。

水中での動き

スイミングは投げて巻くだけが基本。巻きスピードは高速～低速お好みで。ミドストは狙いの層まで沈めた後、竿先を小刻みかつリズミカルに振ってラインを弾き、水中のリグにロールアクションを与える。慣れるまでは要練習。

ジグヘッドリグ用 定番ワームミニカタログ

ヴィローラ（ディスタイル）

小魚のリアルな姿を追求した造形と動きのバランスを実現したミドスト決定版。現場にマッチさせるサイズも豊富。

RVドリフトフライ（ジャッカル）

リップを形作ることで抵抗を増し、ノー感じになりやすいミドストの泣き所を解消。初のミドストにおすすめの逸品。

ハドルファットフライエラストマー（イマカツ）

スイムベイトに端を発する設計思想で開発され、ミドスト等で圧倒的な威力を発揮。高浮力素材の強みがそこに。

スイングインパクト（ケイテック）

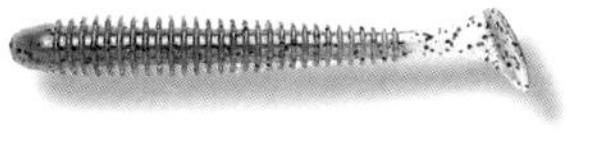

ボディのリブがしっかりと水を掴み、ただ巻きのスイミングで大きくテールを振ってアピール。小細工不要の定番だ。

ジグヘッドワッキー

Jig Head Wacky

SOFT

2000年代中盤から国内で一気に浸透したキテレツ形状の新世代リグがジグヘッドワッキー。
当初は間違えたセット方法とも揶揄されたが、
その圧倒的な威力はたちまち世を席巻。
シンプルにして優れた動きは
今や欠かせないリグのひとつだ。

ダイレクトな操作性 摩訶不思議な動き!

2004年にあの秦拓馬さんが韓国遠征の際に知ったリグを、曲がったワーム（＝フリックシェイク）の開発と共に研ぎ済ました『インチワッキー』が国内へと浸透していった原点。それ以前に日本でトーナメントプロが使って結果を出していたという諸説も存在するが、世に広めたという意味で秦さんの功績は偉大と言えるだろう。

一見、バス釣り経験のない人がジグヘッドを間違った方法で装着したかのように見えるのがこのリグ。しかし、その実は理に適ったセッティング方法であることを世は知るようになっていく。

ジグヘッドは頭部にシンカーを備え、ハリ軸を経てハリ先へと至る仕組み。ストレートワームの中ほどにチョン掛けすることで、操作と共にシンカーはテコの原理で上下。その重みと共にワームの動きに影響を与え、他では得ることのできない“閉じては開く”というクネクネアクションを演出できるのだ。

不意を突かれたバスはバイトを余儀なくされる。そして剥き出しのハリ先が口元をダイレクトに貫通可能。まだ使ったことがない方はぜひ試してほしい。真っ先に覚えたいリグのひとつだ。

フリックシェイク
（ジャッカル）

フック（専用ジグヘッド）
よく使われる重さ：0.6～2.7グラム

秦拓馬さんが海外製ワームでイレギュラーに曲がったワームに威力に気付き、当時ジャッカルの加藤誠司さんと共に築き上げた珠玉の名作ストレートだ。

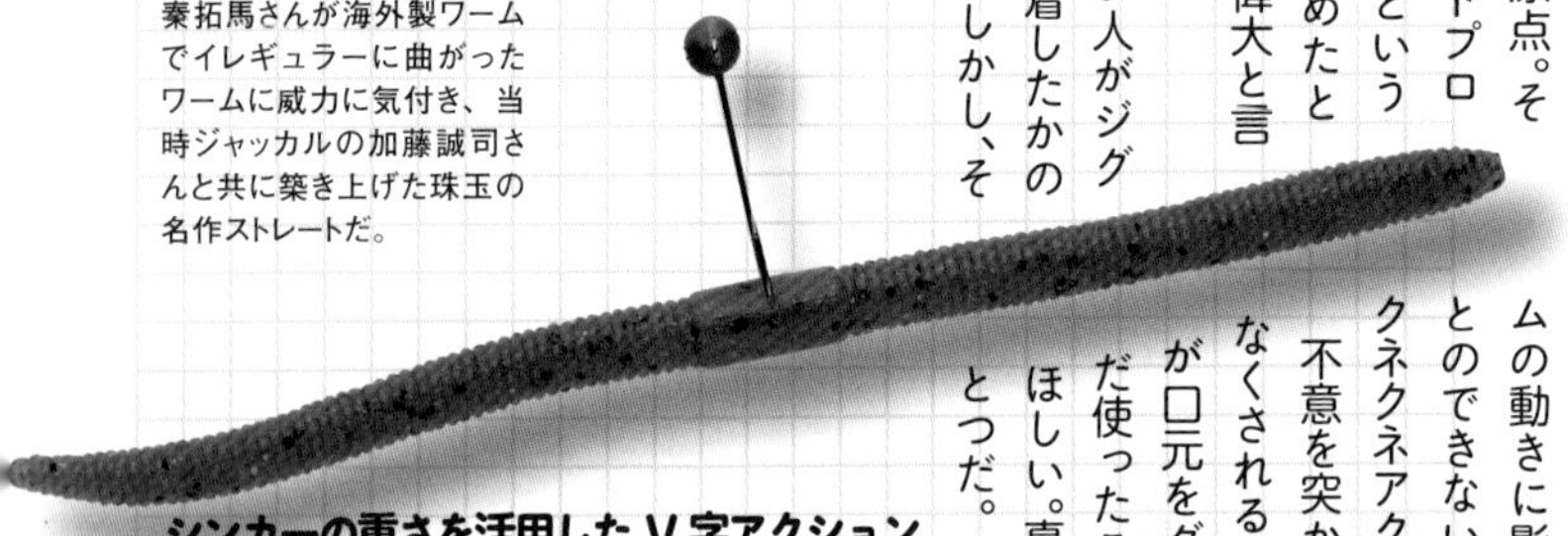

シンカーの重さを活用したV字アクション

細長いストレートワームの中ほどに、ジグヘッドをチョン掛けするだけで完成するシンプルなリグ。フォール時はシンカーを下にしてワームはV字、引けば逆V字。シンカーをテコの原理で活用して、上下に激しくワームが動く、実に画期的なリグ。フックは剥き出しのためフッキング性能も非常に高い。

When? いつ？		春～夏
Where? どこで？		中層、ボトム付近
How? どうやって？		シェイク、ズル引き

刺す位置

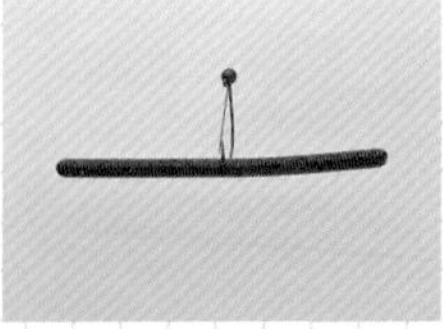

ストレートワームのほぼ中央部にハリ先を刺して抜くだけでOK。ネコリグのようにシンカー側との距離をやや短めにする必要はない。

専用ジグヘッドとガード

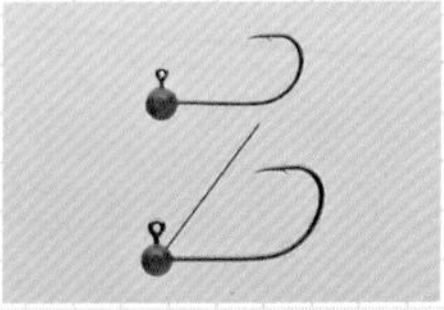

当初はどんなジグヘッドでも対応可能とされたが、現代ではフックのフトコロがワームをしっかりホールドする専用設計ジグヘッドも存在。剥き出しのハリ先を根掛かりから防ぐガード付きも選べる。

ワームサイズとシンカーウエイト

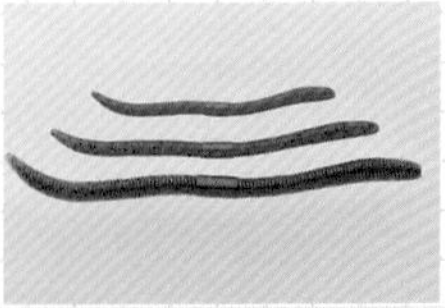

ワームのV字アクションがキーとなるため、フレキシブルに動く細いストレートワームで短すぎないサイズが理想。ジグヘッドは重くなるほどに、よりクイックな動きを実現できる。

水中での動き

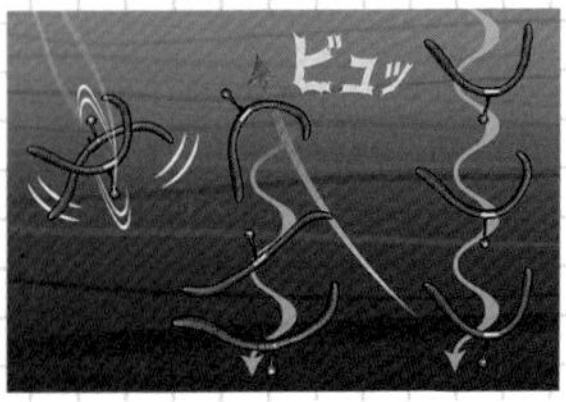

フォール時はV字型、引けば逆V字。そして1点シェイクではその場で両端を上下に羽ばたくかのようなアクション。すべてはジグヘッドがテコの原理で生み出すアクションで、ストレートワームとの組み合わせだからこそ可能となる。

ジグヘッドワッキー用 定番ワームミニカタログ

レインズスワンプ
（レイン）

ストレートワームの定番ロングセラーにしてサイズ及び派生モデルも豊富。それぞれよりお手頃な価格も魅力だ。

ドライブクローラー
（O.S.P）

ストレートワームながら深く細かく刻まれたリブによる強い水押しが定評。ワッキー系各種リグにフィットする。

ファットウィップ
（レイドジャパン）

太く短いボディはアクション時に反発して、他にはない強い水押しが魅力。細長いワームが通用しない際の切り札だ。

ヤミィ（ジャッカル）

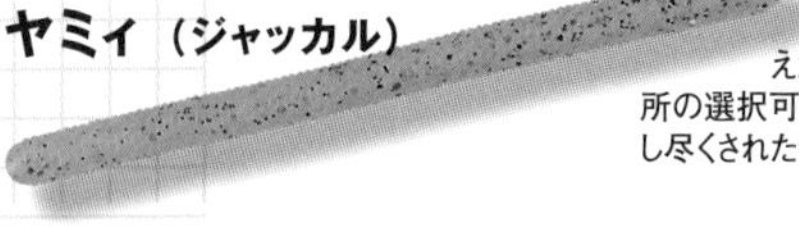

高比重の500、比重を抑えたARカスタムなど、適材適所の選択可能。シンプルに見えて計算し尽くされたデザイン。

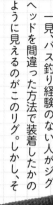

国内では主に『ダウンショットリグ』、世界では『ドロップショットリグ』。
琵琶湖発祥で今やワールドワイドに親しまれているジャパニーズリグの代表格のひとつ。
ネコリグと共に最初に覚えるべきリグと言えるかもしれない。

ダウンショット

Down Shot

SOFT

世界でドロップショットと呼ばれる日本発祥リグ

ワームより先にシンカーを配置するリグ。海釣りでは胴付き仕掛けとして古来より存在するが、エダスをなくし、直接メインラインにフックが付くかたちでバスフィッシング界にそのスタイルを持ち込んだのが、平成の天才釣り師・村上晴彦さんだ。

平成4年（1992年）に『常（に）吉（を生む）リグ』（読み：つねきち・りぐ）として編み出し、以降ダウンショットリグやアンダーショットリグなど名前を変えながらもスタイルは継承。2000年代に入るや日本のムーブメントはアメリカ西海岸へと飛び火。米国トーナメントで隆盛するや、世界ではドロップショットリグの名が共通語となった。

このリグが画期的なのは、冒頭の通り、シンカーとワームの位置に起因する。シンカーは水底への着底感を明確にするばかりか、中層ではワームを生き生きと動かす役割を果たす。またシンカーより手前にワームとフックが存在することで、バスが食い付いたアタリが釣り人へダイレクトに伝達されるというメリットも大きい。

現代までに様々な進化を遂げてきた琵琶湖発祥リグ。この利便性に世界が気付いたことは言うまでもない。

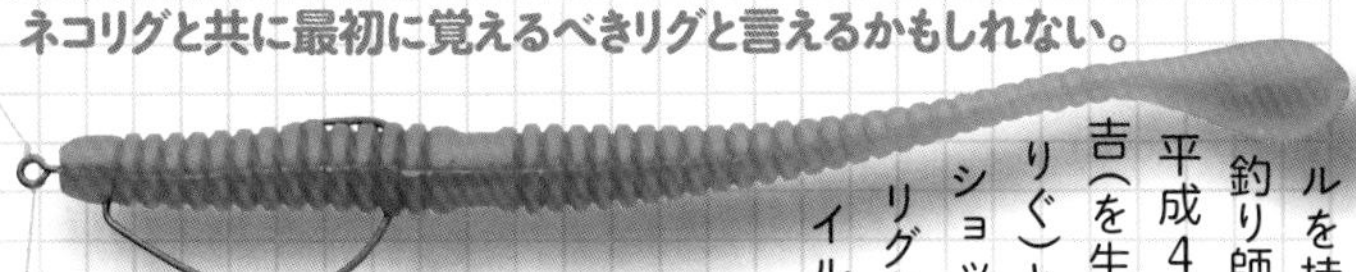

スパテラ（一誠）

リブ付きストレートワームが水を掴み、小型の非対称パドルテールが水を攪拌。一見シンプルながら真髄を突いた逸品。

フック（マスバリ／オフセットフック）
よく使われる重さ：0.8～3.5グラム

シンカーとフックの位置関係が最大の利点

かつて水底の地形や底質を確認するために最適とされていたのがテキサスリグ。しかし、竿を持つ釣り人とワームに食い付くバスの間にシンカーを介するため、アタリを感じるまでにタイムラグなど若干のデメリットが存在した。ダウンショットはシンカーが底を捉え、アタリはダイレクト。この画期的なリグの原点は村上晴彦さんがメディアで公開するや瞬く間に世に広まった。

フックによる違い

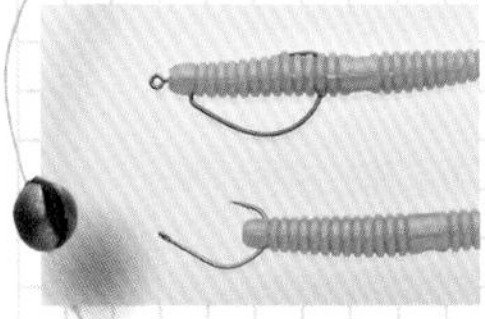

障害物が少ない場所ではハリ先を剥き出しにしたマスバリ仕様、根掛かりを回避するならオフセット仕様が基本。マスバリは主にスピニングタックル利用だが、オフセットは近年小型細軸も数多く、ベイトのみならずスピニングでも利用可能だ。

When? いつ？	1年中
Where? どこで？	ボトム付近、縦ストラクチャー
How? どうやって？	シェイク、ズル引き

専用ジグヘッドとガード

タテアイフックは通常通りにラインを結んだあと、アイの下側にリーダー用のラインを結びつける。ヨコアイの場合は、ラインを結んだ端糸の先端にシンカーをつけることでリーダーとする。リーダーの長さは15センチ前後にするのが一般的だ。

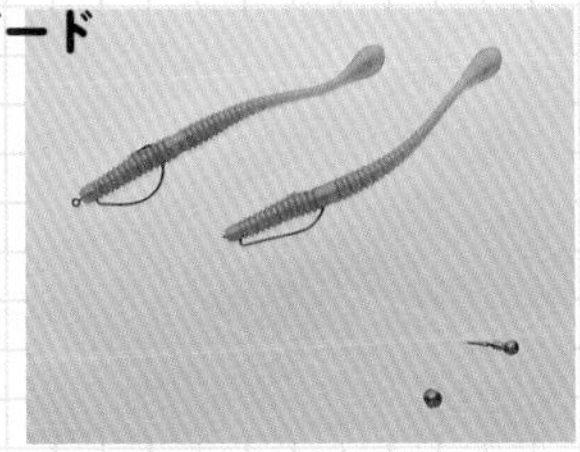

ワームサイズとシンカーウエイト

シンカーはダウンショット専用として、環状のアイ付きタイプと、ラインの先に結び目を作って引っ掛けるだけのハリス止め付きタイプが存在。用途や利便性に応じて使い分けを。またガン玉をセットして、安価に収める方法も。

水中での動き

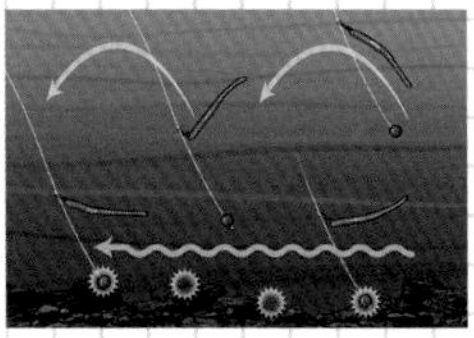

中層ではシンカーが重力によって沈む方向へと移動するため、ワームはその反動で自発的にアクションを生み出す。水底ではシンカーが当たる振動の影響を受け、ワームに振動を伝達。何より底の変化を感じ取りやすいのは大きな利点だ。

ダウンショット用　定番ワームミニカタログ

レッグワーム（ゲーリーインターナショナル）

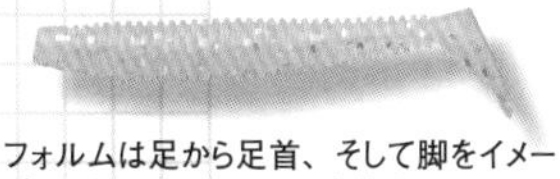

フォルムは足から足首、そして脚をイメージ。入力の強弱によって変化するテールアクションが釣れ筋の理由だ。

フーラ（ディスタイル）

リーチ（＝ヒル）型ワームの現代版進化型。タテ付けで小魚、横付けで底生生物をイミテートできる高汎用性モデルだ。

スクーパーフロッグ（ボトムアップ）

カエル型ワームの決定版。引けば伸び、止めれば戻る画期的なレッグ構造は、他で反応しない個体の食性を直撃。

サイコロラバー（O.S.P）

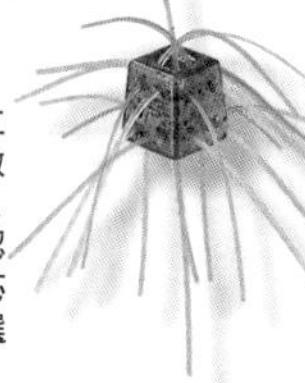

ほぼ正方形の立方体ワームを複数のラバーが覆い、水中で蠢く未確認生命体。浮力に応じた2モデルから選べる。

バスの隠れ場となるカバーは非常に複雑で、むき出しのフックでは一発で根掛かってしまう。あの中にルアーを入れられたら…。ここから紹介するのはそんな願いが叶うカバー攻略用のリグたちだ。

カバー用リグ

Cover Rig

SOFT

難攻不落のカバーを効率よく攻略！

物陰に隠れることを好むことが多いブラックバスにとって、休息の場であり、狩りの場でもあるカバーを効率よく攻略できるリグがカバー系のリグたちだ。

テキサスリグは先端の細いバレットシンカーを一般的に使用しているため、カバーにぶつかってもするりと避けることが可能。フックやシンカーの組み合わせを状況に応じて使い分けることも容易だ。

リーダーレスダウンショットはその名の通り、リーダーのないダウンショットリグのような構造を持ったリグで、フックにとシンカーを組み合わせたセットを使用するため事前準備が必要になる（市販のセットもある）。カバーを抜け落ちていく性能は最も高く、ワームの水中姿勢が崩れにくいという利点もある。

スナッグレスネコリグはネコリグをより根掛かりさせにくくするために開発されたリグで、専用のフックを使用する。ベースがネコリグなので、カバーに入れてからシェイクなどで食わせの誘いをいれられるのが最大の特徴といえるだろう。

テキサスリグ

ドライブクロー
(O.S.P)

クローワームの時代を推し進めた名作。フォール中からしっかりと水を動かす高いアピール力を持つだけでなく、得も言われぬ生命感を放つ。

- フック（ストレート／オフセット）
- バレットシンカー（よく使われる重さ：3.5～7グラム）
- シンカーストッパー

汎用性抜群の定番カバーリグ

バレットシンカーを使用したカバー用リグ。シンカーがズレるのを防止するために、ストッパーを使用することが多い。リグとワームの一体感が高く、カバーからのすり抜けがよい。スイム姿勢もよく、シャッドテールワームと組み合わせてリトリーブで使われることも。

リーダーレスダウンショット

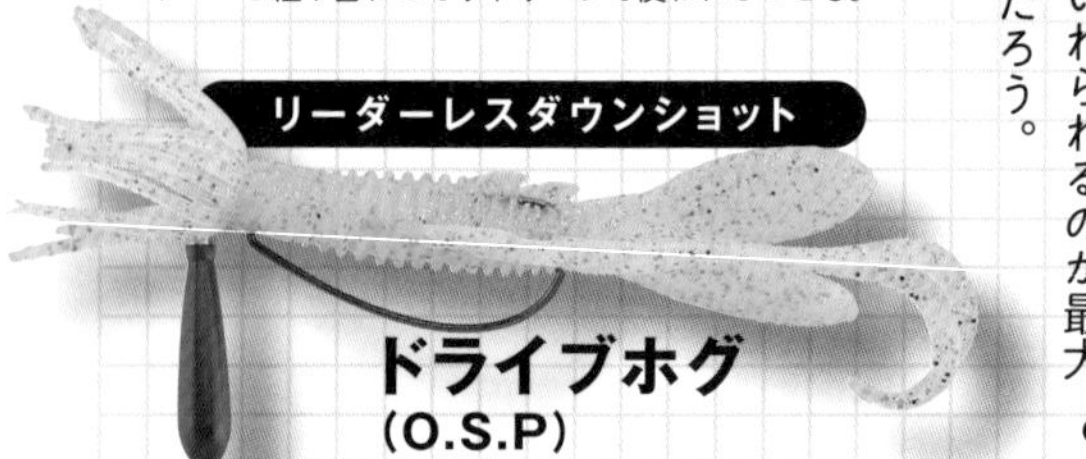

ドライブホグ
(O.S.P)

コンパクトサイズながらもスカート、パドル、カーリーテール、レッグとたくさんのパーツがついたソフトベイト。ナチュラルな存在感ながらも高いアピール力を誇る。

- フック（ストレート／オフセット）
- ティアドロップ型シンカー（よく使われる重さ：3.5～7グラム）
- スプリットリング

隙間に落としやすく水中姿勢も◎

ティアドロップ型シンカーがリングやスイベルを使ってとりつけられたフックを使用するリグ。「ジカリグ」や「ゼロダン」とも呼ばれる。ワームの下側にシンカーが位置することで、カバーの隙間にもスルリと入りやすく、ズル引きや水中でぶら下がっているときの姿勢がよい。

スナッグレスネコリグ

HP3D ワッキー (O.S.P)

二股に分かれたテールが特徴的なソフトベイト。カバーに吊るした状態でシェイクすると、唯一無二の3Dアクションを披露する。

- 専用フック
- ネイルシンカー（よく使われる重さ：0.8～3.5グラム）

カバーに特化したネコリグ

比較的歴史の浅いカバー用リグ。食わせ能力の高いネコリグをカバーの中で使用するために考案された。専用フックを使用する以外は普通のネコリグと同様につかえる。カバー撃ちはもちろん、ボトム付近を根がからずに素速く探ることも可能。

シンカーのおかげでグイグイ入る！

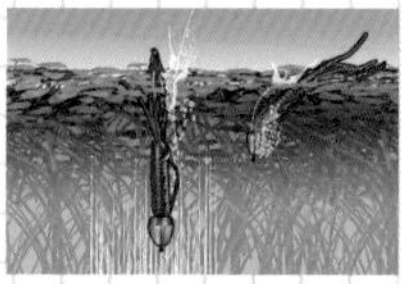

When?	いつ？	春～夏
Where?	どこで？	カバーの中
How?	どうやって？	フォール、シェイク

ルアーのすぐそばにシンカーがとりつけられることで重心が一体化。全体重量の重いひとつのかたまりになるので、複雑なカバーの奥にもしっかりと沈めることが可能。シンカーを重くするほど分厚いカバーを抜けられて奥を攻められる一方、根掛かりの危険性も上がる。

カバー用リグ用 定番ワームミニカタログ

エスケープツイン（ノリーズ）

2枚の分厚いパドルが水中で大きく水をかき回してアピール。その力強さに反してカバーに引っかからずに滑り込めるのがありがたい。

ヘアリーホッグ（イマカツ）

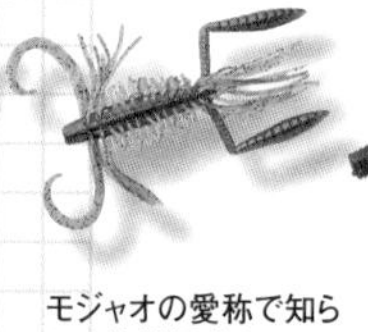

モジャオの愛称で知られる複雑怪奇なソフトベイト。水中での存在感は非常に高く、濁った水でもその存在を強力に主張する。

カットテールワーム（ゲーリーインターナショナル）

途中で切れたような形状のテールを持つストレートワームで、あらゆるリグに対応する高い汎用性を持つ。スナッグレスネコリグでも優れた釣果を生み出している。

ウルトラバイブスピードクロー（ZBC）

定番のカバー用ワーム。両腕の先端が逆向きになっており、この部分が強烈に水を攪拌する。重めのシンカーで使うのがオススメ。

リグ 解説編

ワームから離れた位置にシンカーを装着して、ワームがより自然な状態で動くことを目的とした２種類のリグ。本格派のキャロライナ、より簡易的なスプリットショットを使いこなしてみよう。

キャロライナリグ／スプリットショットリグ

似て非なる２つのリグ。適材適所で使い分けを

シンカーからワームの距離（リーダーと呼ぶ）は任意に選べ、長いほどによりワームの自然なアクションを追求できるのが、ここで解説する2種類のリグ。リグの形状は多少異なるものの、主な使用目的はほぼ同様で、各自の好みや使い勝手で選んで使えると考えていいだろう。

まずキャロライナリグとは計3回の結びが必要となり、手間は多いが、太いラインのベイトタックルでより重いシンカーを使用可能なリグ。元々は『サウスキャロライナリグ』として、本国アメリカより伝承されたが、現在国内では〝キャロ〟や重めのシンカーを用いた〝ヘビ（ー）キャロ〟の略称で呼ばれている。

一方スプリットショットリグとは、国内でガン玉と呼ぶタイプのシンカーをラインに挟んでセットするリグ。現場でその位置を自在に調整できる便利なリグだが、90年代から現代までの長きに渡り、その主流はキャロに移管。理由はガン玉の多くが環境に影響を与えやすい鉛素材だったこと。現代では害が少なく、より感度を高めたタングステン素材モデルが増え、スプリット復活の傾向にある。

主にベイトはキャロ、スピニングはスプリットだが、逆もまた真なり。ぜひ試してみたい。

キャロライナリグ

エスケープチビツイン（ノリーズ）

オリジナルモデルのエスケープツインの優れた動きを受け継ぎ小型化。フォール時はアームのクロール、サイドパーツの微振動がバスの食性を刺激する。

フック（オフセットフック）

中通し系シンカー
よく使われる重さ:3.5グラム～1オンス

スイベル

結びは３回。より重いシンカーを使うならコレ

リールからのメインラインをスイベルの一端に結び、もう一端はリーダー、そしてワームフックへと接続。手間は多いものの、太いラインのベイトタックルならより重いシンカーを使えるのがこのリグ。より遠投しやすく、遥か沖のボトムを探ることができる。もちろん軽いシンカーでも使用可能。シンカーを底に着けず中層を漂わせながら動かす"巻きキャロ"という手法も存在する。

スプリットショットリグ

パドチュー（ノリーズ）

近年では珍しい中空タイプのチューブワーム。ボディ内部のエアが浮力を高め、ごくスローかつイレギュラーなフォールを発生。不意を突く動きに注目だ。

フック（オフセットフック）

スプリットシンカー
よく使われる重さ：0.8～2.3グラム

軽めのリグにおすすめ、シンカー位置は自在

ガン玉タイプのシンカーをラインに挟んで、その位置は自在に変更可能なリグ。ラインへの負担が大きいため、やや軽めのシンカーを用いて、主にスピニングタックルにセットするのが主流だ。

シンカー

シンカーが重ければ、より遠くへ飛ばしやすい。一方、軽ければよりスローなフォールが可能で、ボトムへの軽いタッチがまた別の動きを演出できる。いずれにせよリーダー分はワームがフォールする時間を稼げる仕組みで、各自バランスを考慮したリグを組んでみたい。

水中での動き

シンカーがワームに近い位置にあるリグは、その重さが直接的にワームへと作用するため、操作性が高いもののアクションは硬めとなりやすい。一方、キャロやスプリットはリーダーがワームとの距離を離し、ワーム自体はいわばノーシンカー状態でより自然な動きを演出。ワーム着底後は、いずれもシンカーを上方向に動かすことで、再びワームの自然な状態を作れることを知っておきたい。

When?	いつ？	１年中
Where?	どこで？	中層、ボトム付近
How?	どうやって？	ズル引き

カバー用リグ用 定番ワームミニカタログ

スパテラ（一誠）

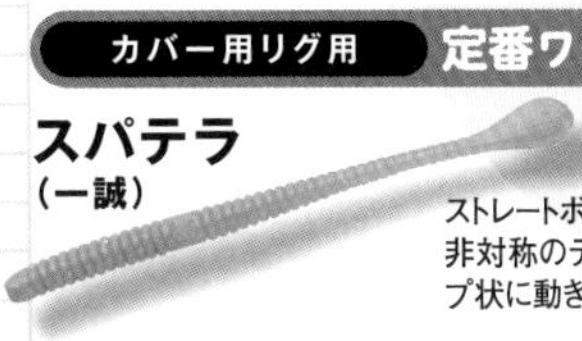

ストレートボディに小型パドルテール。上下非対称のテールはスイミング時等にブロップ状に動き強い水押しを発生。

ドライブビーバー（O.S.P）

大型のパドルアームが水を攪拌して、触手は微振動。常に優れたアクションを生み出す安定感で、カバーすり抜け性能も◎。

ヤミィフィッシュ（ジャッカル）

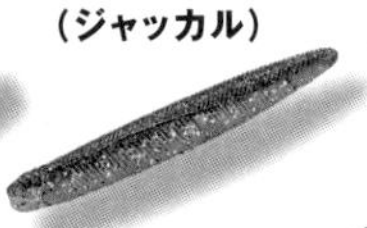

切れ味鋭いダートを生み出すスティックベイトタイプもこのリグでは多用。トゥイッチ等を多用して、反射食いを誘う。

ビビッドテール（エバーグリーンインターナショナル）

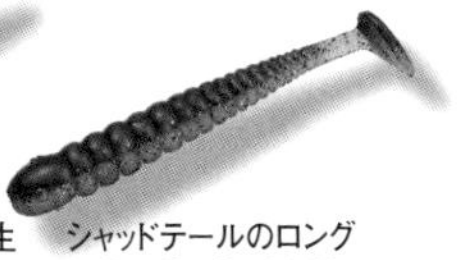

シャッドテールのロングセラー品にして定番。ボディをロールさせ、小刻みに震えるテールがバスの食性に訴え続ける。

フリーリグ

Free Rig

SOFT

フリーリグとは 2010 年代中盤に、韓国発祥で日本へ移入された比較的歴史の新しいリグ。テキサスリグの進化系的構造は瞬く間に国内に浸透して、今や定番リグのひとつとして認知されている。

韓国から近年渡来したテキサスリグ進化系

全てのリグの基本とされるテキサスリグにおける、ひとつの有効性を最大限に発揮するのがフリーリグ。ライン上を自在に動くアイ付きシンカーによって、従来のテキサスリグのシンカーフリー性能を大幅に向上。ここ数年で専用シンカーも多数登場したことによって、テキサスのお株はフリーリグに移行したと言っていいほどに一気に世に浸透した感がある。

フリーリグの可能性を世に強く訴えたのが、琵琶湖の代表的ストラクチャーのひとつ・ウィード。着水するとシンカーのみが先に着底して、ワームはウィード上に残り時間差でフォールタイムを稼ぎ出す。2017年にABEMATVで生中継された艇王琵琶湖戦では、北大祐さんがその手法を用いて見事にロクマルを仕留めたことは記憶に新しいところだ。

韓国での経験からインスパイアを受けたひとりとして知られる北さんによれば、韓国の現場では急深な岩盤帯でフリーリグが多用されていたという。現代日本では、その他様々な障害物周りでも有用なリグとして広く認知されている。

ドライブビーバー
(O.S.P)

すり抜け性能を高め、自発的にトルクフルなバサロアクションを生むパドルを配置。カバーの中に潜む大物を誘う。

フック(オフセットフック)

フリーリグ用シンカー
よく使われる重さ:2.7 ~ 14 グラム

ワームとシンカーが離れ ノーシンカー状態に

フックにシンカーを固定したリーダーレスダウンショットとは相反して、アイ付きシンカーがライン上をフリーに移動するリグ。先にシンカーが着底して、時間差でワームが追い着く仕組みはテキサスリグと同様だが、よりフリー性能が高くワームのノーシンカー状態を作りやすいのが大きなアドバンテージ。またバイトの際には、バスにシンカーの抵抗を与えにくく、疑いなく食い込む傾向にある。

使用するワーム

ドライブ SS ギル (O.S.P)

フォール時にノーシンカー状態が期待されるため、ワーム自体に自発的な動きを秘めたタイプが多用される。ホグ系やカーリーテールなどを始め、近年ではスパイラル&スライドフォールするモデルなども人気だ。

シンカー

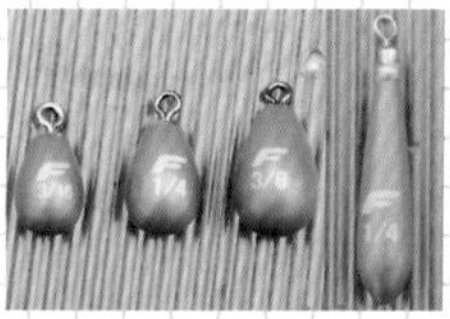

アイ付きで縦型のダウンショットシンカーとほぼ同形状だが、フリーリグ専用の特徴はそのアイがより大口径であること。ラインとの干渉が少なく、ワームがよりフリーな状態を生み出しやすい。

テキサスとの違い

テキサスリグもシンカーストッパーなしの状態であれば、フリーリグ同様にワームが離れノーシンカー状態を作れる。しかし、バレットシンカーの内側が抵抗になりやすく、自由度という点ではフリーリグのほうが優れていることが多い。

水中での動き

例えばウィードエリア。着水すればシンカーだけが先に着底して、ワームはウィード上に残りフォールまでの時間を稼げる。使う場所はこれだけにあらず無限大。ワームのノーシンカー状態を作りたい時に有効なリグだ。

When?	いつ?	春~夏
Where?	どこで?	ボトム付近、縦ストラクチャー
How?	どうやって?	フォール、ズル引き、リフト&フォール

ジグヘッドリグ用 **定番ワームミニカタログ**

スタッガーワイド (ハイドアップ)

扁平型ワームの元祖的存在。着水直後からの魅惑のスパイラルフォールは、バスの予想を裏切り威嚇バイトへと繋ぐ。

ブルフラット (デプス)

体高のある小魚、一部では小ガメをイミテートしているとされるフラットボディの秀作。大から小まで各サイズが揃う。

DB ユーマ フリー (ジャッカル)

左右のシザーアームが微振動と共に抵抗を与えてスローフォールを促し着底までの時間を延長。フリーリグ専用設計。

アングラテール (ism)

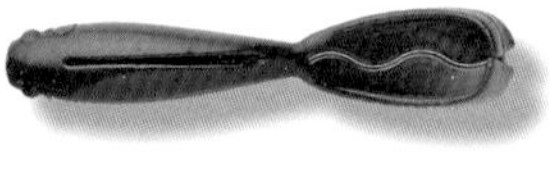

パドルテールはしっかりと水を掴み、分割すればツインテールでクロール。1粒で2度以上美味しい高汎用性モデルだ。

ジグヘッドにラバーが装着された形状で、ワームやポークなどのトレーラーを装着することで成立するのがラバージグ。古来からビッグバスを呼ぶルアーとして認知されてきた理由は、はたしてどこにあるのか。

ラバージグ

Rubber Jig

SOFT

主に3通りのタイプを適材適所で使い分け

ルアーはバスが好むエサをイミテートするのが一般的とされるが、スピナーベイトと同様に正体不明と見る向きが多いのがラバージグ。その不明な正体であるからこそ、バスに認識されにくく、長らく1カテゴリーとして君臨してきたと考えていいだろう。

構造はジグヘッドの軸にラバーを巻いたもの。アクション時はラバーを収縮させ、止めれば開花するかのようにフレア。その様子はイソギンチャクとも囁かれるが、それは淡水に生息する生物ではない。

ラバージグは単体で機能するルアーではなく、トレーラーをセットした状態こそが真骨頂。装着したワームやポークの性質を補い、さらに実釣性能を高める役割を果たす。トレーラーにはザリガニなど甲殻類系を模したタイプが多用され、緩急を織り交ぜた動きをサポートする縁の下の力持ちと言うべきだろう。

近年では軽量な5グラムなどをラインナップする『コンパクトジグ』なるカテゴリーも存在。2010年代に隆盛し始めたベイトフィネスと共に、スモールラバージグとの境界線が曖昧になりつつあるのも事実だ。

アーキーヘッド

トレーラー
スパイニークロー（デプス）
無数の凸部で形成されたアームはしっかりと水を掴み、フォールで小刻みに振動。着底時は微かな水流でスローに誘う。

ラバージグ
フラットバックジグ（デプス）
カバーでのすり抜け性を高める一方で、浮き上がりの良さを活かしたスイミングでバスを誘う。太軸フックは大型狙いに。

カバーへ難なく滑り込む 尖ったヘッド部が特長

先端を尖らせたひし形のヘッド部は、国内では一般的にアーキーヘッドやコブラヘッドと呼ばれる。込み入ったカバーへの侵入時に滑り込みやすい形状で、ラインアイには縦型アイが採用されることが多く、これもまたすり抜け性能の向上に貢献。またハリ先による根がかりを防ぐべく強いガード、カバー内でしっかりとバスの口元に掛ける太軸フックも必要条件だ。

フットボールヘッド

トレーラー
ベコンクロー（デプス）
無数の凸部で形成されたアームはしっかりと水を掴み、フォールで小刻みに振動。着底時は微かな水流でスローに誘う。

ラバージグ
スーパーヘッドロックジグ（デプス）
ヘッドロックジグの各部を強化。トレーラーのホールド性、貫通力を高めた太軸な、大型バス対応のSUPER Versionだ。

キーワードは「安定感」 地形変化を攻略するラバージグ

主にリフト＆フォールを多用する現場で、着底感や安定性能を求める際に選ばれるのがフットボールジグ。その名の通りの形状で、着底時はトレーラーが立ち、ザリガニが威嚇する姿に似た様子を演出可能だ。古くから浚渫のかけ上がりや岩盤帯などの登りや下りに用いられ、数々の実績を残してきたジグのひとつだ。

スイミングジグ

トレーラー
バルビュータ（デプス）
微かな水流でもプロペラの如く動くテールがスイミング時に躍動。高速でもスローでも非常に強い味方となるモデルだ。

ラバージグ
マツラバ（デプス）
米国戦で活躍中の松下雅幸プロが手がけてきたハンドメイドの量産化モデル。カバー周りも難なく抜けるスイミング特化型。

落とすだけじゃない 泳がせて威力を発揮

かつてはフォールや着底のみに終始していたラバージグに、巻きルアーとしての機能を追求したのがスイミングジグ。水流をかき分けて進むべく三角形に近いヘッド形状であると共に、障害物当たりを交わす性能をプラスしたモデルも多い。小魚を模したイメージもあり、ヘッド部には立体アイが付くのもこのタイプの特徴だ。

トレーラー

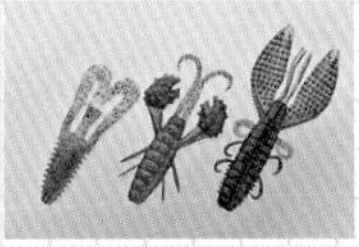

ラバージグ自体はシンプルな形状であるだけに、フックに装着するワームやポークなどのトレーラーの存在も重要。使う場所にはどんなエサがいるのかをイメージしてタイプを選択。なお、ポークとは豚の皮を加工した物で、より滑らかな動きを生み出すと絶賛するファンも。

水中での動き

アーキーヘッドはカバー周り、フットボールはかけ上がり、スイミングジグは中層など、ラバージグはヘッド形状の差でそれぞれ得意とするシチュエーションが存在。近年ではスイミングジグの派生として、シェイクしながら巻くジグストなるメソッドも。

When?	いつ？	1年中
Where?	どこで？	表層以外のあらゆる場所
How?	どうやって？	フォール、リフト&フォール、ただ巻き、シェイク

ラバージグ用 定番ワームミニカタログ

スタッガーオリジナル（ハイドアップ）

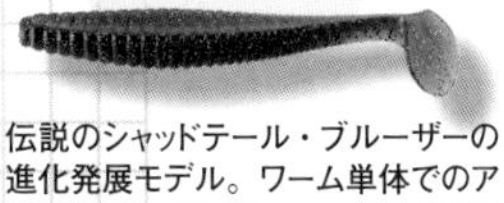

伝説のシャッドテール・ブルーザーの進化発展モデル。ワーム単体でのアピール力も存分だが、スイミングジグとの相性◎。

ブルフラット（デプス）

そのフラットボディが抵抗となり、フォールの際に発生するスライドなどに期待大。他では得られない好反応がそこに。

AKチャンク（一誠）

極太肉厚ながら縦横無尽に刻まれたリブのテールはナチュラルな動きを演出。カラー毎に異なる比重設定にも要注目。

キッカーバグ（エバーグリーンインターナショナル）

ツメから触手まで実に6対、計12個のパーツがそれぞれの波動を生み出しバイトを誘発。勝負を決める1尾をその手に。

スモールラバージグ

Small Rubber Jig

SOFT

ラバージグの集魚力を踏襲しながらも、小型軽量かつフィネスな操作性を求め、タフさを増す国内シーンで日々進化していった『スモールラバージグ』。現代では『略称：スモラバ』として欠かせないルアーのひとつに君臨している。

日本で進化を遂げた軽量小型ラバージグ

平成4年（1992年）に村上晴彦さんが『極小フットボールジグ』としてメディアに発信した琵琶湖発祥リグが、後に現代スモラバの先駆けとなる『ハンハンジグ』（常吉）の原点。ごく軽量なヘッドに四方にラバーがフレアしたフォルムで、他にない未確認生命体は国内を席巻。90年代後半以降のムーブメントを牽引したことで知られている。スモラバがはたして何をイミテーとしているのか。そこは大きな問題ではない。バスが興味を持つ存在なのであれば、使わない手はない。年々タフ化が進みつつあった日本で、アングラーたちが欠かせない武器のひとつとして進化を遂げていった歴史がある。

主軸となるタックルはフィネスなスピニング。中層をフワフワと漂わせることで、他とは異なる奇妙な動きがセレクティブなバスの興味を惹く。また、スモラバが進化する過程で、国内で隆盛していったのがパワーフィネスと呼ぶスタイル。パワースピニングとPEラインで難攻不落のカバーに撃ち込むガード付き。従来届かなかった領域もスモラバで制することが可能となった。

OSP ジグ 05 タッガー
(O.S.P)

すり抜け性能の高いヘッド形状に横アイ、ガード付き、そして太軸フック。カバー攻略に特化すべくスモラバの各パーツを極限まで吟味したトータル性能に注目。

トレーラー

ドライブスティック
(O.S.P)

各リグで優れたダートやライブリーなフォールなどで知られるスティックベイトの名品。スモラバとの相性も◎。

食わせ特化の不定形

高いスナッグレス性とビッグフィッシュキラー的性質を持ち合わせるラバージグをそのまま小さくしたようなルアーがスモールラバージグ、通称スモラバ。軽めのジグヘッドとラバーが組み合わさることで、他のルアーにはないフワフワとした存在感を演出することが可能。ラバーの動きによるシルエット変化と相まって、高い食わせ性能を誇る。セットするワーム次第でも様々な表情を見せてくれるぞ。

ヘッド形状

中層でナチュラルな動きを生み出すタイプはラウンドヘッドが主軸。一方、カバー攻略型はすり抜け性の高いアーキーヘッド形状など。それぞれフックの根掛かりを防ぐガード付きが存在することが多く、カバーの濃さに応じてガードの量を調整することも可能だ。

When? いつ？	一年中
Where? どこで？	カバー周り、中層〜ボトム
How? どうやって？	ズル引き、シェイク

ウエイト

主に1グラム台から5グラム台が主流で、軽いほどオープン、重いほどカバー向けが一般的。スモラバ単体で使うことも少なくないが、多くはトレーラーとなるワームの重さを加味しての絶妙な選択が肝要となる。

使用するワーム

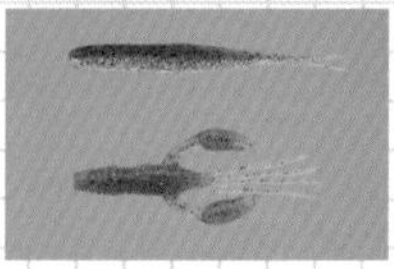

ピンテールで小魚を模すか、エビ系で甲殻類か。その場に応じて選択肢は自在。またヘッド重量を軽くしてスタックを防ぎ、高比重トレーラーで投げやすい重さを稼ぐなど、臨機応変なセレクトも。

水中での動き

例えばオープン向けスモラバを中層でスイミングさせたり、立木の中でカバー向けスモラバを使用したりなど使い方は様々。その場にいるであろうエサとなる生物をイメージして、トレーラー及びアクションを選ぶことも一興だろう。

スモールラバージグ用 定番ワームミニカタログ

デイトレーター（ゲーリーインターナショナル）

触角とツメは水流を受けると自発的に微振動を発生。1点シェイクでその機能はさらに倍増する甲殻類系トレーラー。

エグバグ（レイドジャパン）

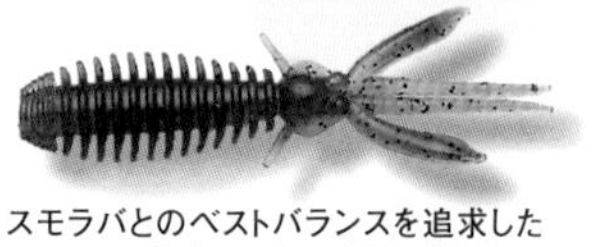

スモラバとのベストバランスを追求したフォルム。水噛みの良さは操作感を増し、入力に応じて各パーツが微振動を発生。

ビビビバグ（一誠）

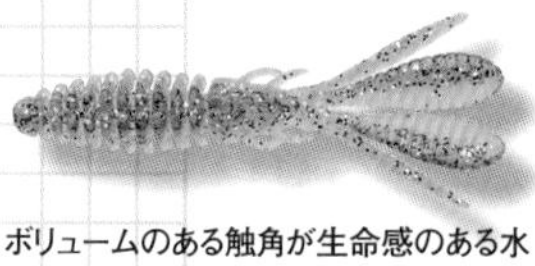

ボリュームのある触角が生命感のある水流を生み、脚部は繊細に振動。スモラバのパワーを増幅する超多節甲殻類系。

アントライオン（エバーグリーンインターナショナル）

アリジゴクをイメージしたフォルムは、アクション時のみならずポーズ時でも自発的に振動。バスの本能を刺激する。

リグ 解説編

スピナーベイトなどワイヤーベイトの部類に入るかと思いきや、食わせの主軸となるのはジグヘッド。まるで傘のように四方へとアームが広がるアンブレラリグの正体とは、はたして?

Umbrella Rig

SOFT

アンブレラリグ

"傘"状のアームが小魚の群れを演出!

まるで"傘"のように幾本ものアームを広げ、各先端にはブレードもしくはジグヘッドを装着するのが"アンブレラ"リグ。2010年前後に本場米国で注目され始めた比較的歴史の新しいリグで、当初は主な発信源となったアラバマ州を由来とするアラマバマリグと呼ばれ日本へ普及した。

リグ全体に圧倒的なボリューム感を持ち、その泳ぐ姿はまるで小魚の群れを彷彿。普及当初は米国のみならず国内でも『釣れ過ぎるリグ』として認知され、バストーナメントでは使用禁止する団体も存在するほどのムーブメントに。

かつてはアームの全てにジグヘッドリグを装着するのが、アンブレラリグの流儀。しかし、近年では四方に広がるアームにはブレード、食わせとなる中央のアームにのみジグヘッドを装着した次世代モデルも登場。巷では『ブレードアラバマ』『ワンフックアラバマ』などと称され、国内トーナメントでもルール上で使用可能となったことがブーム再燃を後押しする。さらにはアームの本数が増えたものも登場している。

インパクトの強いルアーだけに、一部では1投勝負とも呼ばれる存在。アナタは使いこなせるか。

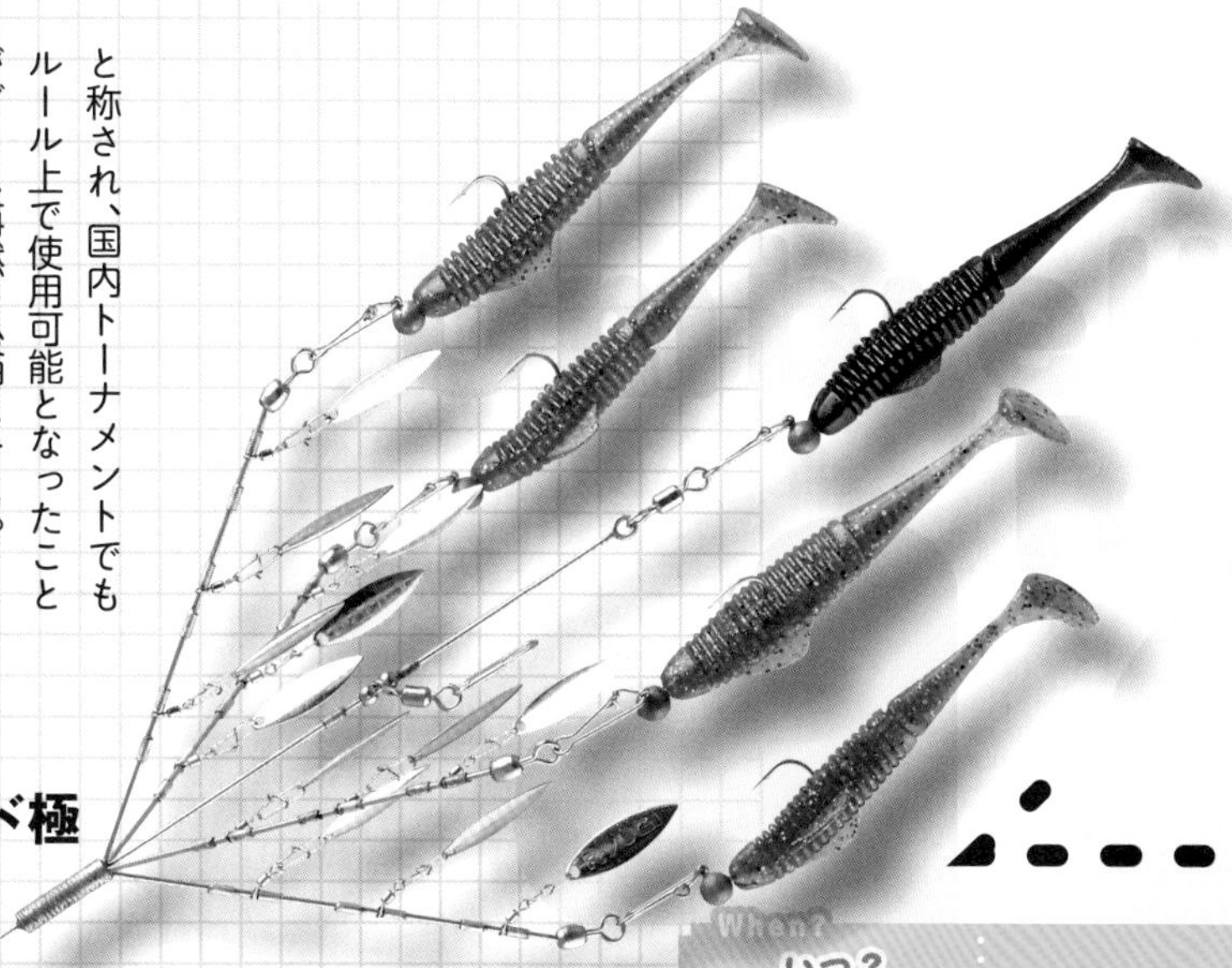

R ヴァンガード極
(リューギ)

1ジグヘッドに集中か複数でチャンス増か

主に5～7本のアームを四方に伸ばし、水中で小魚の群れを演出するのがアンブレラリグ。画像のモデルは四方のワームに数々のブレードが装着されたタイプ。中央アームにのみジグヘッドを装着する使い方も登場した。ブレードでアピールして、より深いバイトを1カ所に集中させる仕組み。一方全てのアームにジグヘッドを装着するタイプは、寄せた魚を即座に仕留める効率重視型だ。

When? いつ?	1年中
Where? どこで?	カバー周り
How? どうやって?	ただ巻き、シェイク巻き

水中での動き

投げて巻くだけ。時にミドスト的な展開も

その泳ぐ姿は人間が水面上から見ても、まるで小魚の群れ。バスは大型ほど、一度で大量のカロリーを摂取したい欲望を持つと言われ、アンブレラリグはその適役。投げて巻くのみならず、シェイクを交えたミドスト的な巻きも有効だ。

アンブレラリグ用 **定番ワームミニカタログ**

スイングインパクトファット (ケイテック)

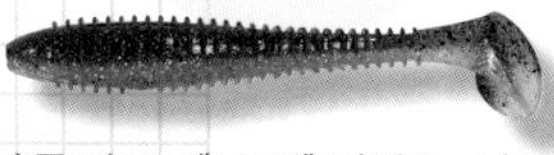

本国でもアンブレラリグの定番ワームとして知られるシャッドテールワームの雄。適度な水押しと安定感が定評だ。

フィッシュローラー (レイドジャパン)

ヘッド部の水押し、各パーツによる適度な抵抗は使用感を生み、ミドストやホバストでも定番。リアルな造形も◎。

ハドルファットフライ・エラストマー (イマカツ)

より浮力を高めるべくエラストマー素材を採用。高耐久性マテリアルは投げて巻きを繰り返すスタイルにマッチ。

リズムウェーブ (ジャッカル)

ハイピッチで強過ぎず弱過ぎないウォブル系アクションが秀逸。スローからファストまで追従するバランスに注目。

脱初心者のためには？

行ける限り釣りに行く！ 釣れるまで辞めない！

なにはなくとも釣りに行かないとバスは釣れないわけで。釣り場にいないとわからないことっていっぱいあります。もしかしたら、釣り場でバスを釣っているひとに出会うかもしれませんし、その人から大きなヒントを得られるかもしれません。バス釣りは正直、簡単ではありません。でも１匹でも釣れたら間違いなく上達できると思います。

釣れるイメージを持ち続けよう

魚が釣れて震えたり涙が出たりっていう体験、バス以外ではなかなかないと思うんです。そんな素晴らしい釣りができるイメージを持ち続けましょう。スポーツでも勝利のイメージを持つことは大切であるとされていますよね。それと同じです。そういったイメージを持っていれば、諦めずに続けられますし上達につながると思いますよ。

ブラックバスのことをよく知ろう

今の時代って、動画を見れば今どこで何をすれば釣れるのかがわかったりするじゃないですか。でもそれだけで釣りをしていると、あとが続かないんです。大切なのはなぜ釣れるのかの部分。釣れた理屈が欲しいんです。そのためにはやっぱりブラックバスのこと、具体的に言うならば、生態をよく知る必要がありますね。

佐々木勝也

ささき・かつや／バス釣りをはじめて5年間は全くバスが釣れなかった、誰よりも初心者の気持ちが分かる男。現在は霞ヶ浦界隈でその名を知らぬものがいないほどのエキスパートに成長。さらには渋谷の女性100人が選ぶイケメンバスアングラーにも輝いている。

釣り場で必要な知識と技術

キャスティングが楽しい。ルアーを動かすのが楽しい。
フィールドに立つのも楽しい…。釣り場で必要な知識と技術をしっかり
身につければ、バス釣りは単に魚を釣るだけの遊びではなくなってくる。
そのための第一歩がここからはじまるのだ。

ホントにすっげーいろいろあんだなぁ…
悩む〜〜〜っ
悩め悩め
でもやっぱりおっちゃんが釣ったのがいいなぁ〜
釣れそう!
ちらっ
…しょうがねぇなぁ
んじゃさっきのバックラッシュを自分でなおせたらな!
バックラッシュの直し方
バックラッシュしたら出せるだけ糸を出して
糸を指で押さえて無理やり巻く…
ギリ
ギリ
ギリ
少し巻いたら糸を引っ張り出して
また無理やり巻く…
これを何度も何度も
何度も何度も何度も何度も繰り返していると…
ギリ
ギリ
30分後——
やった!!できたよおっちゃん!
なおったよ!!
へぇ〜結構頑張んじゃん…

よーし ライジャケ 着けたな！
そんじゃ次は キャスティングを・・・
うりゃ！
ビュ
安全のためライフジャケットは必ず装着しよう
でも今度は バックラッシュ しなかったもん ねー
ちゃんと指で押さえたし
へへっ
LURE SHOP MOTOS
だから 人の話を・・・
・・・そんかわり 全然遠くまで 飛ばなかった けど・・・
狙ったとこ
このへん
バックラッシュ ビビリすぎだな
うわ！ うわ!!
でも 油断すんなよ？
えっ・・・
バスはいつ 喰ってくるか・・・
え!? 釣れたの!?
失敗したのに なんで!?

タックルの準備

釣り場に行く前と釣り場についてからの準備

バス釣りに必要な道具を揃えたら、次は使えるようにするための準備が必要だ。フィールドに行ってから考えることもあるが、それ以前の出発前にやっておきたいこともある。なれないうちは時間がかかるかもしれないが、しっかりと準備しよう。

釣りに使えるようにタックルを用意しよう

せっかく道具を揃えても、しっかりと準備を整えなければ釣りには使えない。ここでは、フィールドに出かける前に必要な準備と、現場に到着してからの準備を予習しておこう。

まず、バス釣りをはじめとしたルアーフィッシングでは、リールにラインを巻かないと釣りにならない。そのため、できれば釣り場に行く前にラインは巻いておきたい。ショップでラインを購入した場合、リールにラインを巻いてくれるサービスがあるのでそちらを活用するのもOKだ。ただし、色々な構造を覚えるために、また緊急時にひとりでラインを巻き換えられるようになるためにもしっかり覚えておくことをオススメする。

釣り場での準備は、ロッドにリールをセットするところから始まる。確実に取り付けて、釣りの最中に事故が起きないように気をつけたい。ロッドの破損に気をつけつつ、ガイドにラインを通したらルアーをセットして準備完了だ。

なお、フィールドで準備する際には安全にくれぐれも気をつけるように。

ラインをリールに巻く

❶リールセット

まずはロッドにリールをセットする。2ピースロッドなら、グリップ側のみを使ったほうがより安全だ。

❷ラインを通す

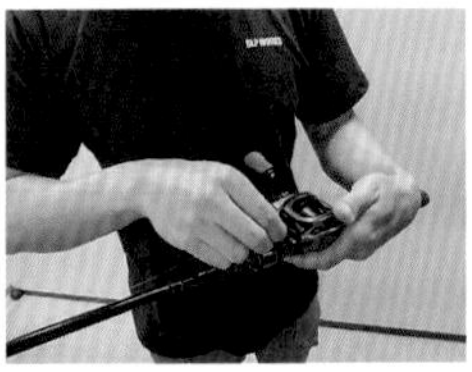

巻きたいラインを1～2メートルほど出し、ロッドの先端側のガイドから通していく。スピニングリールの場合はベイルアームを起こした状態で、ベイトリールではレベルワインダーにラインを通した状態でそれぞれスプールに結びつける。結び方はクリンチノットやユニノットでOK（88ページ参照）。端糸をカットしたら小さくカットしたセロハンテープなどで結びコブを覆い隠しておこう。

❸ラインを巻く

濡れ雑巾などでラインをはさみ、摩擦熱ががからにように注意しつつ、テンションをかけて巻く。このとき、巻きたいラインのスプールは縦方向に回転させるのが基本。中央の穴にペンなどを通し、それを誰かに持ってもらうのが一番確実だろう。ひとりで行う場合はペンを足の指でささえたり、スプールごと水を張ったバケツに沈める、靴を利用するといった方法で対応する。なお、ラインを巻くための専用道具も販売されている。

❹適度な量を巻いたら準備OK

リールのスプールに巻かれたラインが写真のような分量になればOK。少なすぎると思うように飛ばせないし、多すぎるとトラブルが連発するので注意。それぞれのリールには糸の太さと巻ける量が明記されていることもあるので、そちらも参考にしたい。スピニングリールはスプールに付いているラインストッパー（付いていない場合はスプールバンドなどを使用して固定しよう）にラインを挟み込んで、ベイトリールはハンドルやリールフットに軽く結びつけた状態でラインをカットしたら準備完了だ。

❶ ロッドを組み立てる

1ピースロッドの場合は省略できるが、2ピース以上のロッドの場合、まずはロッドを組み立てる。竿袋に入っているのなら慎重に取り出し、ジョイント部分をつなげる。このとき、軽く差し込んだ段階でガイドが一直線になっていることを確認してから力を入れてジョイント部分を押し込もう。

❷ リールをセットする

リールシートの上（または下）に付いているロックを回転させて緩め、リールフットをあてがった状態でロックを締めてリールをセットする。このとき、しっかりと締め込んでがっちり固定しておこう。使用している際に緩み始めると、突然リールが外れることもあるので、釣りをしている最中にもたまに締め直すのがオススメ。

❸ ラインを通す

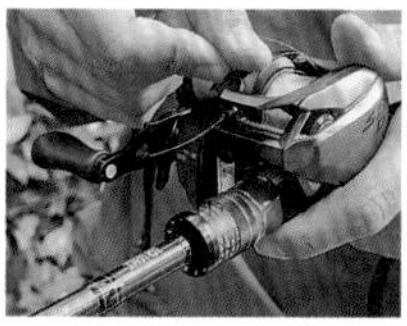

リールをロッドに装着したらスプールからラインを出していこう。このとき、ベイトリールはレベルワインダーにラインを通し、スピニングリールはベイルアームを起こした状態でラインを引き伸ばす。ロッド2本分程度の長さを引き出したら、ベイトは軽くハンドルを回してクラッチをつなげ、スピニングはベイルアームを倒しておこう。

❹ ガイドに通す

リールに一番近いガイドから、ラインをひとつひとつ通していく。先端に行くほど遠くなるので、なれないうちはあらかじめロッドを寝かせるか立てかけておくのがやりやすい。繊細なティップ周辺にラインを通す際はくれぐれも慎重に。

スナップと直結とスプリットリング

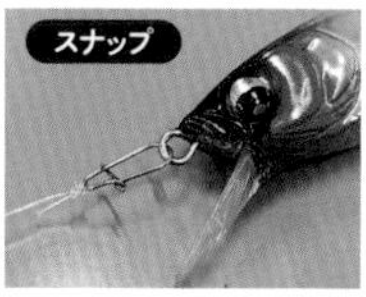

ラインとルアーを結束する際にはいくつかのパターンがある。ソフトベイトを使用する場合、ワーム用のフックに直接結ぶのが一般的。これは繊細なロッド操作をよりダイレクトにワームに伝えることができるからだ。一方、プラグの場合はルアーそのものをより自由に泳がせるためにアイに直結することは珍しい。標準で装着されていることの多い「スプリットリング」に結ぶか、市販（ルアーに装着されていることもある）されている「スナップ」と呼ばれる金属パーツで接続する。スナップはラインを結び直す手間をかけず、ルアー交換が素早くできる優れもの。しかし結び目が徐々に弱るので、数時間に1回は結び直すのがオススメ。

準備完了

ガイドにラインを通し終えたら準備完了。88ページを参考にラインをルアーに結ぼう。

ドラグ

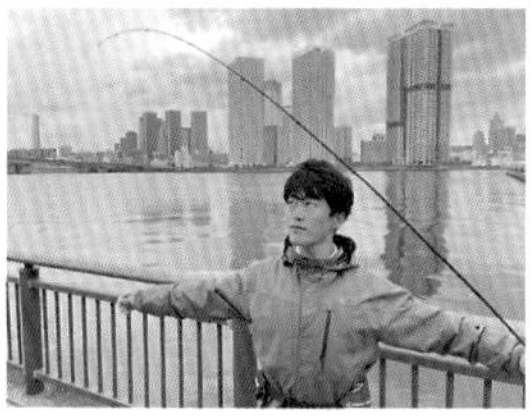

ドラグはベイトリール、スピニングリール共に搭載された機能。一定上の負荷をかけるとスプールが逆回転を起こし、ラインが出ていく構造になっている。ドラグを設定することで、ラインが切れてしまうほどの過負荷が掛かる前にスプールからラインが少しずつ滑り出し、ラインブレイクを防止してくれるのだ。竿が曲がった状態でラインを引っ張り、グッと力を入れた瞬間にラインが少し出るくらいにまで、締め具合を調整しよう。

ロッドの性能から扱いやすいルアーを探す

基本的にロッドには2種類の性格付けがされている。ひとつはアクションと呼ばれるもので、竿の曲がり方を表し、ルアーの使いやすさが異なってくる要素となっている。そしてもうひとつがパワー。投げられるルアーの重さに関わってくる要素となっている。準備したロッドがどのようなものか確認した上で、最適なルアーを選んでいこう。

アクション

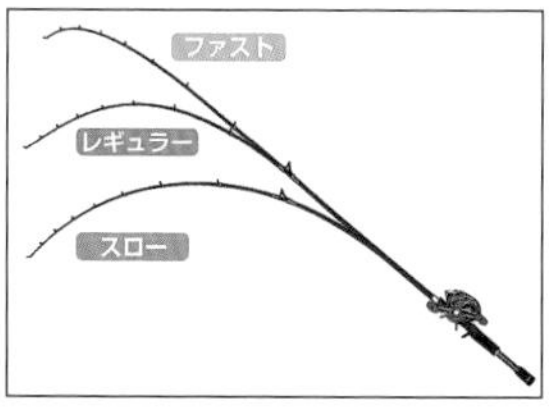

テーパーと呼ばれることもある。ファストアクションは竿先が曲がる、いわゆる先調子の竿のことでワームなどの操作に向いている。繊細な操作をしやすく、また、竿先から手元（胴元）までが硬いのでしっかりとしたフッキングを決めやすい。全体的に曲がる竿はスローアクションと呼ばれており、魚からのアタリや強烈な引きを竿全体のクッション性で受け止める柔軟さを持つ。レギュラーアクションはその中間。

パワー

竿の持つパワーの度合いを示す。主に使用するルアーの重さに影響を及ぼすほか、魚とのやりとりのやりやすさにも影響を与える。ミディアムを中心に、ヘビー方向で強く、ライト方向で弱くなっていく。それぞれで対応するラインの強さも異なっている点に注意したい。

表記	UL	L	ML	M	MH	H	XH
パワー	ウルトラライト	ライト	ミディアムライト	ミディアム	ミディアムヘビー	ヘビー	エクストラヘビー
硬さ	柔らかい	←		標準		→	硬い
適合ルアー（グラム）	～4	2～7	4～15	7～21	10～30	12～60	12～90
適合ライン（ポンド）	3～6	3～10	8～14	10～16	12～20	14～30	14～30

※製品の価格、ベイトとスピニングでも変わることがある。あくまでも目安なので注意。

糸の結び方（ノット）

細く丈夫な釣り糸（ライン）を用いるバス釣りでは、その結び方が非常に大切となる。普段の生活では馴染みのない結び方ばかりだが、一度覚えてしまえばいろいろなところで応用が効くので、しっかり覚えよう。

超基本ノット4選

釣りにおいて、あらゆる場面で使用する超基本のノットを4種類紹介。
いずれも優れたノットなので、まずは1つだけでも覚えればOK。

一つずつ覚えていこう!!

パロマーノット

シンプルな工程だが強度は抜群！

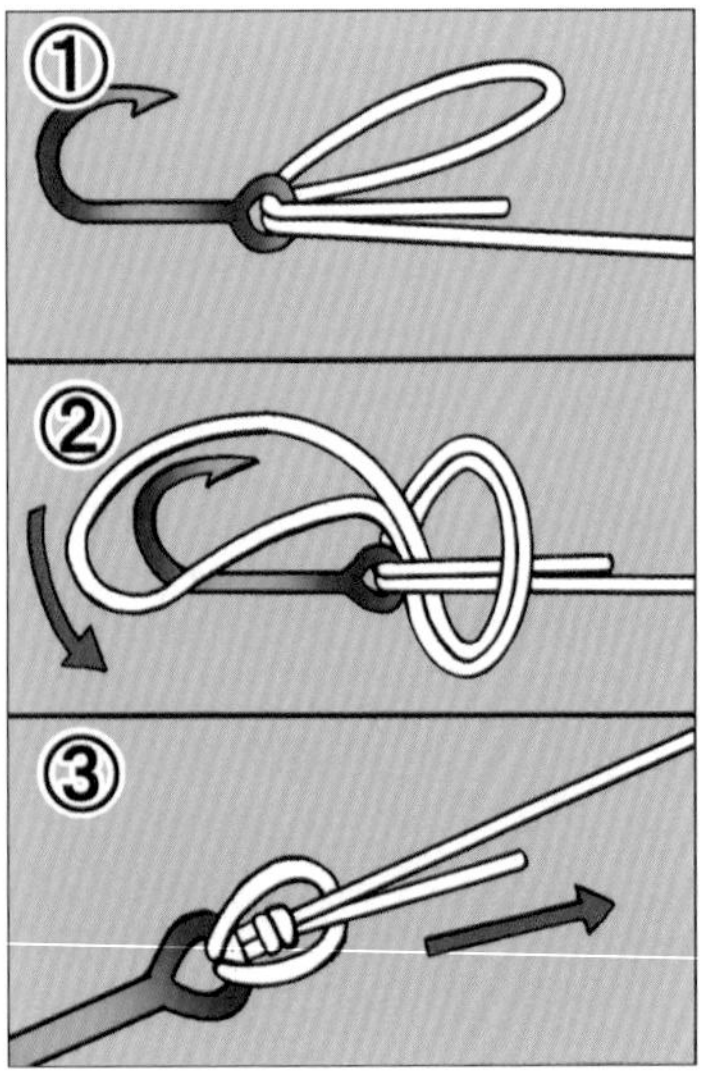

①ラインの先端を二つ折りにしてアイに通す。

②通したラインで元のラインと端糸の2本をまとめて結び、締め込まずに先端の輪にルアー（スナップやフック）をくぐらせる。

③端の2本を引っ張りつつ形を整えて絞め込めば完成。

ユニノット

応用性抜群の基本ノット

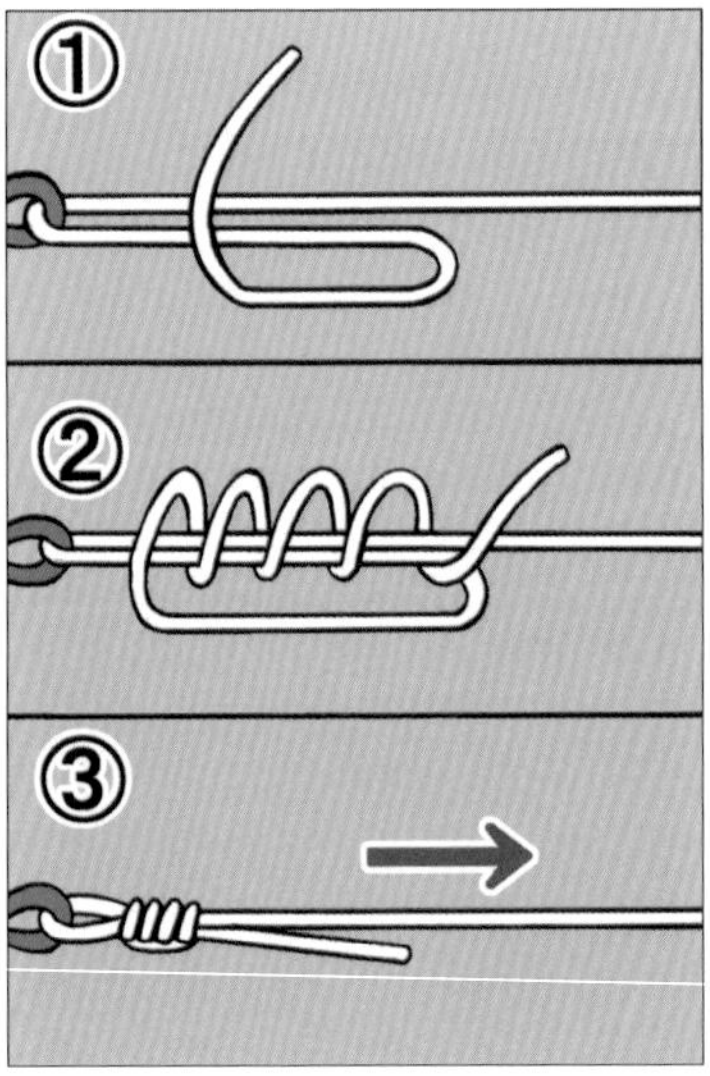

①アイにラインを通し、その先端を折り返してループを作る。

②ラインの先端を①で作ったループに4～5回くぐらせ、2本のラインに巻き付けていく。

③本線を引っ張り絞め込んで完成。

ハングマンズノット

慣れれば最速の高強度ノット

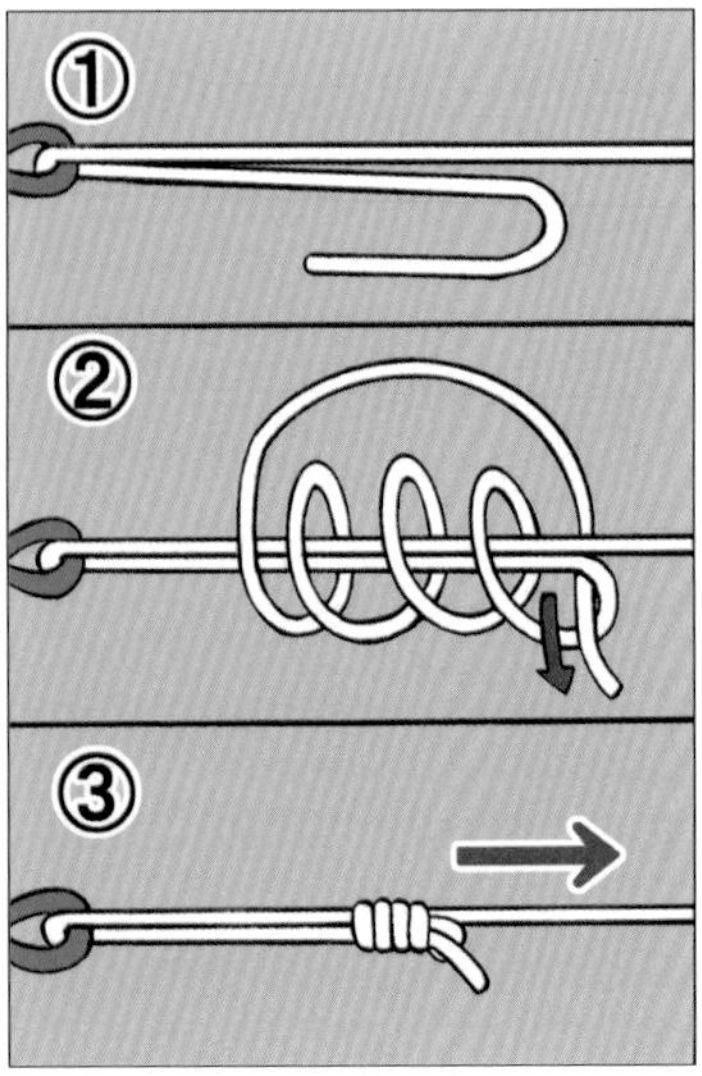

①ラインの先端をアイに通したら、15センチくらいのところで折り返す。

②端糸と本線をあわせて4～5回巻き付け、折り返しでできた輪に先端を通す。

③本線と先端を引き、ある程度形ができたら本線で絞め込んで完成。

クリンチノット

巻き付けて2回通すだけの簡単ノット

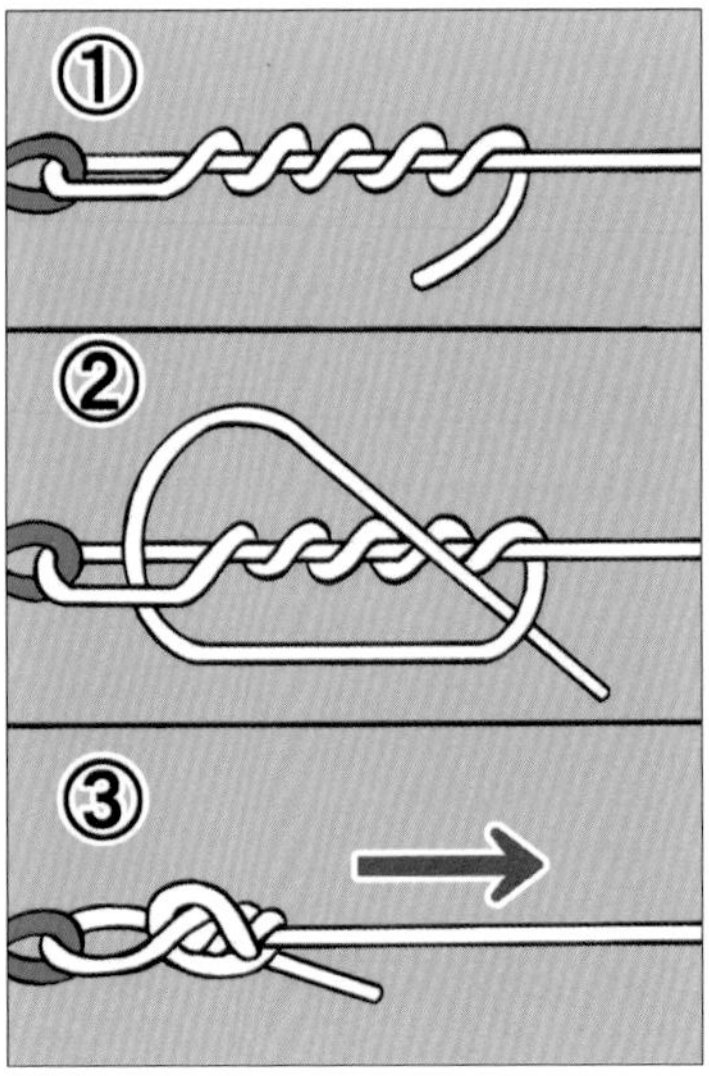

①ラインの先端をアイに通し、本線に5～6回巻き付ける。

②巻き付けたラインの先端を根元にできたループに通し、さらにその際にできたループにくぐらせる。

③ある程度絞め込んでから、本線を引っ張り結び目をアイに寄せたら完成。

応用ノット2選

ノットは日々進化しており、本書ではとても紹介できないくらいにその種類は豊富。超基本の4種類を覚えたひとには応用編として追加で2種類のちょっと特殊なノットを紹介しよう。

フリーノット

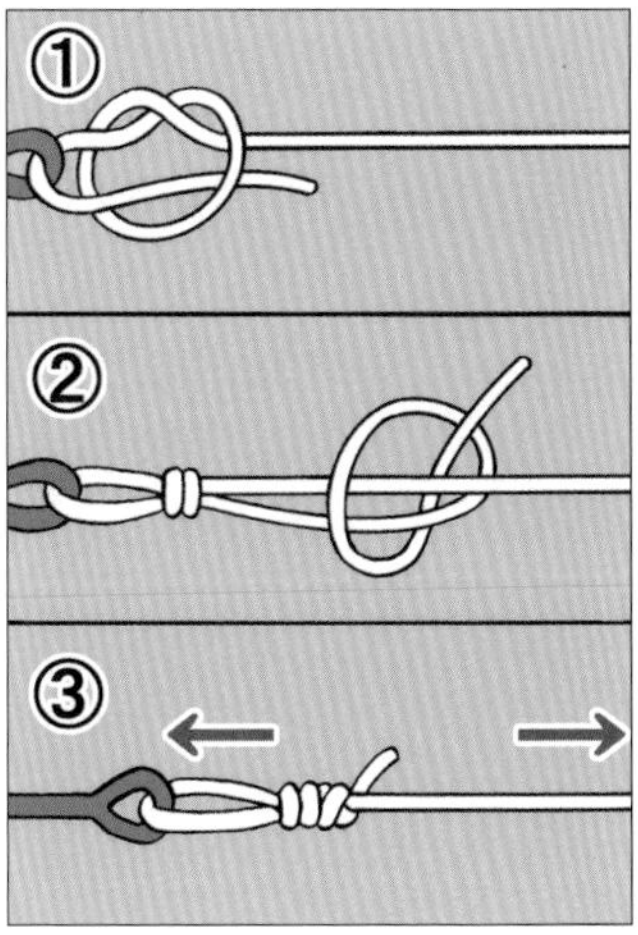

ルアーがよく泳ぐ便利ノット

①ラインの先端にかた結びを作ってからラインの先端をアイに通し、かた結びの輪に通す。

②本線を軽く引いてコブを作り、そのコブの近くで本線にかた結びを作る。

③本線を引いてコブ同士をくっつけたら完成。

イモムシノット

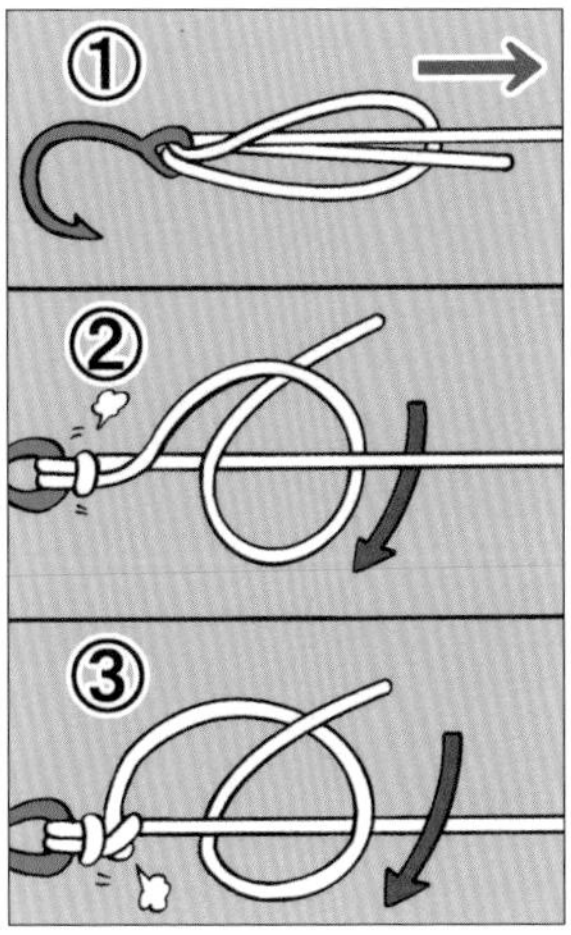

手間はかかるが強度は最強クラス！

①二つ折りにしたラインをアイに通し、その輪にルアー（フックやスナップ）を潜らせ、引き締める。

②ラインの先端を本線の下へ潜らせ、ループの中に通す。

③②とは逆にラインの先端を本線に跨ぐようにし、ループの中に通す。②③を合計4～5回繰り返して完成。

ライン同士のノット2選

最後に紹介するのは、ラインとラインを結びつける方法。ここではリール側のラインをメインライン、結びつけるラインをリーダーと呼ぶ。特にPEラインを使用する際には覚えたいノットたちだ。

電車結び

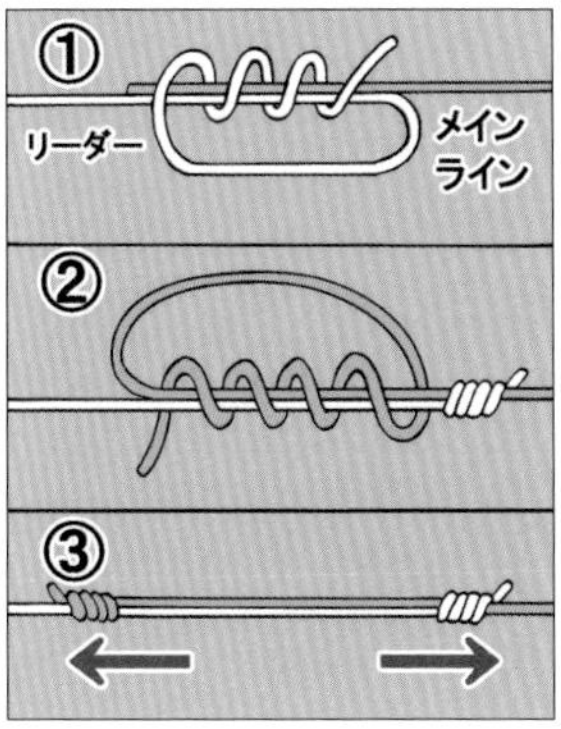

ユニノットができれば簡単に結べる

①リーダーとメインラインを互い違いに重ね、リーダー側で輪を作り、その先端をユニノットの要領でメインラインに巻き付けるようにして輪の中へ3～5回通す。

②メインライン側でも①と同じ作業を行う。

③リーダーとメインラインを引っ張り、締め込んだら完成。

トリプルサージェンスノット

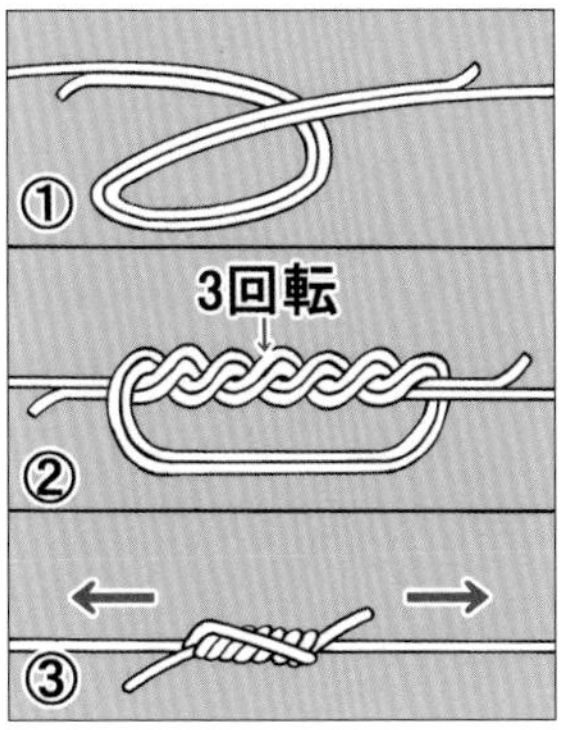

簡単かつ実績十分のライン同士を結ぶ方法

①メインラインとリーダー、2本のラインを重ねて輪を作る。

②メインライン側の先端とリーダーすべてを輪の中で3回巻き付ける。

③ゆっくり両端を引いて絞め込んだら完成。

ノットの注意点

結び目を濡らす ラインは熱に弱い。そのため、締め込む際に生じる摩擦熱でも強度が下がる可能性もある。そこで結び目をツバなどで濡らして締め込むのも有効な手段となる。

しっかり練習する せっかく魚が掛かったのに、結び目が解けて逃げられてしまった…。そんなことにならないように、ノットはしっかり練習しておこう。家の中でも気軽に取り組むべし！

端糸は少し残して切る ルアーなどに結んだ後に残る先端を端糸と呼ぶ。この部分があっても釣果に直接差はでにくいが、ルアーアクションの妨げになることもあるので短め（5～10ミリ）に切ってしまおう。

動画を見て覚えよう！

今回紹介した基本のノット4種類と応用のノット2種類は、YouTubeにて動画形式で解説している。結ぶためのスピードや、強度も比較実験をしているので要チェック！

FGノット

中級者以上は覚えたい高強度高難易度ノット

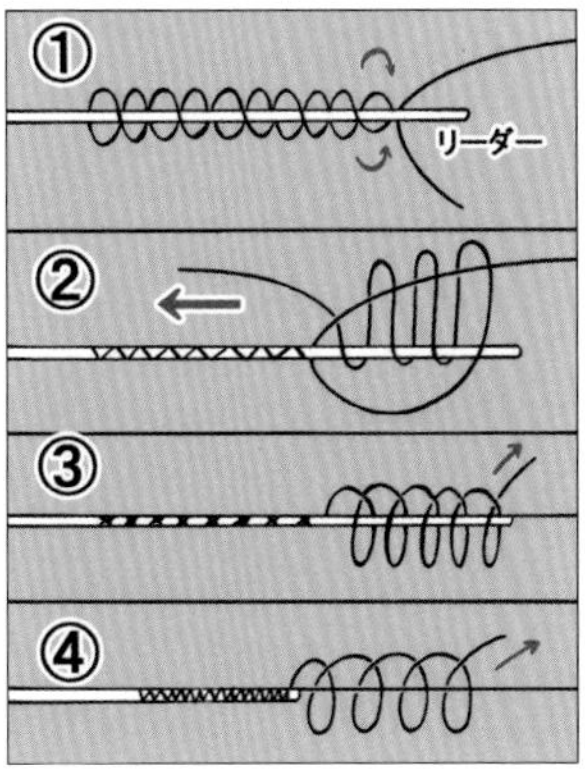

①リーダーにメインラインを10～15回ほど編み込む。

②メインラインの先端で輪を作り、本線とリーダーを一緒に3回ほど巻き込み強く締め込む。

③メインラインの先端部で本線とリーダーをまとめてかた結び。これを1回ずつ強く締めつつ、4～5回行う。

④リーダーの長さを超えたら本線単体でも③の工程を施して完成。

タックルの準備完了！ となったらいよいよルアーを投げる「キャスティング」！ …の前に、もう少しだけ待ってほしい。各リールを投げる前後に必要な動作やトラブルシューティングを学んでおこう。

投げる準備

投げる前

スピニング ベイルアームを起こす

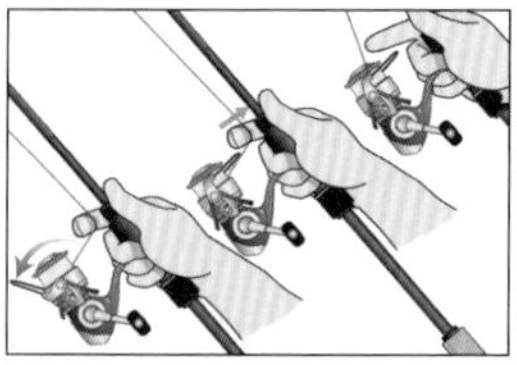

ラインローラーがリールの上側に来ている状態で、ロッドを握っている手の人差し指でリールから出ているラインを拾おう。そのあと、ベイルアームをカチリと起こせば準備は完了。投げる瞬間、タイミングよく人差し指を離すことでルアーが飛んでいく。

ベイト クラッチを切る

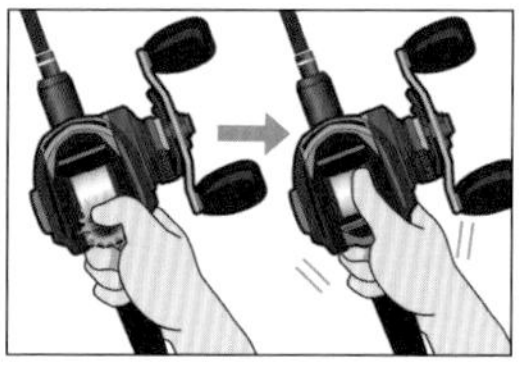

リールのサムレバーを押せばクラッチが切れて、スプールがフリーで回転するようになる。そのため、サムレバーを押したらそのまますぐにスプールを親指で抑えよう。キャスティングの際にはタイミングよく、スプールから指を離すことでルアーが飛んでいく。

ポイント たらしの調整

クラッチを切ったりベイルアームを起こしたりした際に、ティップからルアーまで出ているラインの長さを「たらし」と呼ぶ。なれないうちは10センチ程度のたらしが基準となる。軽いものを投げたり、より遠投させたいときにはもっと長く、逆に正確なキャストを決めたいときには短くすることも。

周囲に気を配る

キャスティングの際には大きくロッドを振り回すことになるので、周囲の安全には気を配りたい。自分を中心とした3メートル以内に人がいる場合にはキャストは控えよう。

キャスト

準備が完了し、まわりの安全を確認したらいよいよキャスティング！ 91〜94ページにあるキャストを覚えて、状況に応じて使いわけたい。

投げた直後

ベイト サミング

回転するスプールに対して親指を触れてラインの放出を調整する動作をサミングと呼ぶ。とくに投げた直後とルアーが着水する瞬間に重要な動作。バックラッシュというライントラブルを発生させないためにも必須のテクニックといえるだろう。

スピニング フェザリング

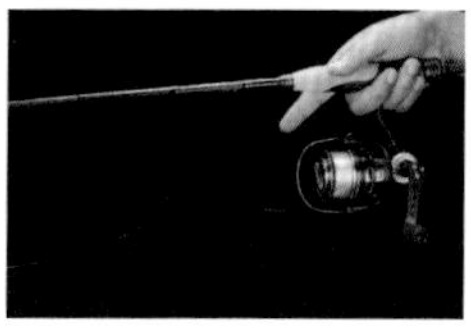

ラインを離した人差し指でラインやスプールに触れることで、放出されるラインの量を調整するテクニック。ルアーが飛んでいる最中にスプールエッジに人差し指をあてがえばラインの放出が止まり、飛んでいるルアーにブレーキがかかる仕組みだ。

ルアーの着水後

ベイト クラッチをつなぐ

フリー回転するスプールを止めるためには、クラッチを再びつなぐ必要がある。このとき、ベイトリールならハンドルを回すだけでOK。フォールさせるならすぐにつなぐ必要はないので、そのまま待とう。

スピニング ベイルアームを寝かす（巻く）

スピニングリールでは、再びラインを巻けるようにするためにはベイルアームを元の位置に戻す必要がある。また、ほとんどのリールに、勢いよくハンドルを回すことでベイルアームが元の位置に戻る機能も搭載されている。

キャスティング時のトラブル

スピニング 糸ヨレ

スピニングリールではラインに巻きぐせが付きやすい。あまりにもひどいと、ラインが勝手にスプールに巻き付いてしまったり、よれて絡み合ってしまう。

対処法 ドラグを緩めた状態でラインを引っ張り出していく。よじれているラインが出てきたら丁寧に解きほぐそう。あまりにもひどい場合は切ってしまうのも手。

予防法 リールを巻く際にテンションをかけて巻く。定期的にラインを切ってよれている箇所を取り除く。

ベイト バックラッシュ

ルアーが飛んでいくスピードよりも、スプールの回転スピードが速いと発生するトラブル。ひどいとリールの中でラインが鳥の巣のようになってしまう。

対処法 クラッチを切ってラインをレベルワインダー側から引っ張り出していく。途中で止まった場合、クラッチを繋げて、スプールを親指で抑えつつハンドルを2回ほど巻く。その後クラッチを切ってラインを引き出すことを繰り返す。

予防法 リールのブレーキセッティングを強める。サミングでスプールの回転を調整する。

すべてのキャストの基本

オーバーヘッドキャスト

オススメのシチュエーション

遠くに投げたいとき

タックルを使ってルアーを投げる動作がキャストだが、キャストはただ投げるだけではなく、狙ったスポットに投げ入れられることが重要になる。まずは基本中の基本、オーバーヘッドキャストから!

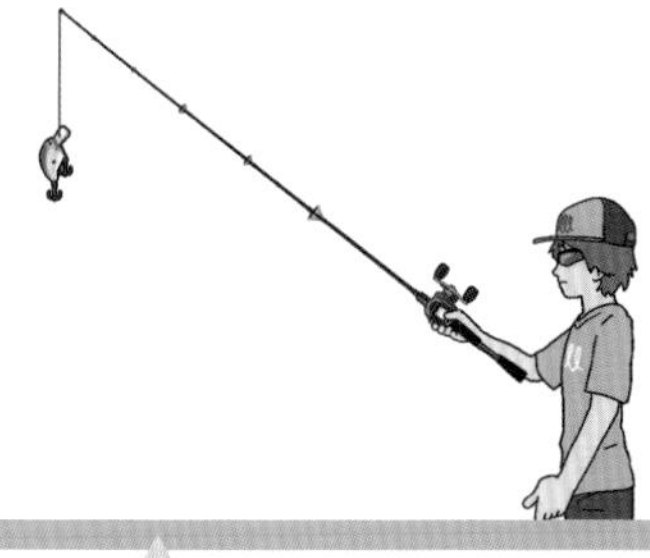

1 正面から頭上へと振り上げる

リールを投げられる状態にしてタラシを適度に取り、ロッドをへその位置で投げたい方向に構える。この時、体も投げる方向に向けること。そこから腕をリールを持つ側の頭の横からやや後ろまで振り上げる（テイクバック）。反対の手はリアグリップを握ったままにする。

ポイント ・投げる方向に体を向ける ・握っている手はズラさない

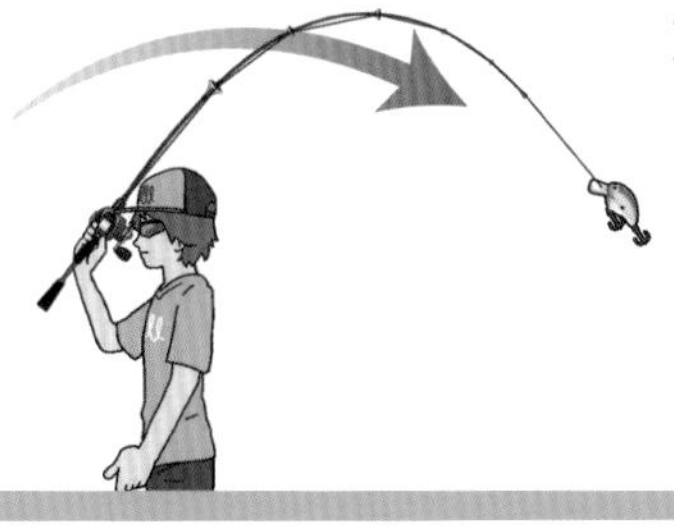

2 重みを感じて前方へ振り抜く

頭の横までリールを振り上げたら、リールを持つ手の手首を後ろに返し、手首を戻しながら（スナップを利かせる）振り上げた方向に戻すように振り抜きラインを押さえた手を離す（リリース）。腕全体ではなく脇を締め、肘から先と手首だけを動かして振ろう。

ポイント ・手首のスナップを使う ・脇を締めて素早く振り抜く

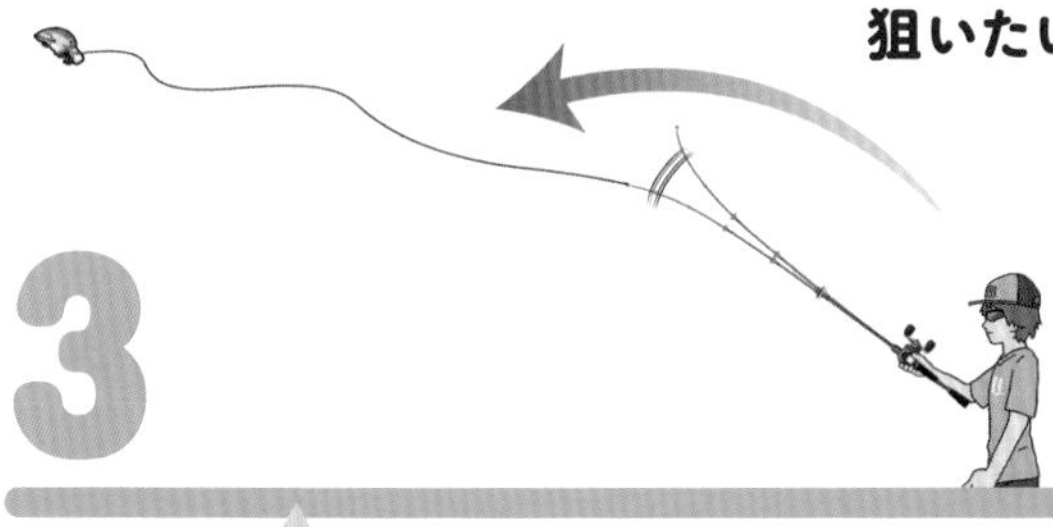

3 狙いたい方向へロッドの先を向ける

ルアーが飛んでいく方向にロッドの先を向けると、ラインの放出の邪魔（抵抗）にならないので飛距離が伸びる。ルアーが着水するまでは同じ姿勢をキープしよう。ベイトタックルの場合は着水までサミングも忘れずに。この投げた後の動作をフォロースルーと呼ぶ。

ポイント ・ルアーから視線を外さない ・ベイトならサミングも意識する

頭の上を通すことを意識して投げる

投げるルアーが頭の上を通るオーバーヘッドキャスト。ロッドを振りかぶるテイクバックからスイング、ラインを離すリリースまでの一連の動作を、ルアーが頭の上を通るようにタックルを動かすことを意識すると投げやすい。

オーバーヘッドキャストは、ルアーを遠くまで運ぶ遠投性と、思った場所に入れられる精度の両方を兼ね備えたキャストで、ロッドを振れないといった場所的な制限がある場合を除けば、あらゆる場面で使うことができる。

当然だが、手で投げるよりも遠投性と精度は圧倒的。ロッドのありがたさを実感できるはずだ。

基本から遠投まで対応

意識せずに投げられるようになれば、多少型が崩れても遠投性と精度をキープできる使い勝手の良さが、オーバーヘッドキャストがバス釣りの基本のキャストと呼ばれる理由のひとつ。身体を傾ければ頭上に障害物があっても投げることもできる。

リリースタイミングが重要

振り抜いた時にラインから指を離すリリースのタイミングによって遠投性と精度は大きく変わる。タイミングが早すぎると高く上がりすぎて距離が出ず（テンプラキャスト）、遅すぎると足元にドボンと突き刺さってしまう。まっすぐ飛ぶのがベストなタイミングだ。

サイドハンドキャスト・バックハンドキャスト

実用度 No.1

ルアーが頭の上を通るオーバーヘッドに対し、体の横（体側）を通るのがサイドハンドキャスト（&バックハンドキャスト）。
基本、腕を振る角度を変えるだけなので、それほど難しくはない！ はず!?

サイドハンドキャスト

オススメのシチュエーション
中距離を精度良く狙いたいとき、利き手と逆側に竿を振れないとき

1 正面から利き手側横方向にロッドを振る

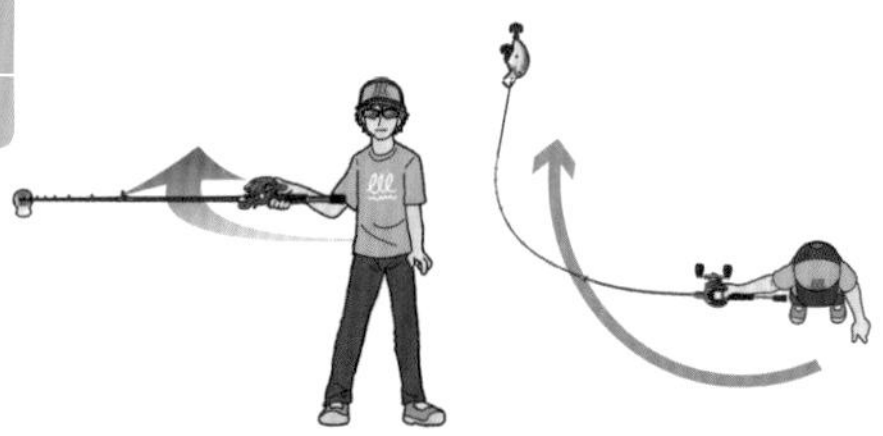

タックルを握る手、キャスト前の構えはオーバーヘッドキャストと同じ。リールを頭の横ではなく、脇腹あたりに持っていくようにテイクバックし、脇を締めてコンパクトに振り抜こう。一度頭の横まで持っていってから体の横を通すのはサークルハンドキャストと呼ぶ。

ポイント ・体はひねらず投げる方向に向け続ける ・握っている手はズラさない

2 ルアーの重みを感じて前方へ振り抜く

体側までリールがきたら、スナップを利かせて戻すように振り抜く。リリースのタイミングもオーバーヘッドキャストと同じで、まっすぐ体を向けた方向に飛ぶようにする。フォロースルーも同様。ロッドの適合ルアーウエイトより軽いと飛ばしにくくなるのも共通だ。

ポイント ・手首のスナップを使う ・投げたい方向から目を離さない

バックハンドキャスト

オススメのシチュエーション
中距離を精度良く狙いたいとき、利き手側に竿を振れないとき

1 正面から利き手と逆方向にロッドを振る

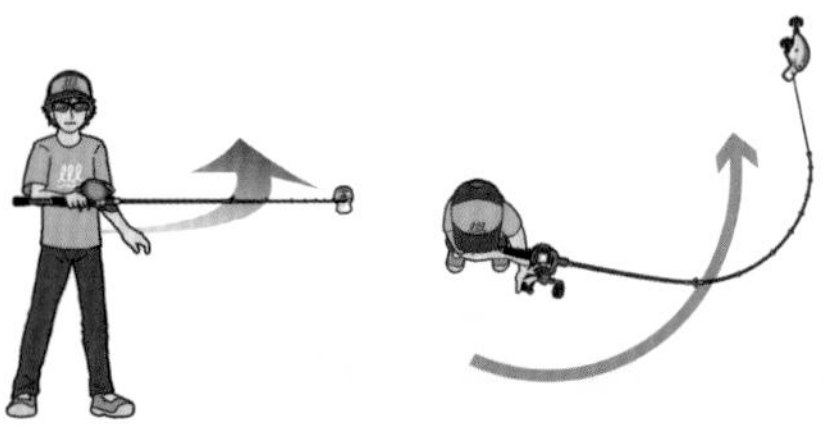

サイドハンドキャストとは逆の体側方向にロッドを振るのがバックハンドキャスト。どうしても不自然な動きになり正面を向き続けるのは難しいが、体をひねりすぎると手投げになりやすく遠投性も精度も低くなるので、脇を締め手の甲が上を向くようにすると、よりシャープに投げられるぞ。

ポイント ・体をひねりすぎない ・視線（頭）は投げる方向に向け続ける

2 ルアーの重みを感じて前方へ振り抜く

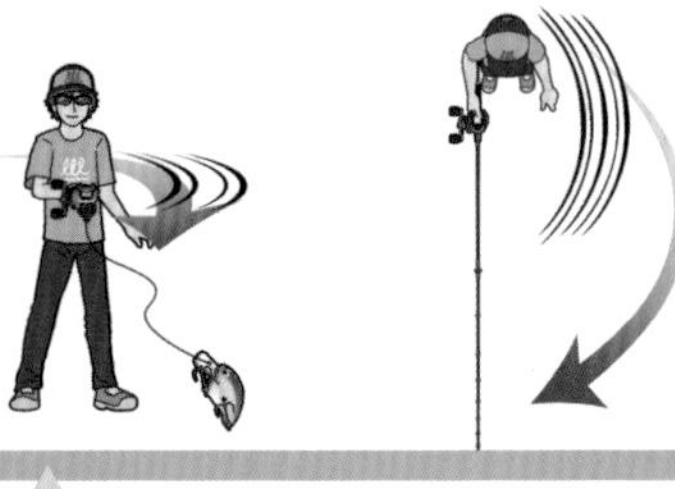

逆の体側までリールがきたら、スナップを利かせて、ロッドが地面（水面）と平行になるように脇を締めたまま振り抜く。リリースのタイミング次第で左右への投げ分けもできるが、まずはまっすぐに飛ばせることを目指そう。難度は高いが繰り返すことで上達は可能だ。

ポイント ・脇を締めて腕を振る ・手首のスナップを使う

遠投性よりも精度を重視したキャストがピッチング。
バスに気付かれないように近づき、そっとルアーを投げ入れるさまはまさに忍者のごとく。バスとの距離が近くなるのでムダな音は立てないように！

絶対に覚えたい近距離キャスト ピッチング

オススメのシチュエーション

近くへと正確に投げたいとき、低弾道で投げたいとき

1 ルアーを反対の手にもって構える

オーバーヘッド、サイドハンドキャストなどと同じく、投げたい方向に頭（視線）と体を向け、体の正面、へそのあたりにロッドが地面（水面）と平行になるように構える。他のキャストと大きく違うのは、リール持った手と反対の手にルアーを持つことだ。

ポイント　・視線は投げたい方向に　・ルアーを手に持つ

2 ロッドを一度下げて勢いをつける

手首を曲げ、ロッドを下に向ける。ロッドが長くて先端が地面に着くような場合は、足元にまっすぐではなく、リールの持ち手と反対側に逃がしても問題はない。この時、ルアーを持つ手はロッドを動かした手と同時に同じ分だけ動かして引くようにする。

ポイント　・ロッドの先を地面に当てないようにする　・ルアーを持つ手も動かす

3 振り子のように手元のルアーを飛ばす

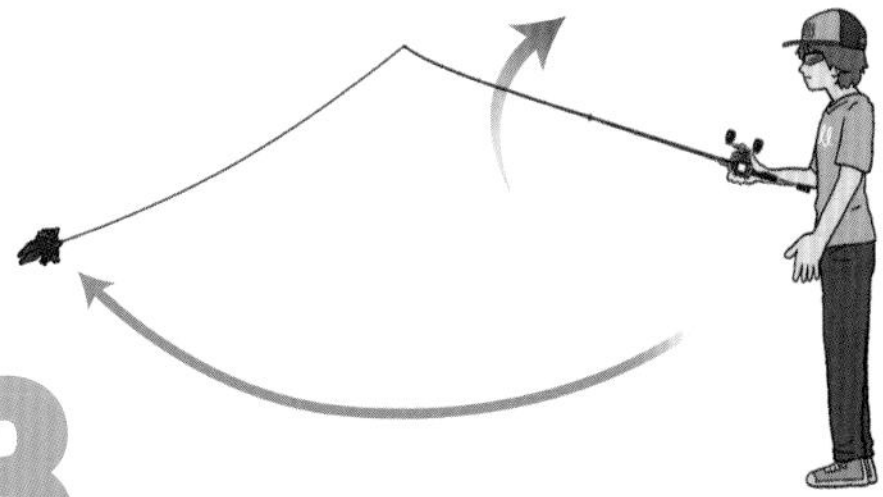

ロッドを下げたら脇を締めて手首のスナップを使い、前に押し出すようにロッドをすくい上げ、ラインを押さえていた手を離し（リリース）、同時にルアーを持っていた手も離す。この時の手は動かさず離すだけ。振り抜いた後、着水まではロッドは動かさないように。

ポイント　・脇を締め手首のスナップを使う　・ベイトタックルはサミングを忘れずに

的当てのように正確に投げる

ピッチング（pitching）には、飛行機などが進行方向に対して縦に揺れるという意味があり、ロッドを縦に振って上下させる動きから名付けられたと考えられる。

オーバーヘッドキャストやサイドハンドキャストのようにルアーの重さをロッドに乗せるためにテイクバックする必要はなく、究極的には手首のスナップだけでも投げることができる。その理由は飛距離よりも精度に特化しているからで、例えばボールを近くの的に当てるには、勢いよく振りかぶるよりも、下からそっと投げるほうが当てやすいのと同じと言えば理解しやすいだろう。

タラシの長さに注意

片手でルアーを持つピッチングでは、投げる前にタックルを構えた時、ラインを張らず緩めずの状態にしてリールの位置くらいでルアーを持つのが適当だ。長すぎるとロッドを振ってもルアーに勢いがつかず、逆に短すぎてもロッドが曲がりすぎて投げにくくなる。

スキッピング

テイクバックで素速く勢いを付けてロッドを振ることで飛距離は伸びるが、さらにリリースとルアーを離すタイミングを少し早くすることで、石が水を切るようにルアーを水面で跳ねさせるスキッピングも可能。狭いオーバーハングの奥にもルアーを送り込むことができる。

できなくても釣れるけど、できればもっと釣れる！ かもしれない
応用キャスト×4。ちょっとクセはあって簡単ではないけれど、
決まっただけでも気分はサイコー!? 覚えておいてソンはないはずだ。

シチュエーションによって使い分けたい その他のキャスト

フリッピング

オススメのシチュエーション

超至近距離。静かにルアーを投入したいときに

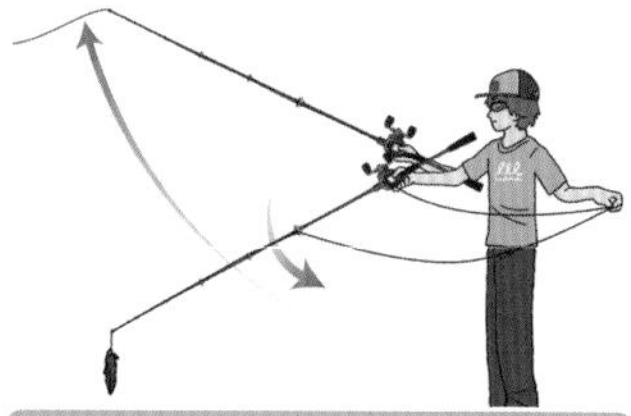

竿一本分の距離なら正確無比なキャストが可能になる！

ラインをフリーにはせず、リールから出ているラインを指にかけてすこし引っ張り出した状態かつ長めのタラシが基本姿勢。そこからピッチングの要領でロッドを降るが、リールからラインが放出するのではなく、引っ張り出したラインの分がそのままキャスト距離となる。

フリップキャスト

オススメのシチュエーション

下方向にしかロッドを振れないときに

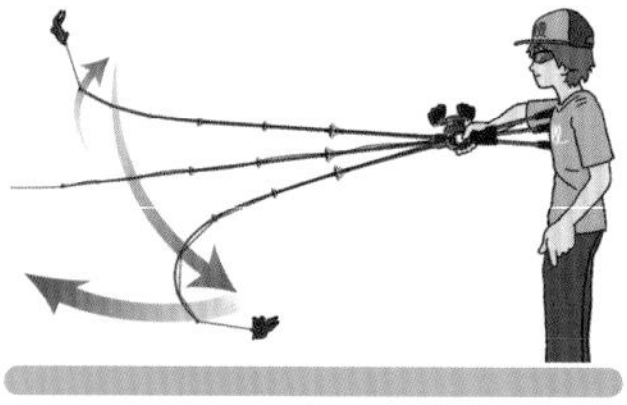

マスターすれば低弾道キャストをハイテンポで決められる！

ピッチングに似たキャストだが、大きな違いはピッチングがルアーを手にしてロッド全体を振るのに対し、フリップキャストはルアーを手にせず、ロッドの先端にルアーがある状態（短いタラシ）で素速く手首を返し、ロッドの反発力を使って投げることだ。

ボウ&アロー

オススメのシチュエーション

コンパクトなフォームで正確に投げたいとき

スピニングタックルで覚えたい

短いタラシのままルアーを手にし、ロッドを曲げた状態にして狙いを定め、そこからロッドを動かさず、ルアーを離してリリースし、反発力で飛ばす。弓矢（ボウ&アロー）を使うように投げることからそう呼ばれている。硬いロッドは曲げにくいので、スピニングのような柔らかいロッドの方がやりやすい。

ペンデュラムキャスト

オススメのシチュエーション

周りに障害物がないとき、とにかく遠投したいとき

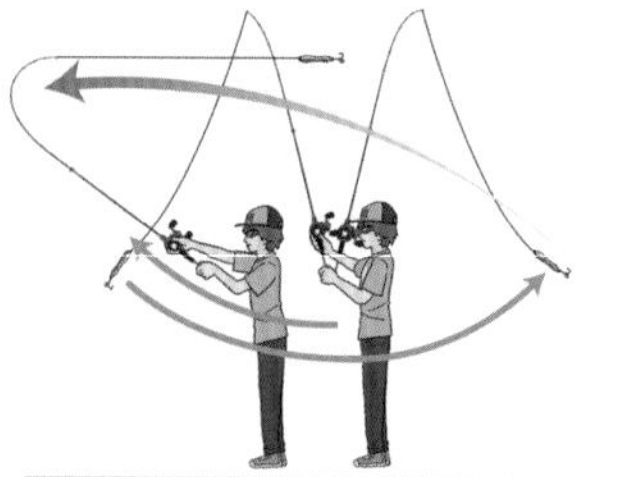

大きくルアーを振り回した勢いものせてキャスト！

オーバーヘッドキャストの応用で、テイクバック時に頭上で弧を描くように回して投げる。タラシをリールあたりまで取り、構えた状態からロッドを立てて、振り子（ペンデュラム）のようにルアーを前後させ、勢いを付けてからテイクバックに入る。遠投用なので、長いロッドである程度重いルアーの方がやりやすい。

キャストの後は

ラインスラックの処理

着水点とロッドを結ぶラインが直線であれば問題ないが、風などでラインが大きく流された場合は思ったコースを引けなくなるので、素早くたるみ（糸ふけ＝ラインスラック）を回収する。強い横風の時は要注意だ。

フォール

フローティングタイプ以外のルアーは沈ませること（フォール）で誘う準備、もしくは沈むことだけでもバスを誘うこともできる。この時、ラインはフリーの状態にしてバスに違和感を与えないのが基本だ。

リーリング&ロッドワーク

ルアーが着水して誘う準備ができたら、ベイトリールではクラッチを繋ぐ、スピニングリールではベイルアームを寝かすなどして、ラインを巻ける状態にしてルアーの操作に移る。これでキャストは終了だ。

ロッドワーク

バス釣りとは面白いもので、無機質なルアーをただ水面に浮かべているだけで釣れてしまうことがある。とにかく釣りたいときはそれでも嬉しいものだが、「バス釣り」らしく楽しむのなら、やはりルアーは意のままに操りたい! そのための動作「ロッドワーク」を覚えよう。また魚を釣り上げるためのフッキングとファイトも紹介する。

ルアーを「操って」「釣る」!

ルアー操作の基本

ルアーの操作方法にはいくつもの方法があり、そのリズム感や間のとり方はアングラーそれぞれとも言える。ここではなかでも基礎的な6種類を紹介しよう。

フォール
フォーリング
フリーフォール
カーブフォール

主に使用するルアー
ソフトルアー全般

ただ沈ませるのも立派な誘い!

ルアーをキャストしたら、そのまま沈めていくのがフォールで、フォーリングとも呼ばれる。ラインを緩めたままなら真っ直ぐ落ちる「フリーフォール」、テンションをかけると斜め手前へと落ちる「カーブフォール」になる。フォール中は水面付近のラインがどんどん水中へと引き込まれていくが、ルアーが底につくと止まるので、それがフォール終了の合図となる。

ズル引き

主に使用するルアー
ソフトベイト全般

ボトムを取り続けるアクション

ルアーが着底したら、底から離れないように横移動させるために、リールをゆっくり巻いたりロッドでゆっくりとルアーを引っ張るアクション。ボトムは想像以上に起伏があるので、動いていないようでもルアーは魅力的な誘いをしてくれている。ボトム付近を狙う際のもっともベーシックなテクニックで、これをベースにシェイクやボトムバンプを織り交ぜたりする。

シェイク

主に使用するルアー
虫ルアー
ソフトベイト全般

竿先を使ってルアーを振動させる

ロッドティップを揺らしてラインをわずかに揺らすことで、ルアーに振動を起こさせるアクション。ルアーを極力動かさないようにする「一点シェイク」や、振動させつつ横方向へと移動させる「シェイク巻き」などに派生する。どちらにしても、ルアーを大きく動かすというよりは、生き物らしく身悶えさせるイメージで行う。

ボトムバンプ/リフト&フォール

主に使用するルアー
バイブレーション
メタル系/ソフトベイト全般

ボトムから持ち上げて落とす

着底しているルアーをボトムから離して再び沈めるのがボトムバンプとリフト&フォール。前者のほうがより細かく跳ねるうごき、後者は大きく持ち上げて落とすイメージが一般的だろう。どちらもロッドを立てることでルアーを持ち上げて、落としたらたるみを巻き取る動作を繰り返す。できるだけ自分のほうによってこないように、何度も落とすのがポイントだ。

ただ巻き
(ストレートリトリーブ/ステディリトリーブ)

主に使用するルアー
ハードルアー全般

スピード感や緩急が肝になることも

その名の通り、リールをシンプルに巻くだけの動作であり、ルアー自身のもつアクションを存分に発揮させてくれる。ロッドを構える高さでルアーの泳ぐレンジを変更することが可能。また、巻くスピードが様々だが一投一投は一定スピードで巻き続けるのが基本。ハードルアーを使う上で最も基本となるアクションだ。

ジャーキング&トゥイッチング

主に使用するルアー
ペンシルベイト
ポッパー
ミノー(ジャークベイト)

ロッドを振って「戻す」

ロッドでルアーを一瞬だけ力強く引っ張って動かすことで、ルアーが左右方向へとスライドするアクション。動作と動作の間にリーリングでラインを少しずつ巻き取っていく。なお、引っ張った後にロッドを素速くもとに戻し、ラインをたるませることが肝となる。小さく連続で引っ張るのを「トゥイッチング」、大きく2~3回引っ張るのを「ジャーキング」と呼ぶ。

アタリとアワセ(フッキング)

ルアーが水中にあるとき、手元にコンコンやモゾモゾという違和感を感じた。水面あたりに見えているラインが明後日の方向にスーッと動き出した。これらがいわゆる魚からのアタリと呼ばれるもの。わかりやすいものでは、いきなりタックルを持っていかれるかのように強烈に引っ張られたり、水面のルアーが水中へと引きずりこまれたりもする。しかしそのままではなかなか釣れない。じつはバスはこのとき、ルアーをパクリとくわえているだけの状態であることが多いのだ。そこで必要なのがアワセ。バス釣りでは「フッキング」と呼ばれるこの動作を行うことで、フックをバスの口周りにしっかりと刺すことができるのだ。

しっかり力を加えてフックを刺す

バスに引っ張られているのとは逆方向に、勢いよく力強くロッドをあおるのが基本のフッキングだ。細いラインの際は素速くなくてもいいので、力強く長い距離ロッドをあおる「スイープフッキング」が有効になる。どちらの方法も、素速くロッドをバスの方向に向けつつラインのたるみを一旦巻き切るのが重要になる。巻いている最中のアタリに対してはそのまま引っ張られるのと逆方向に力強くロッドを煽りつつリールを巻く「巻きアワセ」が特に有効となる。

ファイト

ラインテンションをキープせよ!

フッキング動作後は、バスを手元までよせてくるために、ゆっくりとロッドを立ててリールを巻いていく。これを「ファイト」と呼ぶ。途中で逃げられる(バレる)原因のほとんどがラインのたるみによるものなので、とにかくラインテンションをキープすることを心がけること。強く引っ張り続けるとラインが切れるおそれもあるので、魚が沖側に強い力で逃げようとする際には無理に巻かずに追従させるのもひとつの手。もちろん、バスは逃げようと抵抗するが冷静に対応しよう。

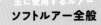

タックルを選びキャスティングを決め、いざリトリーブ…そしてヒット！
そのあと、魚体の自由を奪えば晴れてバスを釣り上げたことになる。
ここでは、魚を取り込む瞬間や、バスの持ち方、計測の仕方など、
バスを釣り上げる瞬間からリリースする最後まで、
どんなふうにすればいいかを解説しよう

バスの持ち方・扱い方とランディングからリリースまで

安全第一&バスのことも気遣おう！

海のようには荒れにくい淡水フィールドであっても、水辺には危険が多い。とくにギリギリまで水辺に近づくことになるランディング（魚の取り込み）の瞬間は、アングラー側の安全のためにも集中したほうがいいだろう。

また、釣った魚の扱いにも気をつかいたい。バスの体表はヌメリで覆われており、それが取れてしまったり乾いたりすると、火傷のようなダメージを負ってしまうのだ。いつまでもバス釣りを楽しむためには、ブラックバスの取り扱いを丁寧にする必要がある。そのためには、バスを熱い地面に直接置かない。空気中に出ている時間は極力短くするといった点を意識したい。

安全面・バスの扱い双方において、魚体の保持が重要となってくる。一般的に、釣り上げたバスの下顎を、親指と人差指を利用して掴むのが基本。しっかりと握っていないと、バスが暴れた際にルアーのフックが指に刺さったり、誤って手を放してバスを地面に落としてしまうことになってしまうので要注意。

以上の注意事項を守れば、きっと元気な状態でバスをリリースできるはずだ。

バスの持ち方

バスの口はまるでバケツのように大きく開く。骨格もしっかりしており、歯（唇にあたる部分のトゲトゲ）もあまり鋭くない。そのため、バスを保持するときは下顎を掴むのが一般的。小さい魚ならつまむ程度の力で保持できるが大きい魚は要注意。親指の付け根から指全体を使ってしっかりと力をいれて掴むべし！

バスの持ち方 2

下顎をつかんだ後、そのまま魚を立てるように持てば「縦持ち」、水平に傾ければ「横持ち」となる。横持ちの場合、アゴを持っている手だけではバスの口に無理な力が加わってしまうため、反対側の手で尻ビレ付近を支えてあげる必要がある。どちらの持ち方でも急にバスが暴れても大丈夫なように、しっかりとアゴを掴んでおこう。

バスの体表

バスの体の表面は硬いウロコに覆われており、さらにそれがヌメリに覆われている。ムチンとも呼ばれるこのヌメリが病気や寄生虫からバスを守ってくれているのだ。そのため、この部分が乾いたり、地面とこすれて剥がれてしまうと大きなダメージとなってしまう。地面に長時間置いたり、空気中にいつまでも出すことは絶対にやめよう。

ランディングの流れ

魚がヒット!
足元まで
寄せてきた…!

水面まで遠い
足場が不安定
フックが危険

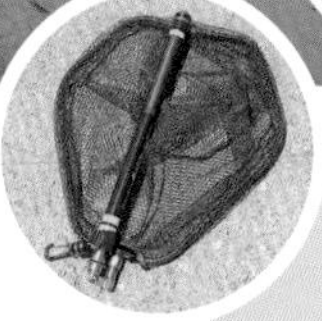

岸釣りではネットと柄の部分が折り畳めたり、柄そのものが伸縮するタイプが使いやすい。

ネットランディング

高い足場で水面までが遠い、岸際がゴロゴロとした石で不安定…。そんなときに活躍するのが網(ランディングネット)。柄があるので離れた位置の魚を確実に、なおかつ安全にすくうことができるのだ。なお、すくう際は魚の泳いでいく方向、つまり頭からがいれるのがポイント。

条件次第では抜き上げるのもアリ

水面まで絶妙に遠い、ロッドの強さやラインの太さに対して魚の大きさに余裕がある。そんなときには水面まで寄せた魚を一気にタックルで抜き上げるのもひとつの手。その際はロッドが折れないようにバット部分に手を当てて補助する、抜き上げたあとの魚を地面に叩きつけないようにする、といった配慮が必要だ。

水面まで近い
足場が安定している
ネットを持っていない

ハンドランディング

水面ギリギリまで安全に近づきやすく、バスに対して容易に手が届くのならハンドランディングが可能。足元の安全を確認したうえで、水面まで顔を出させたバスの下顎を直接掴む方法だ。バスはギリギリまで暴れる可能性もあるので、口元についたルアーのフックにはくれぐれも注意したい。

フックを外す

安全のためにもプライヤーを使おう!

見事キャッチした魚の口元には当然、釣ったルアーの針が刺さっている。いくら顎を掴んで保持したとしても、暴れられた際には危険なのでなるべく早く外すのがオススメだ。その際は安全を考慮して、できるだけプライヤー等を使いたい。刺さっている針の根本をプライヤーでしっかりとはさみ、刺さっているのと逆方向に抜こう。喉の奥に針が刺さっている場合は専用の針外しを使ったり、エラ側からプライヤーを入れて外したい。

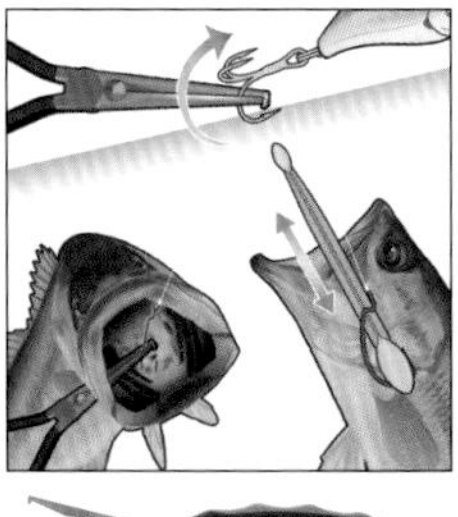

プライヤー

針外し
(フックディスゴージャー)

計測してみよう

せっかく釣り上げた魚なのだがら、写真や思い出と共にその大きさや重さを記録しておくのも悪くない。長さの計測は手持ちの定規やメジャーでも可能だが、専用に販売されている幅広のシートタイプがオススメだ。水に濡らしてから使えばバスにダメージも与えにくく、写真撮影とともに長さを記録することが可能なのだ。重さを計測する際も専用のスケールを使いたい。いずれにしてもバスを空気中に出す時間が極力短くなるように心がけよう。

メジャーシート

デジタルスケール

リリース

釣り上げたバスを乱暴に水面に放り投げるのはNG。魚体を保持したまま水中にバスを沈めて、泳ぎ出すまで支えてあげるのが良いとされている。時間がかかる場合はそっと前後にゆすり、エラに水が循環するようにしてあげよう。針を外す際に多少出血することがあるが、水中に入れれば水圧で止まることも多い。楽しい時間を提供してくれたバスに感謝して、最後まで大切に扱うべし!

バス釣りは様々なフィールドで楽しめる釣りだが、共通して狙うべき場所がある。ポイントと呼ばれるその場所は、バスが隠れたり、捕食対象となる生物が集まっていることが多い。この傾向さえおさえれば、初めてのフィールドでもバスに出会える可能性があがるはずだ。

バス釣りの ポイント（場所）

全国各地のバスが付きそうな「狙い目」

ポイントを覚えれば全国で通用する！

バス釣りが多くの人に愛される理由の一つとして、全国の様々なフィールドで釣れることが挙げられる。この「様々」とは、北は青森、南は鹿児島までの広い地域を指し示すとともに、多様なフィールドタイプのことも含んでいる。つまり、各地に流れる河川から景勝地となっているような湖、地方のため池など、淡水であればどこでも、というくらいにバスと出会うことが可能なのだ。

また、海釣りとは違い、何もない広い水域に投げるだけでなく、明確な狙い所にむかってキャスティングを繰り返していくことも特徴的で、バス釣りらしいゲーム性の要因となっている。本項ではそんな場所（ポイント）の代表例を紹介していこう。

もちろん、ここで紹介している場所全てに確実にバスがついている保証はない。しかしどんなものがあるのかを知っておけば、フィールドに立った際の参考になるはずだ

代表的な狙うべきポイント

ブラックバスという魚はときに水中を回遊し、ときに待ち伏せしてベイトを捕食する。その際はあてもなく泳ぎ回るのではなく、捕食対象となる生物が多く集まる場所など明確な目標物を基準に動いていることがほとんどだ。一方、環境的に過ごしやすい要素を持つ場所にバスが集まることもある。そういった場所、通称「ポイント」の付近にルアーを通す、あるいは直接狙うことで狙っていくのがバス釣りだ。これらの要素は「カバー」や「ストラクチャー」などと呼ばれることもある。

地形・地質

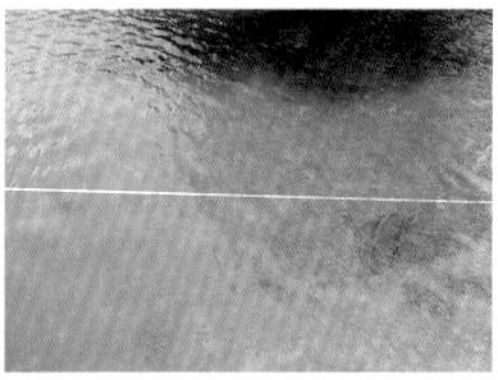

ハードボトム

水の底が砂や岩盤などの硬いもので構成されるエリア。環境的に安定していることが多く、バスを含め多くの生物に好まれる。

リップラップエリア・岩礁帯

大きな石や岩がボトムに点在する場所。人工的な石（捨て石）や敷石が入っている場所をリップラップと呼ぶこともある。

岬

沖側に張り出したような地形。水や風があたりやすいほか、周囲の地形も変化しやすい。水中まで伸びている岬を馬の背と呼ぶ。

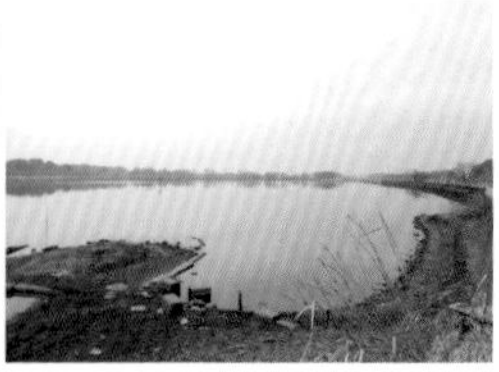

ワンド

入江状の地形。奥にいくほど水が動きにくく、入口部分は岬状で水がよく動くといった特徴をもつ。地形にもよるが、比較的浅場が多い。

流れ込み（インレット）・流れ出し

ため池などの水が入ってくる場所を流れ込み（インレット）、出ていく側を流れ出しと呼ぶ。とくに流れ込みは溶存酸素が多い、餌生物が流れてくるなどの強みがある。

環境要素

シェード（影）

なにかの影。水温が上がりにくい、鳥などの外敵から身を守りやすいといった特徴をもつ。もちろん時間帯によってその位置や大きさはかわる。

カレント（流れ）

水の流れ。川のように上流から下流へ流れるだけでなく、止水域でも風によって発生することがある。

風

風が吹くことで水面が波立ち、溶存酸素量の増加や一時的な濁りなどが発生。特に風が当たる側はウィンディサイド呼ばれる狙い目。

地形・地質

ブレイク（かけあがり）

水中にある急激に水深が変化する場所。とくに顕著な部分をブレイクのエッジやショルダーと呼ぶ。水面からは色の変化で判別できることも。

人工物

橋脚

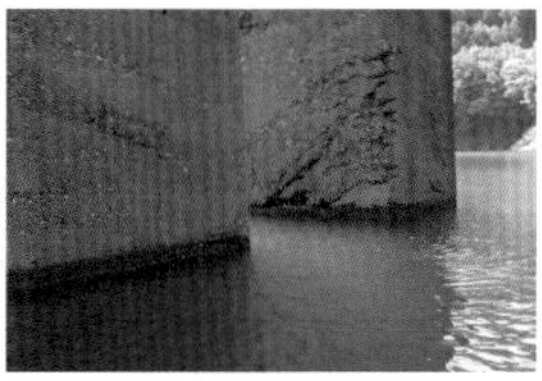

橋を支えるために水中から立つ柱。周囲に流れの変化が発生しやすい。橋脚の周辺だけボトムの地形が変化していることもある。

桟橋

船を止めたり、人が歩くための構造物。杭やシェードなど様々な要素が組み合わさった一等地。利用者がいるときのキャストは控えよう。

水門

他の水域への水の行き来を制限するための人工物。水門そのものはもちろん、発生する流れによる周辺の地形変化も狙い目。

消波ブロック

波や流れによって岸際やボトムが掘れてしまうのを防ぐために配置された人工物。隣接したブロックには隙間が多く、様々な生物が生息する。

フィルターユニット

目の粗い網に砕石がくるまれた人工物で、主に護岸沿いの水中に沈められている。ベイトが好む小さな隙間が多いのだが、根掛かりしやすいので注意。

植物系

アシ（ガマ）

水中から水上に向かって生えている植物。多くの場合、広い範囲に群生している。アシは浅いハードボトムに、ガマは少し深い泥底に生えることが多い。

リリーパッド

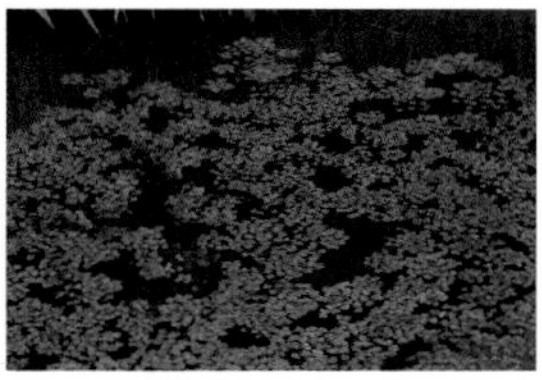

ヒシやウキクサなど、水面に葉を広げる植物の群生帯。植物によって根が水中に続いている場合とそうでない場合がある。夏頃にもっとも規模が大きくなることが多い。

ブッシュ

陸上の植物が水面に覆いかぶさる、あるいは水没している場所。木が水面を覆うように生えている場合はオーバーハングと呼ばれる。

ウィード

水中に生える植物（水草）。広範囲に生えることが多く、そういった一帯はウィードエリアと呼ばれる。透明度が高いフィールドに多い。

レイダウン・立木

水中から伸びた木や、崩落によって水中に沈んだ木。複数本立っていたり、複雑な形をしているほど魚が潜みやすくなり、有望だ。

人工物

杭

様々な目的で人工的に水中に打ち込まれた棒。木、竹、鉄パイプなどの種類がある。
複数本並んでいることが多い。

重要！

足元を大切に！

バスはエサとなる生物を岸際に追い込んで食べることも多い魚。ついつい目に見えるカバーや、沖にルアーを投げてしまいがちだが、足元にこそバスがいることは多い。いきなり近づいて気配を悟られる前に、離れた場所から岸際をまずは狙ってみよう

水の色と変化

マッディ

ステイン

クリア

フィールドごとに水の色はさまざまで、透明なものをクリアウォーター、濁ってる場合はマッディウォーター、その中間をステインウォーターと呼ぶ。ブラックバスはクリアウォーターになるほど視力を活かした生活を、マッディウォーターになるほど側線を活かした生活を送るとされている。急に濁ったり、逆にクリアになったりすると短い時間だがチャンスタイムになることもある。

マッディレイク

濁った水質で視界が効きにくいフィールドがマッディレイク。薄濁り、笹濁り、激濁りに泥濁りと、多くの濁りがあるが、バスにどう影響しているのか。そんな濁りの中で、どうやってバスにアピールするかがキーになる！

視界ではない アピール力で勝負！

マッディとは直訳すると『泥っぽい』の意味で、マッディレイクとは、泥などにより濁った水質のフィールドのこと。

濁りの原因は泥だけではなく、水中のプランクトンの量や農作業、生活排水などの流入水にもよるが、台風や雨による一時的な濁りではなく、常に濁っているフィールドのことをさす。

濁りで水中が見えにくい＝視認性が悪いことは釣り人だけではなくバスも同じで、視界に頼らず側線（水の動きを感知する器官）を使い、エサを獲る以外では障害物に寄り添っていることが多い。

大型のサイズ、水を大きく動かす強い動きや派手なカラーなど、目立つ要素を持つルアーを使うことが釣るためには必要だ。

注目ポイント

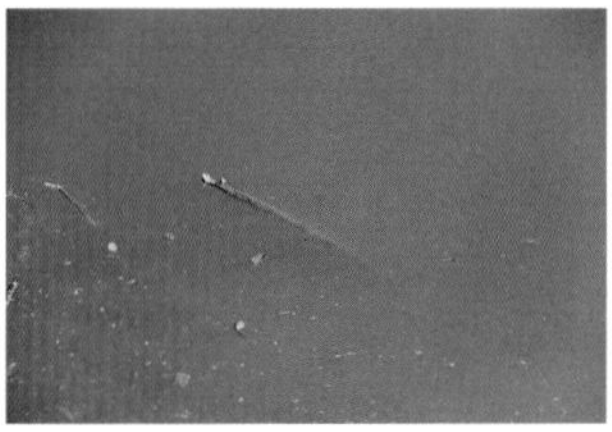

沈み物

縦に伸びた杭などの障害物（縦ストラクチャー）にバスがついていることが多いが、濁っているので見えにくいことも。垂直護岸の足元も縦ストだ。

Season	マッチシーズン	春◎ 夏× 秋○ 冬○
Water	水質	マッディ
Bait	代表的なベイト	甲殻類（テナガエビ・ザリガニなど）

おすすめ

足場が良い

岸沿いが護岸化されているフィールドが多いので、歩きやすく釣りしやすい。風で波をかぶることもあるが、基本スニーカーでも問題ない。

攻略のキー

障害物

水中に隠れた障害物（ストラクチャー）をいかに見つけられるか、またいかにギリギリを攻められるか。縦ストへの落とし込みもありだ。

マッチルアー

巻きモノ

水中の見えない障害物をかわしやすく、アピール力が強いルアーがおすすめ。スピナーベイトやクランクベイトなどの手返しの良いルアーをガンガン巻いていこう。

リバー

車などで走っていると橋が多く、日本には川が多いことがよく分かる。そんな川もバス釣りフィールド！　上流から下流まで長～く続く川のどこにバスがいるのかいないのか、そこを理解できればグッと釣りやすくなるはずだ。

広範囲から居場所を見つけられるか

海や湖に注ぐ河川もバスが釣れるフィールドのひとつ。地域を代表する一級河川からホソと呼ばれる水路まで規模は様々だが、最大の特徴は流れがあることだ。

流域も山間から街中、大都市圏と異なり、水深やストラクチャーなどのバリエーションが豊富であることもあげられる。

一般的には下流は広く、上流にいくほど狭くはなるが、流域面積に対してバスの数が少ない場合、居場所を探し出すのが難しい上に、台風や大水などがあると流れも地形も大きく変わってしまうことから、難度は決して低くはない。

流れの中で育ったバスは流線型のボディを持ち、遊泳能力が高く引きが強いのでスリリングなファイトが楽しめる。

注目ポイント

消波ブロック

波の影響を抑えるコンクリートの塊だが、流れが当たる場所にあるので水が動き、また複雑な構造はベイトを集めやすい。足元に気を付けて攻めよう。

Season	マッチシーズン	春◎ 夏○ 秋◎ 冬△
Water	水質	クリア ～ ステイン
Bait	代表的なベイト	小魚（ハス・アユ・オイカワなど）

おすすめ

ファイト

泳ぎの得意な川バスの引きはパワフルな上に流れがあるので、耐えたり強引に巻いたりと、ダイナミックなファイトを楽しめる。ラインブレイクには注意だ。

攻略のキー

流れ

巻きモノなどは流れの向きを意識しよう。上流から下流に投げると強く水を受けて大きく動く。流れに漂わせるドリフトもマスターすると効果的だ。

マッチルアー

ラバージグ

あらゆるシチュエーションに対し、アプローチしやすく、バイトのチャンスを逃さないコンパクトラバージグは、どんなタイプの川でも活躍するだろう。

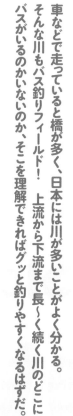

山上湖

山地や高原などの標高の高い地域にある山上湖。観光地になっていることも多く、足場が整備されていれば岸からでも釣りはしやすいが、水質もクリアで釣り人以外の人もいたりして癖はやや強め。でも気分が良いので許せちゃう!?

雄大な景色と夏の釣りが楽しい

山上湖は標高の高い山中にあるフィールドのことで、リザーバー（後述）などの人造湖とは異なり、天然湖のことをさす。火山の噴火などによりできたことから、溶岩で形成されていることが多い。

避暑地と呼ばれるエリアに多い山上湖は夏でも涼しく水温も上がりにくいので、盛夏でも快適に釣りができる反面、冬には釣り自体ができないこともある。

水質は主にクリアで、マッディレイクとは逆に視覚への依存度も高く、日差しを避けて日陰にいるバスも多く見られ、そんなバスの姿を見て釣るサイトフィッシングが攻略のキーとなることも。ただしバスからも釣り人は見えるので、高度な駆け引きとなり、習熟度による釣果の差が出やすい。

注目ポイント

溶岩帯

噴火の名残の溶岩で底は堅く、バスが好きなハードボトムだが、足場としては良いとは言えず歩きにくい。雨などで濡れると滑りやすいので注意しよう。

Season	マッチシーズン	春○ 夏◎ 秋◎ 冬×
Water	水質	クリア
Bait	代表的なベイト	小魚（ワカサギなど）

おすすめ

透明度の高さ

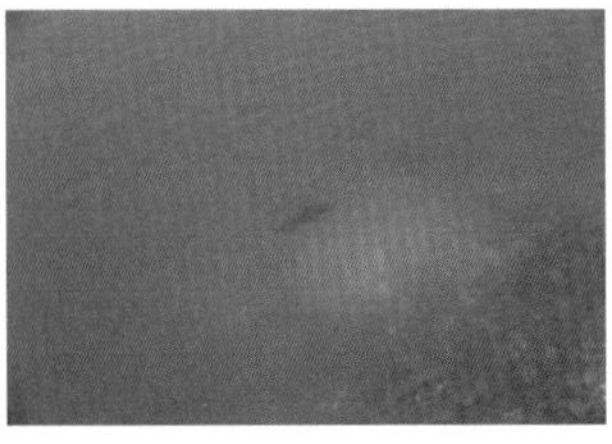

反応が直接見られる手に汗握るサイトフィッシングが楽しめる。ただしハマると釣れないまま時間だけが過ぎるので、深い追いもほどほどに。

攻略のキー

根掛かり

表面がデコボコしている溶岩は根掛かりやすく、トリプルフックはもちろんシングルフックのワームでもシンカーが根がかることが多いので注意したい。

マッチルアー

トップウォーター

水がクリアなこともあり、小型のトップウォーターの繊細な波紋にも反応してくれる。セミが鳴いている時期は虫系のルアーが面白い。

リザーバー

川の水をためるために作られたダム湖と呼ばれるリザーバーは、構造上当然魚もたまるので、一級のバス釣りフィールドとなる。足場は良くなくてもレンタルボートの設備が整っているリザーバーは多く、気軽に非日常を味わえる。

自然豊かでボートの釣りも楽しめる

河川を堰止めて作られた人造湖で、リザーバー（Reservoir）とは、本来貯水池や溜池のことをさす。別名ダム湖。その多くは水をためやすい山間に位置していて、複雑に入り組んだ物からカルデラ湖のようなシンプルな物まで様々な形状が存在する。最下流にダム本体（＝ダムサイト）があり、バスが生息するエリアの最上流域はバックウォーターと呼ばれている。

谷間にあるため急深で、沖の最深部を釣ることは難しく、釣りができるのは岸沿いがほとんどだが崖状になっていることも多く、岸からは釣りはしにくい。

一方で、バス釣り用のレンタルボートが整備されているリザーバーでは、ボートからの釣りを手軽に楽しむことができる。

注目ポイント

バックウォーター

瀬ではなく水深があることが条件だが、盛夏には涼を求めてベイトが集まりバスも集まる。減水などで狭い場合は先行者がいると釣りができないことも。

Season マッチシーズン	春◎ 夏◎ 秋○ 冬×
Water 水質	クリア 〜 ステイン
Bait 代表的なベイト	小魚（アユ・ワカサギなど）

おすすめ

でかバス

大規模なほど攻めきれないエリアも多く、ベイトも豊富なことから大型が育ちやすい。定期的な60センチオーバーの釣果報告があるリザーバーも一部存在する。

攻略のキー

水温

真夏や真冬には水温の安定する深場（ディープ）に集まりやすいが、深すぎて攻めきれないことも。ただし見つけられれば連発の可能性はある。

マッチルアー

ビッグベイト

流れが強いバックウォーターには大型のバスが潜んでいることが多いので、大型のルアーが効果的。沖に遠投して広範囲から誘うのにも適している。

ため池

小型版リザーバーともいえるため池も、バスさえいれば立派なバス釣りフィールドだ。わざわざ名のあるフィールドに行かなくても釣れる可能性があり、規模も手軽なことから、安近短で楽しめると、多くの釣り人に愛されている。

バス釣りの手軽さと奥深さが共存

主に農業用の水をためるために作られた池で、雨の少ない地方では集中して数が多く、ため池群と呼ばれるエリアを形成している。

タイプは大きく分けて小型リザーバーのような山間池と、平地にある池のふたつで、後者の多くは底の起伏がなく浅いことから皿池とも呼ばれている。

規模も水質も様々だが、どの池も水の流れがほぼなく、雨などで水が動くタイミングが釣れるチャンスになる。また水温の上下動が激しく寒暖の影響を受けやすい。

各地に点在し、攻略法なども共通することから、身近なフィールドとされているが、ほとんどが私有地もしくは別の役割を持つ公共地でもあるので、マナーはしっかり守って釣りを楽しみたい。

注目ポイント

シェード

晴れた日中にはシェード(日陰)に隠れて日差しを避けつつベイトを狙う。狭くて居場所が少ないため池では、ちょっとした日陰にいることも多い。

Season マッチシーズン	春◎ 夏○ 秋◎ 冬○
Water 水質	マッディ ～ クリア
Bait 代表的なベイト	甲殻類(エビ・ザリガニなど)

おすすめ

お手軽さ

時間をかけて有名フィールドに行かなくてもバス釣りはできる。狭ければ短時間でくまなく攻められ、朝夕のチャンスタイムだけでも楽しめる。

攻略のキー

形状

皿池では地形変化やシャローをテンポ良く、山間池ではディープやシェードを意識する。標高が高いほど季節の進行は遅く、夏でも釣りやすい。

マッチルアー

ライトリグ

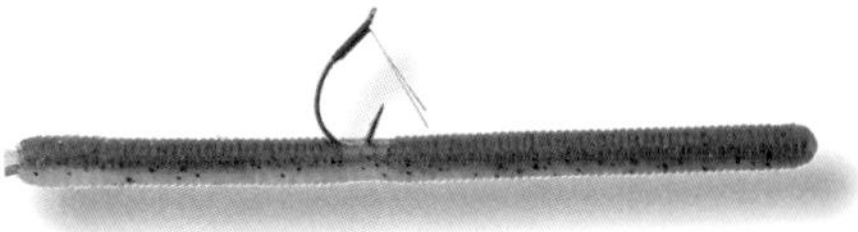

釣り人が多く人的プレッシャーが高いフィールドでも口を使わせやすいのが、小型のワームと軽いシンカー(ノーシンカーも含む)を使ったライトリグだ。

フィールドタイプ別解説

ビッグレイク

バス釣りの本場、アメリカを想像できるような広大なフィールドがビッグレイク。バスもビッグで、釣り人の目標となるゴーマル（50センチ）、ロクマル（60センチ）、ナナマル（70センチ）も⁉　夢もビッグなフィールドだ。

サイズから釣り方まで、懐が広い

名前の通り地図上でもひと目で分かるような大規模なフィールドのこと。エリアも広域に渡っているので、水質や水深、ストラクチャーなどのシチュエーションもエリアによって様々。季節の進行も桜前線のように南から徐々に北上し、釣り場を変えていけば同じ季節の釣りを長く楽しむこともできる。

バスのエサとなるベイトも小魚から甲殻類までと豊富で、ランカーと呼ばれる大型のバスが育ちやすく、でかバスハンターと呼ばれる精鋭的な釣り人も多い。

岸沿いの変化が少ないこともあり、機動力を生かしたボートの釣りが有利だが、遠投ができるスタイルやタックル、ルアーを使うことで岸からでもでかバスを狙うことは十分に可能だ。

注目ポイント

沖

多くのシチュエーションが存在するので絞りにくいが、遠浅の浜では沖のウィードや杭などの縦スト、岩場などの変化を回遊するので目安になりやすい。

Season マッチシーズン	春◎ 夏○ 秋○ 冬△
Water 水質	クリア 〜 ステイン
Bait 代表的なベイト	小魚（アユ・ワカサギ・ブルーギルなど）

おすすめ

でかバス

リザーバー同様、環境的に大型のバスが育ちやすい。バスボートによるガイドのシステムが普及しているので、でかバスを釣るために乗るのもありだ。

攻略のキー

遠投

大規模なフィールドの攻略に不可欠なのがアピールできるエリアの広さ。遠くに投げて遠くから寄せること。ルアーを見たことのないバスはダマしやすい。

マッチルアー

スイムベイト

小魚のような形状で遠投性能が高く、強いアピール力で広域を効率よく攻められる。ビッグレイクをホームとするプロが開発したアイテムも多い。

管理釣り場

釣り堀やトラウトのエリアと同じく、バスの管理釣り場も日本各地に存在する。フィールドを探す手間がかからず、トイレなどの設備も整っているので手軽に楽しめるが、やり込むと奥が深く、通い込んで腕を磨くファンも多い。

ひたすら釣ることに没頭できる

バスを釣るために人の手によって管理されているフィールドで、いわゆる釣り堀だが、タイプ的にはため池が多い。管釣り（カンツリ）と略されることも。

チケットを購入すると時間制で釣りができ、足場も良くトイレや自販機など、環境が整備され、女性や初心者も釣りがしやすい。

定期的に放流されていてバスの密度は高いが、釣り人の密度も高く人的プレッシャーが激しいので、決してただ簡単なだけのフィールドではない。攻略にはその管理釣り場の特徴を知ることが必要だが、ヒットルアーや釣り方を教えてくれるインストラクターもいることが多いので、釣りのレベルに関わらず、1匹に最も近いフィールドであることには違いない。

注目ポイント

足元

密度が高く、定番のスポットに入り切れないバスが何もない足元にいることも多い。姿が見えなくても最後まで気を抜かずにルアーを引くこと。

Season	マッチシーズン	春○ 夏○ 秋○ 冬○
Water	水質	多種
Bait	代表的なベイト	ペレット（人工飼料）

おすすめ

安心感

目の前に必ずバスがいるので、ルアー選びや動かし方に集中すれば良いのは嬉しい。ランディングネットを貸し出している管釣りも多い。

攻略のキー

エサ

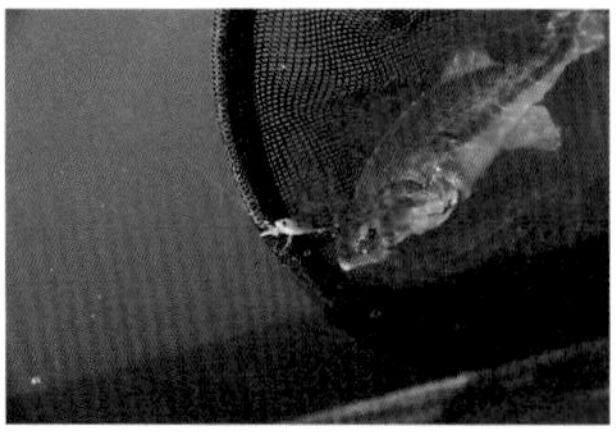

ペレット（固形の人工餌）に似たサイズやカラーの小型ルアーには反応しやすいが、使えるルアーのサイズのルールが管釣りごとにあるので要注意！

マッチルアー

ノーシンカー系

食べ慣れたエサである、ペレットに寄せたイモ系ソフトベイトはどの管理釣り場でも効く傾向。レギュレーションによってはサイズの規制もあるため、確認の上使用して欲しい。

バス釣り上達のために

大きな大会が行われているのもバス釣りの特徴のひとつ。
もちろん、バスアングラー全員がそこを目指すわけではないのだが、
「上達」というものを求める人は多いに違いない。本書を読んでバス釣り
をはじめるひとのために、上達への第一歩を紹介しよう。

こ…これをオレが…!?
やった…やった!!
やったじゃん!
でも…偶然だし
自分の力じゃ…
偶然でもなんでも
釣ったのはおまえじゃん!!
やった!
ブラックバス釣ったぞー!!
やったー!!

おっちゃん
ありがとう！
気をつけて
帰れよ〜
なぁ
おっちゃん
オレもっともっと
釣りが上手く
なりてぇ!!
なにすりゃ
いいかな!?
毎日の練習…
雑誌や動画を
たくさん見て
勉強…
イメージ
トレーニング…
いろいろ
あるけど
一番は…
競い合う
釣り仲間
釣りどれんを
作ることかな！
オレと
おまえはもう
釣りどれん
だぜ！
よーしオレ
小遣いためて
釣り道具買う！
そんで
トモくん誘って
ここに来る!!
そんでぜってー
釣りの王者に
なってやるぜ!!
I'm in aTRAP
MOTOS
待ってるぜ！

実際の釣行

ここまで読めば、バス釣りに必要な知識の基礎基本はすべて身についているはず！ でもバス釣りって実際どんな感じなのかわからない…そんな人のために、プロアングラーの釣りを紹介しよう。登場してくれるのは、アメリカでも活躍中の伊藤巧さんだ。

朝イチ。まずは車でタックルの準備に取り掛かる。1日の行動プランもある程度考えておこう。

ファーストポイントの川へ。釣り場に近づく際には足音を立てないように静かに行動しよう。

水門まわりをネコリグでじっくりと狙う伊藤さん。残念ながらこのあたりでは反応がなかったため、移動することに。

大きく移動して、別の川へやってきた伊藤さん。岸際にそってバズベイトを通しています。

足元のカバーに向かってノーシンカーリグを落とし込む伊藤さん。キャストは近距離で圧倒的な精度と手数を稼げるフリッピングだ。

釣りをしている最中にも、頭の中は様々な可能性を模索中。考えに考えた末に釣れた喜びは別格だ。

さらに別の川へと移動。ルアーを投げる前にまずは状況をチェック。

岸釣りでは2タックルまでは持ち運びやすい。ベイトとスピニング、巻きと撃ちのように異なるタイプを用意すれば様々なシチュエーションに対応できて便利だ。

最初の川へと戻ってきた伊藤さん。朝よりも上流にある、支流との合流地点付近を釣っていく。

よし。スピナーベイトにします！

釣り場に応じたルアーを選ぶ。前もってタックルボックスにひとまとめにしておけば、必要なルアーをすぐに取り出せて便利だ。

足元の護岸にそってスピナーベイトをリーリング。伊藤さんは比較的短い距離に投げて巻いて、少し歩いてまた投げてを繰り返していく。

どんどん進んでいく伊藤さん。岸釣りではこうしてこまめな移動を繰り返すため、動きやすい服装や多すぎないタックルなど、機動力を確保することも重要になってくる。…と、しばらく行くと…！

HIT!

からの抜き上げ!

スピナーベイトにバスがヒット！素早く抜き上げを選択した伊藤さん。バスを地面に落とすこと無く、スマートに下顎を掴んだ!!

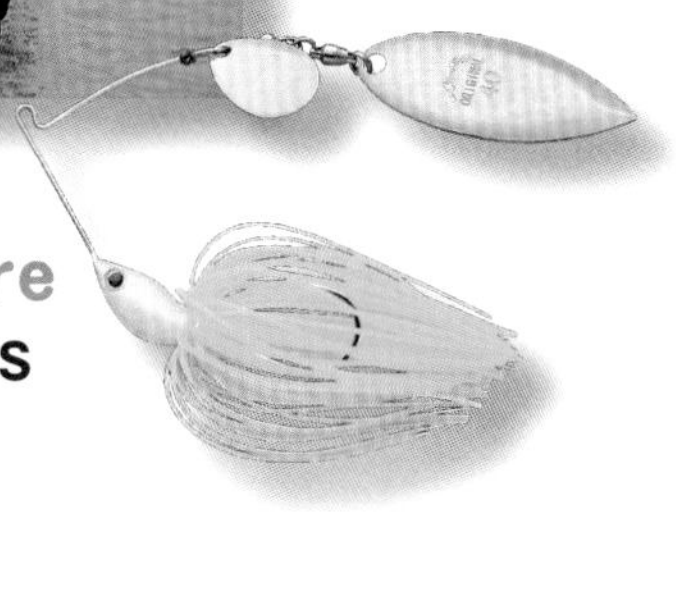

Hit Lure
クリスタルS
（ノリーズ）

日本国内ですら数十年の歴史を持つバス釣りは、深く難解だ。ハッキリ言って、本書に掲載されているのはその一例や入り口に過ぎないとさえ言ってしまえるだろう。本項では、そんなバス釣りをもっと知りたい人のための、上達へのヒントを紹介していく。

心得やセオリー

春夏秋冬のセオリー

日本のバス釣りでは、黎明期より活躍するアングラー・田辺哲男さんによる「パターンフィッシング」という考え方が浸透している。簡単にいえば、季節や状況に応じて変化するバスの行動や好みをパターン化して、それに合わせて釣りをしていくというものだ。そんな「パターンフィッシング」の例とロジックを紹介しよう

秋　秋は巻きモノ

あらゆる生物にとって過ごしやすい季節

バスもベイトもあらゆる場所に出現

場所を特定しにくい

長い距離を巻けたりバスに気づかせやすい巻きモノが優勢に

秋は巻きモノが有利!

春　春は北側の奥まったシャロー

バスが産卵行動を行う季節

春のバスが集まるのは産卵に適したエリア

産卵が行われるのは流れが少なく水温も安定するシャローエリア。

・日当たりのいい南向き（北側にある）シャロー
・ワンドの奥などの流れが当たりにくいエリアが好条件

春は北側の奥まった シャローが有望!

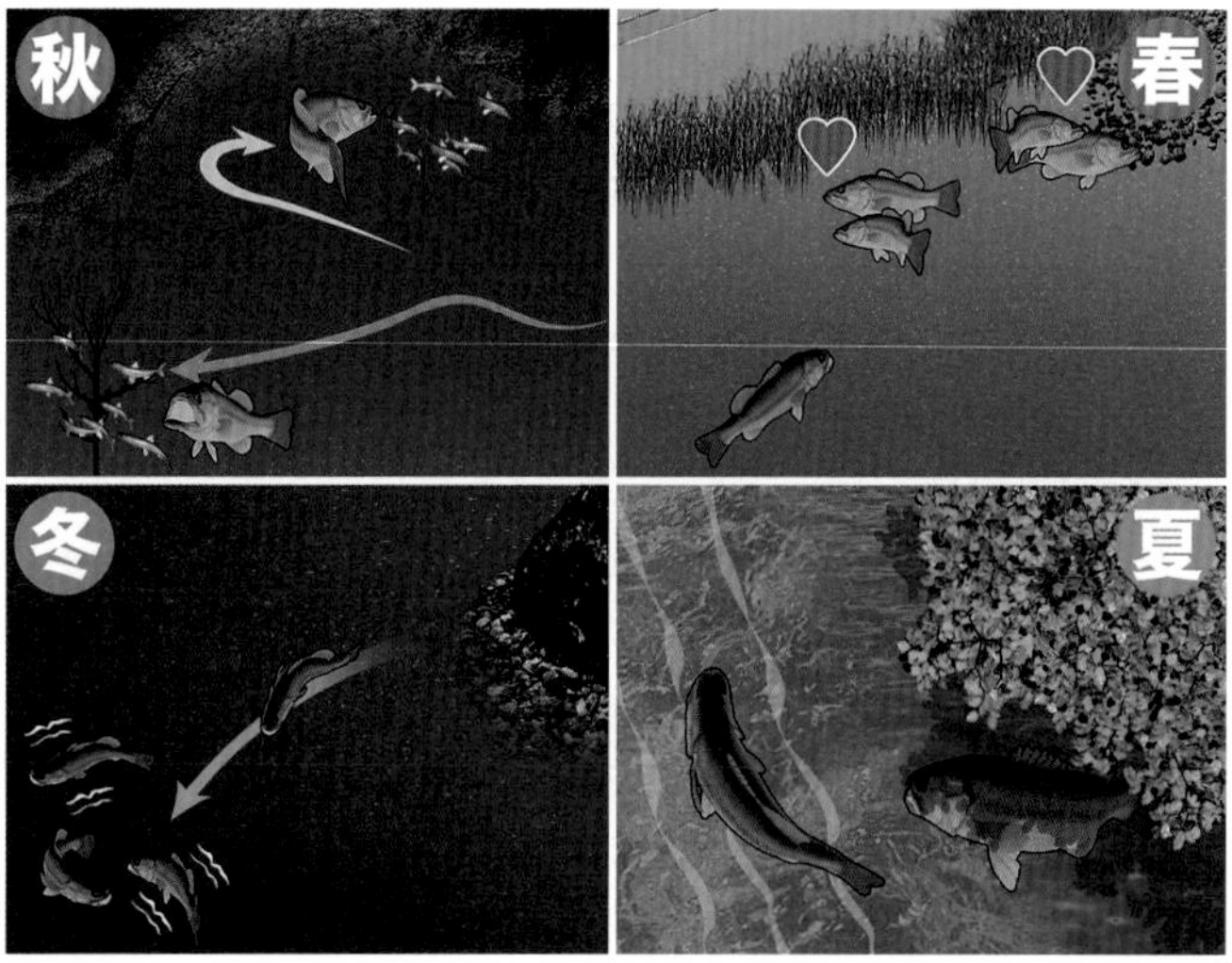

冬　冬はリアクション

低水温でバスの動きが緩慢になる

ベイトも低水温がゆえに減少

バスの食おうという意志が希薄に

リアクションバイトが優勢に

冬はリアクションが強い!

夏　夏はシェードと流れ

高水温期

溶存酸素量が少なくなりがちで日向は居心地が悪い

水温が上がりにくい日陰（シェード）が有望

水が動くことで溶存酸素量が多い流れ（カレント）の中が有望

夏はシェードと流れが鍵!

ルアーパワーの強弱

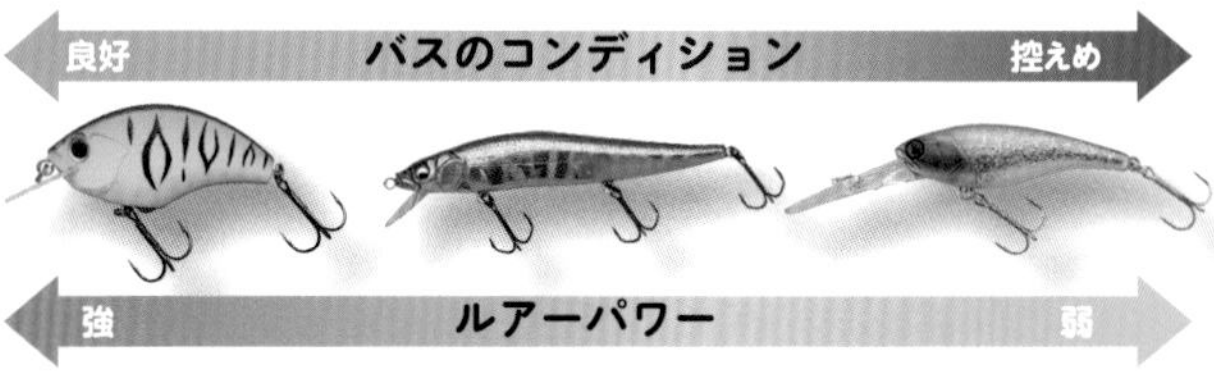

例：バスのコンディションが良いなら、ルアーパワーの強いクランクベイトで狙う。クランクベイトを嫌っていそうなら、少し弱いミノーにローテーション。それでもだめならもっと弱いシャッドに換えていく。

ルアー交換（ローテーション）の目安となる指針はいくつか存在する。例えば狙いたい水深を的確に泳がせることもひとつの指針となる。「ルアーパワー」という概念もそんな指針のひとつで、バスに対する主張の強さとも言い換えることが可能。バスのコンディションにあわせてルアーをローテーションさせることで、より効率的に、より大きなサイズのバスを釣ることができるという考え方だ。ルアーパワーが「強い」とは、サイズが大きかったり激しく動いたり、大きな音をたてるなどの能力を指すことが多い。

カレント（流れ）がもたらす様々な考え方

カレントの有無

水が流れているのであれば溶存酸素量が多いなど、水質的に良好な環境であることは多い。一方、極端な濁りなど、明らかに流れている水が良好でない場合は、カレントのない場所をバスが好むことも多い。

カレントの強弱

たとえば、川がカーブしているのであれば、その外側の流れが強い。ため池など、水の流れがわかりにくい場所であっても、沖のボトム付近にメインチャンネル（ミオ筋）と呼ばれる上流からの流れが効いている場所があることも。

カレントの当たり方

川に突き出したストラクチャーがある場合、その先端付近はもっともカレントの当たる場所となることが多い。一方、同様のストラクチャーの根元側かつ下流側になると、流れが弱まったり、逆流していることもある。

「釣れた情報」を活かす

バス釣りは、1日のうちに何匹もの釣果を上げげられる可能性のある釣りだ。そのために重要なのが、釣れた魚からからヒントを得るということ。どのルアーで釣れたのか？はもちろんだが、どんな場所で釣れたのか？どんな動きに反応したのか？など、状況を詳しく分析するほど、次の魚へとつながっていくのだ。

人間の存在を悟られないことの大切さ

地面や水中は空気中に比べて音を伝えやすいため、水辺を歩く足音などは我々が想像している以上に魚に伝わっていると考えて間違いない。そんな音の発生は、水中にいる魚たちにとっては非日常なことであり、警戒されてもおかしくない。また、人の落とす影も同様で、危険が迫っていると思われてしまうかもしれない。釣り場に到着して最初の数投などはそれを念頭に、岸から離れてのキャストなど、こちらの存在を悟られないようなアプローチが有効だ。

根掛かりとの付き合い方

障害物のまわりを果敢に攻めることの多いバス釣りでは、根掛かりの存在は避けることができない。もし根掛かりが発生した場合はいきなり無理に引っ張ったりせず、以下の動作を試してみてほしい。

❶ 糸を緩めて待ってみる。

クランクベイトなど、浮力の高いルアーが引っかかった際に有効な手段。リップが引っかかっている場合はこれだけで水面まで浮いてきて回収できるはず。ラインはしっかりと緩めてあげるのがポイントとなる。

❷ロッドを立てて揺すったり、糸を張ったり緩めたりする

針先が食い込んでいなければ、これらの動作をすることでルアーがぽろりと外れることも多い。フローティング系のルアーなら、❶のように少し待つ時間を作ってみるのも有効だ。地上の木や草に引っ掛けてしまった際にも有効。

❸反対側に回ってみる

引っ掛けてしまった立ち位置からルアーを挟んだ反対側に移動してみるのも手。その場所からもロッドを揺すったり糸を張ったり緩めたりしてみよう。細い水路などはやりやすい。

❹根掛かり回収器を使う

市販の根掛かり回収機を使うのも有効。タイプによって使い方が大きく異なるので、事前によく確認しておくこと。多くの場合、遠くの根がかりには対応しないので注意。

❺ラインを信じて引っ張ってみる

手にタオルやハンカチなどを巻いて保護し、そのうえからラインを数回巻き付けて根掛かりに対して真っ直ぐひっぱってみよう。うまく行けばフックが伸びてルアーを回収することができるかもしれない。

注意

根掛かりの途中でラインを切るのはNG

根掛かりが発生して、ルアーの回収を諦めたとしても手元からラインを切るのは絶対にNG。水中に大量のラインが残ってしまい、新たな根掛かりの原因になったり、水鳥などの足に絡みついて被害を与えてしまう可能性があるからだ。どうしてもとれないときは、5の方法のままラインが切れるまで引っ張るようにしたい。

道具をそろえよう

少ないタックルで楽しめるバス釣りだが、道具を揃える楽しさもある。たとえば、コレクションする楽しみ。バス釣りの道具は見た目が優れているものも多く、所有欲を掻き立てることも少なくない。インテリアとして、並べるだけでも大きな満足感を得られるかもしれない。また、道具をそろえることは釣りの引き出しを増やすことにもつながる。つまりより幅広い状況にあった釣りが展開できるようになる＝より魚が釣れるようになるというわけだ。

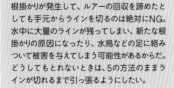

今やバス釣りにまつわる情報は
あちらこちらに存在している。
本書だけでは物足りなくなったら、
さらなる情報をみつけにいこう！

情報を取得しよう

動画を見る

釣りにまつわる動作をより直感的に学びたいなら動画がオススメ。YouTubeで探すのはもちろん、専用の動画サイトなども活用したい。特に釣りに不慣れなうちは動画を使って糸の結び方やキャスティング、魚とのやりとりなどの技術・所作を覚えるのに活用しよう。

投王2020チャンピオン・カーニバル【外出自粛のGWのお供に第3弾！】

日本を代表するトップアングラーによるキャスティング技術を競う特別動画企画「投王」。キャスティングという、バス釣りに不可欠なテクニックを動画で学ぼう！

YouTubeの「ルアマガ」チャンネルでチェック！

インターネット・SNSで探す

タイムリーな情報を素早く手にいれたいならスマホを使ってサクッと情報を得ることができる。最近の釣果や新製品の販売、大会結果などの速報性が求められる情報はもちろん、特定のルアーについてとにかく知りたい、といった時に活躍してくれるだろう。検索機能で具体的なキーワードを入れて探してみるべし！

こちらはウェブサイト「ルアマガプラス」で「スピナーベイト」に関して検索した結果。451件ものウェブ記事がヒットしている。1日では読みきれないほどの大量の情報をゲットしよう。

ルアマガプラスはこちら！

雑誌で学ぶ

毎月発売されている専門雑誌では、最新テクニックや業界の情報が濃厚に掲載されている。無料のウェブサイトでは得られないような役立つ情報がこれでもかというほど込められており、定番テクニックやセオリーの掘り下げ、次に来るかもしれないトレンドの紹介など、バス釣りにどっぷりハマりたいひとはぜひ。

「ルアーマガジン」は幅広いアングラー層に愛されるバス釣り専門誌。解説もわかりやすいので、本書からのステップアップにもぴったり！岸釣り最強アングラーを決める対戦企画「陸王」も大人気！

動画とセットでルアーマガジンを楽しもう！

誰かに教わる

技術的な部分はやはり直接誰かに教わるのが一番。身近にバス釣りを長くやっている人がいればその人に教わるのは上達の近道だし、同じくらいの経験を持つ人と教え合うのも有効だろう。また、フィッシングガイドを利用すれば、上達を実感しやすいかもしれない。

釣りのマンガも楽しんでみる？

本書の表紙やマンガを書いてくれているとだ勝之先生はバス釣りマンガの金字塔「Mr.釣りどれん」の作者。楽しみながらバス釣りが学べる優れものなのでぜひ読んでみて欲しい…！

「Mr.釣りどれん」はこちらから！

おまけ

いくつもの選択肢が存在して、それをひとつずつ選んでいくことこそが楽しいバス釣り。しかし不慣れなうちはその沢山の選択肢がバス釣りを難解にもしてしまうだろう。ここからはそんな迷えるアングラーのための指針。長く険しく、そしてあまりに楽しいバス釣り人生の第一歩にふさわしいお役立ち情報をまとめてみた。

全国 岸釣りフィールド19選

北は東北から西は九州まで、日本全国の代表的な岸釣りフィールド19カ所をご紹介。駐車スペースや釣り禁止エリアは各自ご確認の上、釣り場によっては入漁券のご購入を必ず。

東北地方　福島県

桧原湖

個体の大型化が進む 北のスモール聖地

裏磐梯高原の中核を成す湖にして、国内有数のスモールマウスバス聖地。ボートからの釣りがメインとなるが、夏以降の減水時には湖岸へのアプローチも比較的容易となる。近年スモール、ラージマウス共に大型化の傾向に。

●読み方：ひばら・こ●アクセス：磐越道・猪苗代磐梯高原ICから約30分。東京駅から裏磐梯行きの高速バス等も有り。

関東地方　茨城県

霞ヶ浦

国内最大級の広大釣り場 北浦と同じく、足場は◎

国内最大級の岸釣りフィールドとして知られるのがこちら。東隣の北浦と共に、その湖岸線の総延長は琵琶湖を凌ぐ。西に西浦、東に東浦、双方が注ぎ込む本湖の3部構成。こちらも全域ほぼ護岸で足場は良く岸釣り向きだ。

●読み方：かすみがうら●アクセス：土浦方面へは、常磐道・土浦北ICもしくは桜土浦IC。西岸沿いには圏央道も有り。

関東地方　茨城県

北浦

霞ヶ浦の東隣を流れる 関東第2の広大釣り場

太平洋岸沿いに北から南へと長い流域を持つ、霞ヶ浦水系の雄。巴川に端を発して、流域には無数の河川と水路を有して、鰐川へと注ぎ込む。ほぼ全域護岸かつ平らな地形で足場が良く、霞ヶ浦と並ぶ東日本岸釣り名所だ。

●読み方：きたうら●アクセス：東京方面からは東関東自動車道・潮来IC、東北方面からは茨城空港北ICからが便利。

中部地方　山梨県

西湖

河口湖とセットで 楽しみたい山上湖

河口湖の西側に位置する富士五湖のひとつ。2008年よりワーム禁止となり、テクニカルな釣りが要求される。比較的平坦な地形が多いが、湖のおよそ三分の一に当たる南西岸は樹海となるため岸釣りでのアクセスは不可能だ。

●読み方：さい・こ●アクセス：中央道・河口湖ICより20分。富士急・河口湖駅から西湖レトロバス利用で30分●入漁料：日釣り券・大人700円、女性・中学生350円/現場売り1200円

関東地方　千葉県

高滝湖

房総半島ダム湖で 屈指の好岸釣り場

国内では珍しい比較的平坦な地形に立地する、房総半島ダム湖群のひとつ。そのため岸釣りでもアプローチしやすい場所は少なくない。ボート釣りが主となる釣り場のため、岸釣りの際は高滝湖観光企業組合で入漁券の購入を。

●読み方：たかたき・こ●アクセス：圏央道・市原舞鶴ICから約10分。電車の場合は小湊線・高滝駅から徒歩10分で湖岸へ。●入漁料：1日券660円、年券4400円＊高校生以上。

中部地方　山梨県

河口湖

定期放流、大型多し 釣り人歓迎の名所

バストーナメントの聖地にして、岸釣りも盛んな富士五湖を代表する湖。2007年より、西湖同様にワーム禁止だが、定期的な放流が釣り人を歓迎。時に60センチ超も確認され、東日本屈指のでかバス湖としても知られる。

●読み方：かわぐち・こ●アクセス：中央道・河口湖ICから約10分。富士急・河口湖駅から徒歩10分。●入漁料：日釣り券1080円/現場売り1580円。＊高校生以上。

中部地方　岐阜県

五三川

国内屈指の過密釣り場は 駐車場から脚で稼ぐ

東海エリアの2大岸釣りフィールドのひとつ。全般的に川幅は狭く、水質は濁り気味で、不定期に発生する流れが魚の活性を左右する。駐車場が数多いのはうれしい限りで、平日でも釣り人が多い人気釣り場としても知られる。

●読み方：ごさん・がわ●アクセス：名神高速・大垣ICなどから現地へ。●入漁料：中学生以上は年券3000円、日釣券300円。

関西地方　大阪府

淀川

大阪の市街地を流れる 難攻不落の都市型河川

下流域は歓楽街のど真ん中へと注ぐ、大阪の都市型河川。バス釣り場として知られるのはやや上流のエリアだが、それでも数々の幹線道路が交差する市街地に近い。駐車スペースには限りがあるため、間違いのない行動を。

●読み方：よど・がわ●アクセス：近畿道：摂津南ICなどを利用。

中部地方　岐阜県

大江川

五三川とセット釣行 東海の最古参級河川

五三川に程近く、セットで釣行する方も少なくない人気釣り場。やや澄み気味の水質で、流程もやや長く、五三川とは対照的な印象を受ける。一部に駐車場も存在するが、こちらも人気釣り場のため、脚で稼ぐ必要がある。

●読み方：おおえ・がわ●アクセス：名神高速・大垣ICなどから現地へ●入漁料：高校生以上は年券5000円、日釣券300円。＊中学生は半額。

関西地方 和歌山県

紀ノ川

**市街地で楽しめる
アクセス良好釣り場**

複数の支流が集められ、和歌山市内で太い流れを形成する紀ノ川。下流域はアクセスしやすく駐車スペースは多いが、上流へ向かうに従って難易度は高まる。雨の影響を受けやすく、雨後は濁流となるため事前の確認を。

●読み方：きの・かわ●アクセス：阪和自動車道・和歌山ICを利用。JR和歌山線・田井ノ瀬駅〜布施屋駅から徒歩で各所へ。

関西地方 奈良県

室生ダム

**解禁から3年目となる
近年注目の関西ダム湖**

2020年に18年ぶりに解禁となった近年注目のバス釣り場。減水して足場が増える5月以降が岸釣りの本格シーズン。奈良・京都・三重の県境に位置し、周囲には高山ダムや青蓮寺ダムなど岸釣り可能な釣り場も多い。

●読み方：むろう・だむ●アクセス：名阪国道・針ICから15分、近鉄室生口大野駅から徒歩20分。●入漁料：年券5000円、日釣券1000円

中国地方 広島県

三川ダム・八田原ダム

**山陽エリア屈指の
でかバス多発ダム湖**

芦田川水系の上流域、山間部で隣り合わせに存在する2つのダム湖。共に主な釣り場は、湖に注ぎ込む足場の比較的良い最上流域。近年は中国地方屈指のでかバス釣り場として知られ、60センチクラスも数多く生息する。

●読み方：みかわ・だむ、はったばら・だむ●アクセス：尾道自動車道・世羅IC利用。

中国地方 岡山県

倉敷川

**長い流程、多様な変化
岡山屈指のバスリバー**

風光明媚な倉敷美観地区は釣り不可だが、そこから下流域の児島湖へと至るまでの長い流域を楽しめる岡山屈指のバス釣り場。川幅は比較的狭く、様々な地形の変化に富んだ釣り場で、あらゆる釣り方を試せるのも興味深い。

●読み方：くらしき・がわ●アクセス：山陽道・倉敷CI、瀬戸中央自動車道・早島ICなどを利用。

四国地方 香川県

府中湖

**バス釣りもうどんも
楽しめる讃岐の名所**

ボート釣り禁止のため、岸釣り派が優位となる香川屈指の釣り場。比較的足場の良い最上流域の滝宮神社周辺を中心に、高松道高架下や府中湖大橋周辺など各所に名所が存在。昼食は周囲に複数存在する讃岐うどん店が◎。

●読み方：ふちゅう・こ●アクセス：高松道・府中湖SICからが便利。上流はことでん・滝宮駅から徒歩5分、下流は瀬戸大橋線・讃岐府中駅から15分。

四国地方 福島県

旧吉野川

**全域にウィードが増え
古豪釣り場が復調傾向**

四国最大河川・吉野川の支流にして、流程で今切川へと分流。ほぼ平坦な地形で足場は良く、市街地にも近いのが便利。曲がりくねる川は複雑な流れを生み、数多く存在する橋もキーとなる。近年減少したウィードも増殖中。

●読み方：きゅうよしの・がわ●アクセス：徳島道・松茂SIC、徳島IC、藍住ICなどを利用。

四国地方 高知県

波介川

**その名に則さない!?
土佐の名釣り場**

高知市の西側・土佐市を流れるバスリバー。清流として知られる仁淀川に合流する支流で、川幅は比較的狭く、全域で岸釣りしやすいロケーションが続く。田園地帯及び住宅地沿いのため駐車スペースには細心の注意が必要だ。

●読み方：はげ・がわ●アクセス：高知道：土佐IC、土佐SIC利用が便利。

九州地方 福岡県

遠賀川

**川を上るほどに数型
共に狙える傾向アリ**

福岡の山間部に端を発して、彦山川や犬鳴川の流れを合わせ日本海側の響灘へと注ぐ大河川。バス釣りでは下流から新日鉄堰、菜の花大橋上の堰を区切りに、下流・中流・上流と呼び、下るほどに難易度は高くなる傾向に。

●読み方：おんが・がわ●アクセス：九州道・鞍手IC、八幡ICなどを利用。下流域は鹿児島本線・水巻駅、中流域は筑豊本線・中間駅や筑前垣生駅などを利用。

九州地方 福岡県

柳川クリーク

**九州のラビリンス！
複雑に入り組む水路群**

水路の湖岸線延長を合わせると、あの霞ヶ浦水系を凌ぐとされる九州屈指のクリーク群。網目のように張り巡らされた全てを1日で探るのは難しく、そのロケーションはまるで迷路のよう。効率の良い作戦を練っての釣行を。

●読み方：やながわ・くりーく●アクセス：有明海沿岸道路・柳川東IC 〜徳益ICなどを利用。

九州地方 大分県

日指ダム

**レンタルサイクルで
機動力と釣果をアップ**

大分農業文化公園『るるパーク』内に存在するダム湖。ボート禁止のため、岸釣り派に有利。園内は広いため徒歩釣行も可能だが、レンタルサイクルでの機動力アップがおすすめ。初夏以降に減水して釣り場はより広がる傾向。

●読み方：ひさし・だむ●アクセス：東九州道・農業文化公園ICから2分。

釣具を買いに行こう！

目で見て耳で聴いて、触って確かめられる！

ホームセンターや中古ショップ、インターネットショッピングなど、意外にも釣具は色々な場所で買うことができる。しかしオススメなのはやはり「釣具屋」に行って買う方法。専門店だからこその知識とサービスを利用すれば、釣りがもっともっと楽しめるはずだ！

量販店とプロショップ

釣具屋といっても、大きくわけると2種類に分類される。「量販店」と「プロショップ」だ。「量販店」は、各地に店舗をもついわゆる大手チェーン店のことで、広々とした店内に、様々な魚釣り用品が揃っていることが特徴だ。時期によってはセールなどが行われることもあり、お得に釣具を購入できることも多い。欠点はショップによって魚種の得意不得意があること。たとえば海釣りが盛んなエリアにある量販店の場合、バス釣り用の道具が極端に少ないこともあるのだ。

　一方、「プロショップ」と呼ばれる釣具屋は、バス釣りを専門的に取り扱っていることがほとんど。取り扱っている製品の充実度合いは量販店を上回ることも多々。また、地域の熱心なアングラーが集まることも多く、情報も集約しやすいといえるだろう。ただし、店舗の大きさに限りがあることが多いため、特にロッドやリールといった釣具は置かれている数が少ないことが多い。そのため、いくつものロッドやリールを触った中からひとつを選ぶ、といった買い方には向かないことも。

　どちらの店舗にもバス釣りを得意としているスタッフがいることが多いので、釣具を購入する際に気になることがあればガンガン聞いてみよう。

2タイプのショップ

プロショップ

個人経営など、小規模単位で出店しているショップ。ほとんどの場合、バス釣り専門店となっており、スタッフもバス釣りに深く精通している。選りすぐりのアイテムが店舗には並んでおり、定番品や人気アイテムも安定して入手可能。ボート用品などが充実していることも多い。

量販店

各地に店舗を出店しているチェーン店。広大な敷地にはルアーやロッド、リールはもちろん、ウエアや生き餌など、釣りにまつわる様々なアイテムが充実。地域によってはバス釣り用品をほとんどおいていない場合もあるが、逆にプロショップ顔負けの充実したラインナップを誇る店舗も少なくない。

ショップで聞いてみよう

釣具屋スタッフはほとんどの場合、釣り好きであることが多い。そのため、釣具のことや近隣の釣果など、業務としてだけでなく、いち釣り人として親身になって解説してくれるぞ。ただし一方的に話を聞くだけというのはマナー違反なので、買い物をする予定があるときにしよう。

はじめての購入なら量販店がオススメ

バス釣りをはじめてみたい！ そんなときには量販店がオススメ。ショップスタッフに予算と「バス釣りを始めてみたい」と伝えれば、金額内で最適なものを見繕ってくれる可能性も。もちろん、釣りのエキスパートがスタッフとなっていることも多いので、タックルセットや使い方も教えてくれるはずだ。

近くにきっとある！ 主要量販店

イシグロ

昭和27年創業の老舗量販店で、静岡県・愛知県を中心に26店舗も出店している。中古品販売でも知られるほか、ロッドの自作用パーツやカスタムにも強いことで知られておりロッドビルディングスペースのある店舗も。

イチバンエイト

大阪・京都の都市部を中心に9店舗展開する量販店。いずれの店舗もアクセスのいい立地にあり、週末は大賑わいとなる。周辺には関西を代表するバス釣り場も多く、トレンドの中心地ともなっている。

キャスティング

関東・東北・九州の各地に出店する大型量販店。運営するワールドスポーツはDAIWAの系列会社としても知られている。お得なポイントサービスや店舗内イベントが行われていることも多い。

上州屋

関東から東北エリアに強い大型量販店。地域に密着した品揃えに定評がある。アウトドア系アイテムに強い「アウトドアワールド」や、ルアー&フライの専門店「キャンベル」といった店舗も展開している。

ブンブン

関西に11店舗、関東にも5店舗と東西の人口密集地域に出店する量販店。1994年創業と歴史は比較的浅いものの、豊富かつ独自のアイテムラインナップが多くのアングラーの心をくすぐっている。

ポイント

北九州周辺を中心とした西日本で人気の大型量販店。近年は関東地方にも進出し、その人気はさらに拡大中。熱血的なショップスタッフが多いことでも知られている。プライベートブランド製品も大人気だ。

インターネットショッピングも便利

実物は手に取れないものの、インターネットショッピングを活用するのも有効だ。特に名前はわかっていても近隣ショップで購入できないアイテムを探しているときなどに重宝する。送料や手数料によって店頭で購入するよりも高い値段になる、手元に届くまでに時間を要してしまうといった点には注意したい。

会社のデスクで仕事の合間に注文したり…といったことも可能。くれぐれもやりすぎには注意だ。

バスフィッシング 用語辞典・単位早見表

私たちが楽しむバスフィッシングは、本場アメリカ合衆国で発祥したスポーツ。そのため専門用語は英語（※一部は和製英語）で表現されることが多いのは必然だ。ここではまず基本として覚えておきたい用語を解説する。

アウトサイド
外側の意。インサイドの対義語。

アウトレット
＝流れ出し。

アキュラシー
正確さや精密であること。例：キャストアキュラシー＝キャストの正確性。

アプローチ
対象や目標に対して近付くこと。バス釣りの場合、魚に対しての攻め方を意味する。

アングラー
釣り人。魚釣りをする＝ａｎｇｌｅに、ｅｒが付いた言葉。フィッシャーマンと呼ぶこともある。

イレギュラー
不規則や変則的であること。ルアーの動きや動かし方を表現。対義語：レギュラー。

インサイド
内側。対義語：アウトサイド。

インターセクション
交差点を意味する英語。バス釣りでは、複数の流れが1つに集約される言葉として、川やダム湖などで使われる。

インビジブル
『見えない』の意。例：水面下にある障害物＝インビジブル・ストラクチャー。

インレット
＝流れ込み。対義語：アウトレット。

ウィグリング
ルアーを正面から見て左右に動くアクションのこと。近年、国内では『ローリング』と呼ばれることが多いため死語となりつつある。

ウィード
国内では、水中に生育する藻（モ）や水草全般の総称として使われる言葉。

ウィードレス
「（ハリに）水草が（付か）ない」が転じて、根掛かりしにくい仕様のこと。ハリやリグ、ルアーなどに使われる言葉。

ウインディサイド
風の当たる面のこと。例えば南（からの）風が吹いた場合、北面がウィンディサイドとなることを覚えておきたい。

ウエイト
＝重さ。

ウェーディング
水に浸かった状態で釣りをすること。

ウォブリング
ルアーを背中側から見て、尻側を左右に振るアクションのこと。その動きが大きい場合は『ワイド・ウォブリング』と表現する。

エッジ
端や刃物の刃を意味する英語。バス釣りでは『地形が急激に変化する地点』を表現することが多い。

陸っぱり
読み：おかっぱり。岸から釣りをすることや釣り人のこと。岸釣り、バンクフィッシングとも。

オーバーハング
植物や樹木が水面へとせり出して覆っている状態のこと。

オープンウォーター
水面上に障害物が見えない水域のこと。

か行

カウントダウン
沈むタイプのルアーが着水した後に、数を数えながら深度を理解すること。魚のいる層にルアーの泳層をマッチさせるのが狙い。

カバー
『覆う』の意が転じて、魚が身を隠せる障害物の総称。国内では主に植物系をカバー、人工物を（マンメイド）ストラクチャーと呼ぶ。

ガーグリング
主にスピナーベイトの使い方で、水面直下を泳がせることで回転するブレードが水面にモコモコと波紋を立てることを意味。

かけ上がり
岸から沖へ続く水中の斜面で、主に急激に変化していく箇所を意味。魚の通り道や付き場になりやすい。同義語：ブレイク（ライン）。

カレント
水の流れの意。なお、魚は主に強い流れを避けた場所に集中する習性を持つ。

クリアウォーター
澄んだ水の意。対義語：マッディ・ウォーター。

クリーク
小川の意が転じて、バス釣りでは奥まった細い流れや水路を意味する。

クロー（フィッシュ）
ザリガニの意。ルアーの色として定番で、赤と黒の2色が配色されることが多い。

さ行

サイト（フィッシング）
見えるバスを狙った釣りのこと。対義語：ブラインド（フィッシング）。

サスペンド
魚が水中の中層に漂う状態。また同様の状態となるルアータイプの言葉としても使われる。略英称＝ＳＰ。

サーフェス
水面や表層を意味。時にサーフェイスとも表現する。

サミング
ベイトリールでラインの放出を制御するために、親指（＝サム）の腹で調節すること。

サーモクライン
温かい表層と冷たい底層で、大きく水温の差が現れる層のこと。日本語で水温躍層。主に夏から秋にかけてキーとなる。

サンドバー
流れ込みの河口で形成される砂洲のこと。流された砂が堆積した浅瀬が地形の変化を生み、バスの付き場を形成。

時合
総じて、釣れるタイミングを意味。風の吹き始めや雨のふり始めなど、環境が変化する瞬間に訪れることが多いとされる。

シェード
影の意。とくに夏場は涼しい日陰に魚は集中する。

ジグスト
ラバージグをミドストのように操作すること。近年では、アラバマ系リグのミドスト＝バマストなど、数多くのスト系操作が存在。

シーズナル（パターン）
季節に応じた魚の動きを追うバスフィッシングのこと。およそ40年前に田辺哲男プロが国内に提唱したバスフィッシングの王道だ。

シートパイル
凹凸が続く鉄板。日本語では鋼矢板。岸際の補強など流れを受け止める役割を果たす。

ジャーク
竿を強く鋭くアオることで、水中のルアーに激しい動きを与えること。

シャロー
＝浅瀬。

ショアライン
＝岸際の地形。

ショートバイト
小さな魚のアタリ、魚信。ルアーに疑いを抱いた魚が食い込まずに吐き出した様子。

スウィープ（フッキング）
アタリがあったら激しくアワせずに、魚の重みを感じながら徐々にアワせること。

スキッピング
平たい石を水面に投げると飛び跳ねながら進むのと同じく、ルアーを跳ねさせながら飛ばすキャスト方法。障害物の奥を狙う際に多用する。

スクール
学校の意から転じて、バスフィッシングでは（魚の）群れや集団を意味する。

スタンプ
樹木の切り株。主に、川をせき止めて形成されたダム湖では代表的な障害物のひとつだ。

スティープ
かけ上がりや斜面などが急勾配である様子。

ステイン（ウォーター）
水が澄んだクリアと濁ったマッディの中間的表現。明確な区分けは存在しないが、国内では琵琶湖南湖がそれに当たるとされる。

ステディ
一定を意味する形容詞。例：ステディ・リトリーブなど。

ストラクチャー
本来は地形の変化を意味する言葉。国内では主に『マンメイド・ストラクチャー』として、橋脚や水門など人工の障害物を意味する。

ストレッチ
明確な定義はないが、バスフィッシングでは一定の区間を意味。例：アシのストレッチ。

ストローク
キャスト時やルアー操作時に、竿で与える振り幅のこと。例：ロング・ストローク。

ストロング
主に大型ルアーや激しい動きのルアーを使って釣果を導く、強い釣り方のこと。

スポーニング
産卵期のこと。主に産卵前はプリ、産卵中はミッド、産卵後はアフター及びポストと呼ばれる。

スライド
水中を滑っていくかのように、滑らかにルアーが動く様子を意味。

スラック
主に『ライン・スラック』の略語で、糸ふけを意味する。

スローロール
スピナーベイトのブレード回転をしっかりと感じならゆっくりと巻く方法。主に、他のルアーでは届きにくい深場の釣りで多用される表現だ。

セレクティブ
目の肥えた魚を表現する言葉。メジャーな釣り場で魚がタフになった際、また魚の食性が偏った際などに使われる。

ソリッド
バス釣りでは主に、釣り竿の先側に採用されるグラス・ソリッド（＝中身の詰まった）や、単色のルアーカラーに使われる言葉。

た行

タイト
ルアーで障害物を舐めるかのように攻める際に使われる言葉。また魚を掛けた際に張り詰めたラインをタイトラインと呼ぶことも。

タイド
潮の干満を意味。潮の影響を受ける河川では、潮位の変化やそれに伴って発生する流れがキーとなる。

縦の釣り
水面に対して、垂直方向の釣り方。同義語：バーチカル。

ダート（アクション）
的当てのダーツの如く、ルアーが激しく動く様子。バス釣りでは主に逃げ惑う小魚をイメージした動きを示している。

タフ（コンディション）
釣果が得られず厳しい状態のこと。

ため池
日本全国各地で農業用水を確保するために作られた人工の池。野池と呼ぶこともある。

ターンオーバー
寒気によって表層の温かい水が冷やされて沈み、底層の冷たく汚れた水と攪拌されてしまうこと。主に秋に訪れる、バス釣りの風物詩。

チャンネル
河川やダム湖などで、主となる流れによって掘られたかのように形成された川底のこと。チャネルとも呼ぶ。

吊るし
植物や樹木の枝にラインを介して、垂直方向にルアーをぶら下げる釣り方。同義語：チョウチン釣り。

ディスタンス
主に立ち位置から目指す地点までの距離のこと。例：ロング・ディスタンス、ショート・ディスタンス。

テンション
魚を掛けた際のラインの張り詰め具合、または魚の食い気を意味する。

トゥイッチ
竿を小刻みにアオることで、ルアーを左右へと細かく動かす方法のこと。

ドック
漁港、船溜りを指す。犬を意味するドッ〝グ〟とは異なる。

ドッグウォーク
主にトップウォータールアーが水面で首を振って左右に動くアクション。犬の散歩が語源となっている。

トレブル（フック）
ハードルアーなどに装着された3本バリのこと。同義語：トリプル・フック。

トレーラー
主にラバージグなどに装着するワームやポークのこと。またワイヤーベイトに装着する補助的ハリをトレーラー・フックと呼ぶ。

な行

ナーバス
釣り人が攻め過ぎたことによって、魚が臆病になってしまった状態。

ネスト
産卵床のこと。本国アメリカではスポーニング・ベッドと呼ぶことが多い。

ノット
直訳：結び目。ルアーを装着する際、リグを作成する際に不可欠なラインの結びのこと。

は行

バイト
魚がルアーに食い付くこと。

パイロットルアー
その日その場の釣り場の状態を確認すべく、最初に投げるルアーのこと。

バーサタイル
多目的、つまり汎用性の高さを意味。主にロッドに多用される言葉で、使用ルアーを限定せず様々な使い道を実現できるタイプのこと。ベイトでは610Mが代表的。

バジング
水面を攪拌して進み、水面下へ後方へと広く波紋を生み出すルアーの動かし方。ハードルアー、ソフトルアー問わず可能な方法だ。

パターンフィッシング
1尾を仕留めた状況や釣り方からヒントを得て、同様の条件で複数の魚を釣ること。

バックウォーター
ダム湖などに流れ込む河川において、魚が遡上できる最上流域及びその周辺を指す言葉。

バックラッシュ
ベイトリールのトラブル。スプールの回転に対して、ラインの放出が間に合わないために発生する。

波動
ルアーが泳ぐことによって、周囲に伝わっていく水の動きのこと。同義語：水押し。

ハードボトム
地質の硬い底のこと。水はけのよい硬い地質は、魚が好んで生息しやすいとされる。

パーミング
ベイトリールを手のひらで包み込むこと。

バルキー
大きい、太い、長いなど、質量の大きいさまを示す形容詞。主にソフトルアーで多用。

バンク
主に、岸を意味する英語。

ハンプ
水中に存在する地形の隆起を意味。

ヒット
魚がルアーに食い付いた様子。同義語：バイト。

ヒラ打ち
小魚が岩周りで魚体をひるがえしてキラリと輝く様子を擬似化したルアーアクションのこと。同義語：フラッタリング。

ピンスポット
ごく狭い場所、小さな1カ所の意。

ファスト・ムービング
ハードとソフトを問わず、巻いて釣る横方向のルアーのこと、またはその釣り方のこと。

フィーディング
魚がエサを捕食すること、またはその状態のこと。例：フィーディング・モード。

フィネス（フィッシング）
主にごく小さなルアーを使ったスピニングタックルによる繊細な釣り。大型ルアーでも繊細なアプローチであればフィネスと表現する場合もある。

フィルターユニット
網状の袋に石が詰められた護岸の波除けのこと。一般的な呼称はタマネギなど。

フェザリング
スピニングリールでラインの放出を人差し指で制御して、着水点を調整すること。

フォロー
先に投入したルアーでアタリがあるも仕留められず、次に別のルアーを投入すること。主に、先より小型のルアーが使われる。

フッキング
アタリを感じたら竿をアオって、魚の口にハリを掛ける動作のこと。

ブラインド
水中の見えない水域を狙う釣りのこと。対義語：サイト・フィッシング。

フラット
水底に存在する平らな地形全般のこと。

フリップ
一定以上のラインを放出することなく、竿を上下方向へ動かし、ルアーを振り子状に振り込むキャスト方法。フリッピングとも呼ぶ。

ブレイク
かけ上がりの英語表現。または、ラインが切れることをライン・ブレイクと呼ぶ。

ブレイデッドライン
PE（ポリエチレン）ラインの英語表現。編み込んだラインの意。

プレッシャー
釣り人が魚に何らかの影響を与えること。釣り人が多い釣り場やルアーを多投した際、また不用意なアプローチによって魚は萎縮する傾向にある。

フレッシュウォーター
淡水の意味。なお海水はソルト・ウォーター、汽水はブラッキッシュ・ウォーターだ。

プロダクティブ
生産性の高いこと。主にルアーの進むコースが魚のいる層に長く通せることを意味する。

ベイト（キャスティングリール）
＝ベイトリールの略称。

ベイト（フィッシュ）
バスが捕食するエサの総称。小魚のみに限定する場合はベイト・フィッシュと呼ぶ。

ベンド（カーブ）
川などの釣り場で地形がカーブした場所。

ボイル
表層のエサを水面という壁へ追い上げ、水面に波紋や飛沫を立てている様子。

ポイント
国内では主に釣り場として認識されるが、本来の意味は岬（状の地形）。

ボトム
＝水底のこと。

ホバスト
ミドストから派生した表層の釣り方の呼称。

ま行

マズメ
朝と夕方に光量が変化することで、魚の活性が高まるとされる時間帯。例：朝マズメ、夕マズメ。

マッチ・ザ・ベイト
エサとなる生物に似せた形状やサイズのルアーを選択すること。

マッディ・ウォーター
濁った水域のこと。国内では霞ヶ浦水系が代表的。

マンメイド（・ストラクチャー）
人工的な構造物のこと。例：橋脚、水門、取水塔など。

水押し
＝波動。

ミドスト
ミッド・ストローリングの略称。ジグヘッドをセットしたソフトルアーのシェイク巻きで、中層を漂う小魚を演出する方法だ。

メソッド
釣り方、及びその全般を意味する言葉。

や行

横の釣り
水面に対して平行方向にルアーが進んでいく釣り。主に巻き続ける釣りに例えられる。同義語：ファスト・ムービング。

ら行

ランカー
50センチ以上など、大型の魚を称える呼び方。同義語：でかバス。

ラン&ガン
1カ所で粘らず数投のみで、複数カ所へと移動していく釣りのこと。

リアクション（バイト）
魚の食性本脳に訴えるアプローチではなく、不意に驚かせる方法で食い付かせる釣り方。同義語：反射食い。

レイダウン
陸上の樹木が倒れることで水中へと浸かっている様子。

リザーバー
ダム湖の英語表現。正確に発音すると、レザボアに近い。

リップラップ
石積みが長く続くエリア一帯を意味。

リーダー
リールからのメインラインの先に繋げるラインのこと、またはルアーより先にあるラインのこと。

リフト&フォール
ルアーを上げては落としを繰り返す釣り方。

リトリーブ
ラインを回収することで、ルアーを泳がせる行為のこと。

リーリング
リールのハンドルを回転させること。厳密にはリトリーブと異なるが、同様の意味で使われることも少なくない。

レンジ
水中の層のこと。

ローライト
曇りや雨の日などに太陽が雲で隠れ、光量が少ない状態のこと。対義語：ハイライト。

わ行

ワンド
規模の大小を問わず、岸際が凹んだ地形を指す呼称。

ライン強度・重さ

日本のバスフィッシングにおいて、『ポンド』表記が活用されるのはラインのみ。日本独自の表記である『号』とどう対応するのかは、下記の例を参考にしたい。

1ポンド（lb.）＝453.592グラム（g）＝16オンス（oz.）

ナイロン・フロロカーボンライン

3ポンド=0.8号	12ポンド=3号
4ポンド=1号	14ポンド=3.5号
6ポンド=1.5号	16ポンド=4号
8ポンド=2号	20ポンド=5号
10ポンド=2.5号	

PEライン

0.1号=4ポンド	0.5号=10ポンド	1.5号=30ポンド
0.15号=4.5ポンド	0.6号=12ポンド	1.7号=34ポンド
0.2号=5ポンド	0.8号=16ポンド	2号=40ポンド
0.3号=6ポンド	1号=20ポンド	
0.4号=8ポンド	1.2号=24ポンド	

ラインは『どのくらいの荷重をかけると破断するのか』という強度でポンド表示が決まる。一方で国内は太さで決まる号表示だ。なお国内では主にナイロン・フロロはポンド、PEは号で表現されることが多い。

他にポンドが活用されるのは、バスの重さ。超大物とされる『10（テン）ポンドオーバー』と聞いた時、即座に『約4.5キロ』とイメージできると便利だろう。

シンカー・ルアーの重さ

オモリやルアーの重さはオンス表示が一般的。まずは『1オンス=約28グラム』を覚えておきたい。分数表示の数々は下記を参照。

1オンス（oz.）＝28.3495グラム（g）

1/96オンス＝0.3グラム	**1/8オンス＝3.5グラム**
1/64オンス＝0.45グラム	3/16オンス＝5グラム
1/42オンス＝0.7グラム	**1/4オンス＝7グラム**
1/32オンス＝0.9グラム	5/16オンス＝9グラム
1/24オンス＝1.2グラム	**3/8オンス＝10.5グラム**
3/64オンス＝1.3グラム	**1/2オンス＝14グラム**
1/16オンス＝1.8グラム	5/8オンス＝18グラム
1/13オンス＝2.2グラム	**3/4オンス＝21グラム**
5/64オンス＝2.3グラム	7/8オンス＝24グラム
3/32オンス＝2.5グラム	

左記のように、『1ポンド=16オンス』。16進法となるため、グラムの10進法に慣れた日本人にはややこしい…。

ロッド・長さ

ロッド（=竿）の長さは、主にフィートとインチで表記。『6フィート6インチ=約2メートル』と覚えておけば便利だろう。各流さの詳細は下記を参考にしたい。

1フィート＝12インチ

1フィート（ft.）＝30.48センチメートル（cm）

6フィート＝1.83メートル	6フィート8インチ＝2.03メートル
6フィート1インチ＝1.85メートル	6フィート9インチ＝2.06メートル
6フィート2インチ＝1.88メートル	6フィート10インチ＝2.08メートル
6フィート3インチ＝1.91メートル	6フィート11インチ＝2.11メートル
6フィート4インチ＝1.93メートル	7フィート＝2.13メートル
6フィート5インチ＝1.96メートル	7フィート6インチ＝2.29メートル
6フィート6インチ＝1.98メートル	8フィート＝2.44メートル
6フィート7インチ＝2.01メートル	

1インチ（in.）＝2.54センチメートル（cm）

2インチ=5.08センチ	7インチ=17.78センチ
3インチ=7.62センチ	8インチ=20.32センチ
4インチ=10.16センチ	9インチ=22.86センチ
5インチ=12.70センチ	10インチ=25.40センチ
6インチ=15.24センチ	11インチ=27.94センチ

インチは12進法のため、6フィート6インチを6.6フィートと考えるのは誤り。正確には6.5フィートだが、そうした表記は存在しない。

フック

規準は＃0。単数字が大きくなるほど小さく、一方で『1/0』のように『/0』が付くと数字が大きくなるほど大きくなるのが、フック（=ハリ）のサイズ表記だ。

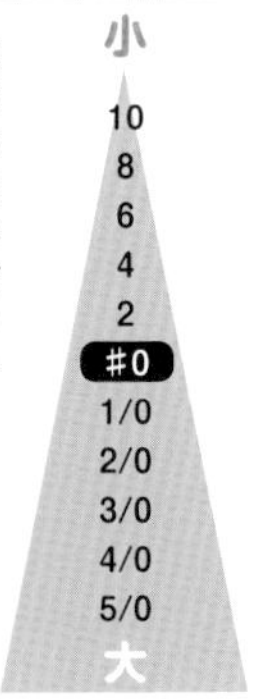

この本を手に取ってから10年たった君へ
今日に至るまでに何匹のバスを釣っただろうか？
数百匹？ 数千匹？
そのすべてを覚えていることはないかもしれない
でも君がここまで歩んできたからには
素敵な魚との出会いが何度もあったはず
それならばきっと、この本から学ぶことは
もう残っていないのだろう
しかし「釣りの王者」に終わりはない
次の10年もぜひ、バス釣りを楽しんで欲しい

＼ いちばん簡単な ／

バス釣り入門

Special Thanks

伊藤 巧／奥田 学／金森隆志／川村光大郎／木村建太／小森嗣彦
佐々木勝也／藤田京弥／三原直之／山田祐五

発行日　2023年5月31日 第一刷
表紙・漫画　とだ勝之
ライター　中村崇彦/近藤圭一
イラストレーター　小倉隆典/カナマルショウジ
デザインレイアウト　岡田 史
プロデューサー　福重智宏
編集　ルアーマガジン編集部
発行者　清田名人
発行所　株式会社 内外出版社
〒110-8578 東京都台東区東上野2-1-11
TEL03-5830-0368（販売）
印刷・製本　株式会社 シナノ